软件定义汽车

Software Defined Vehicles

车皓阳 著

人民邮电出版社

北京

图书在版编目（CIP）数据

软件定义汽车 / 车皓阳著. -- 北京 : 人民邮电出版社, 2025. -- ISBN 978-7-115-66079-4

Ⅰ. U46

中国国家版本馆 CIP 数据核字第 2025Q8F269 号

内 容 提 要

软件定义汽车作为新能源汽车领域的一个新兴且备受关注的主题，目前尚未形成一个全面而系统的知识体系。本书旨在帮助读者全面了解这一热点主题，并深入理解技术层面之外的市场与商业发展动态。

本书分为 3 个部分，共 13 章。第 1 部分奠定软件定义汽车的理念基础与技术支撑；第 2 部分深入剖析智能汽车操作系统、汽车中间件、智能座舱、数字钥匙、智能驾驶、车联网等核心软件构成；第 3 部分则探讨软件定义汽车的安全保障、新技术及主流厂商的软件定义汽车理念。各章节既相互关联又相对独立，便于读者根据个人兴趣与需求选择性阅读。

本书适合新能源汽车行业工程师和研究人员参考，也适合对新能源汽车感兴趣的初学者阅读。

◆ 著　　车皓阳
　　责任编辑　单瑞婷
　　责任印制　王 郁　胡 南
◆ 人民邮电出版社出版发行　北京市丰台区成寿寺路 11 号
　　邮编　100164　电子邮件　315@ptpress.com.cn
　　网址　https://www.ptpress.com.cn
　　涿州市般润文化传播有限公司印刷
◆ 开本：720×960　1/16
　　印张：18.5　　　　　　　　　2025 年 4 月第 1 版
　　字数：423 千字　　　　　　　2025 年 4 月河北第 1 次印刷

定价：89.80 元

读者服务热线：(010)81055410　印装质量热线：(010)81055316
反盗版热线：(010)81055315

序

1885年，第一辆汽车"Benz Patent-Motorwagen"诞生，转瞬已过百余载，汽车行业在此期间历经机械化和电气化两个时代。软件定义汽车（Software Defined Vehicles，SDV）伴随着汽车电动化浪潮而生，期望通过软件能力重新定义汽车硬件的功能，为汽车电动化、智能化和网联化赋能。至此，天地变成江湖，液压制动由电子制动接管，手动门眨眼间就变成了电吸门，就连原先一次次的碰撞验证实验也逐渐被软件定义了。

滚滚长江东逝水，软件定义汽车的革命带来了用户体验的提升，也带来了另一面，主机厂商始料未及地、毫无准备地遇到了一些新问题：黑客入侵变得比前些年更加频繁和难以防范；用户抱怨维修周期变长了，维修本身好像也更加困难了，维修成本还居高不下。维修师傅更换电子控制单元（Electronic Control Unit，ECU）只是因为他们没有更好的方法来修复它们，根本不是因为ECU本身有软硬件问题。

软件定义汽车究竟因何而生，又面临着什么样的机遇与挑战？汽车厂商如何借助软件重塑汽车开发体系？安全又将如何通过软件得以保障？针对这些问题，本书简洁而恰当地为读者解答。从软件定义的由来开始，本书对其中的每一方面都进行了深入探讨。此外，为了让读者能够了解软件定义汽车这一波汽车行业数字化转型浪潮的全貌，本书还涵盖了软件化生产、数字营销、用户服务中台等一些关键内容，这一点与我们对软件定义汽车的通常理解有着很大的不同。

我们正在经历一个巨变的时代，这个时代不断激发着创业者和创造者的热情，激荡着每一个参与者的人生，很高兴我们能置身其中。对汽车行业而言，这是一个黄金年代，也是激烈竞争的年代。衷心希望各位读者能够喜欢本书。道阻且长，行则将至，与诸君共勉。

江贺

（大连理工大学人工智能大连研究院院长）

前言

从石器时代到青铜器时代,从蒸汽机时代到电气时代,人类文明的发展总是伴随着新的生产工具的出现,新的生产工具会激发滞后生产力的大幅提升,进而引发一场产业变革,这次产业变革的主角是智能汽车。智能汽车凭借其核心地位,促进了智能座舱和智能驾驶技术的繁荣发展,软件定义汽车的各种行业言论夹杂其间,让人难辨是非。

智能汽车行业受到政策法规、技术进步、产业链发展、基础设施建设、消费者需求的显著影响,用户增长速度非常快,但是近两年,行业内众多企业表现出一种急功近利的心态,竞相追求快速发展,试图在短时间内确立行业的领军地位。然而,汽车制造业实际上是一个发展节奏较慢的领域。从汽车的生产、规模化制造,到最终投放市场,再到收集成千上万用户的使用反馈,这一系列环节构成了一个漫长的过程。只有在这一过程的末端环节,企业才能通过不断的优化和改进,逐步形成行业标准。而只有在这个过程中,软件定义汽车所倡导的软硬件解耦、硬件的标准化、软件的自我升级与持续进化,甚至是电子电气架构的变革才有可能实现。

市场竞争加剧的现状大大增加了软件定义汽车的曝光率,但与此同时,也加剧了信息的碎片化现象。本书成书的初衷也是希望在这个强调碎片化学习的时代,避免读者分散阅读,让读者能够快速掌握软件定义汽车的核心内容。

写一本书,需要整理和阅读大量的文献,同时,一本书也是对当下某个领域的"快照"。作者和读者同样希望把所有的信息和内容都浓缩在小小一本书里,但"细节是魔鬼",譬如定位和测距,都是非常专业的知识领域,其中的解决方案和算法也不胜枚举。然而限于篇幅,本书只能更多地侧重于宏论著述,希望读者能够掌握软件定义汽车的基本面,甚至是厂商和市场状况,而非软件和算法细节。基于"求全不求细"的理念,作者规划了本书的内容。

本书内容

本书分为 3 个部分，共 13 章，第 1 部分（第 1 章～第 4 章）是基础篇，第 2 部分（第 5 章～第 10 章）是核心篇，重点讲述智能汽车操作系统、汽车中间件、智能座舱、数字钥匙、智能驾驶、车联网的核心软件构成，第 3 部分（第 11 章～第 13 章）是扩展篇，讲解软件定义汽车的周边安全保障、新技术的诞生与主流厂商的软件定义汽车理念。本书各章内容简介如下。

第 1 章是关于软件定义汽车的概述，探讨软件定义汽车的由来、汽车新四化与软件定义汽车、概念泛化的"软件定义汽车"、挑战与趋势等诸多话题。

第 2 章介绍 ECU 与汽车总线，以及电子电气架构的原理与发展趋势。

第 3 章讲解的是作为后端核心支撑技术的汽车云，以及汽车大数据平台、高精度地图、汽车软件开发流程。

第 4 章重点讲解使软件不断迭代及使软硬件能解耦的关键技术——OTA。

第 5 章讲的是一个古老的话题——智能汽车操作系统，智能汽车操作系统决定了软件定义汽车的发展上限。

第 6 章的内容是承上启下的汽车中间件，中间件是软硬件解耦的关键性技术，本章重点讲解 AUTOSAR 等重点汽车中间件。

第 7 章主要讲解软件定义汽车的两大核心之一——智能座舱。

第 8 章探讨智能座舱体系下的一个非常特殊的存在——数字钥匙，未来数字钥匙的作用将不仅是开关车门，更会成为数字空间与物理空间的连接器。

第 9 章重点讲解软件定义汽车的两大核心之一——智能驾驶。

第 10 章概述车联网的基本概念和技术，还介绍了软件定义的车联网。

第 11 章对围绕在智能汽车周边的整车电子安全、智能座舱与安全、智能驾驶与安全等安全问题，以及主机厂的安全理念进行了详细的讨论。

第 12 章探讨近期成为市场热点的 800V 高压电气平台、一体化压铸技术等生产制造新技术，以及整车新技术、智能座舱新技术，理解这些硬件技术对于理解背后的软件支撑技术是非常有帮助的。

第13章总结主流车企与零部件厂商是如何践行软件定义汽车理念的。

本书各章内容相对独立，读者可以根据自己的兴趣和需求有选择地阅读。

本书读者对象

本书对汽车行业的管理人员、新能源汽车行业从业人员，以及立志进入新能源汽车行业的读者、开发工程师来说，都是一本不错的参考书。希望在阅读本书以后，可以激发读者对软件定义汽车的热情，共同建设和推进软件定义汽车的各项具体业务。

致谢

感谢支持本书的各位朋友，感谢公司的各位同事，感谢人民邮电出版社的工作人员，在大家的共同努力下，本书得以高质量地呈现给读者。

勘误声明

虽然作者全面审核了本书的文字和图片，编辑也审校多次，但书中难免会有疏漏。如果发现任何问题，恳请读者不吝赐教，通过邮箱 bigdatache@qq.com 反馈给我，我将尽己所能为读者答疑解惑，也欢迎读者对本书提出宝贵意见和建议。感谢读者的理解和支持！

车皓阳

2024 年 8 月

目录

第 1 部分 基础篇

第 1 章 逐浪翻云，软件定义汽车的新时代 03

1.1 软件定义汽车的背景 05
  1.1.1 软件定义的由来 05
  1.1.2 汽车新四化与软件定义汽车 09
1.2 软件定义汽车的核心理念 14
  1.2.1 软件为什么能够定义汽车 15
  1.2.2 概念泛化的"软件定义汽车" 18
  1.2.3 软件定义汽车的挑战与趋势 19
  1.2.4 定义汽车的是哪些软件 24
1.3 软件定义汽车的多元视角 28
1.4 小结 30

第 2 章 强基固本，电子电气架构行稳致远 31

2.1 ECU 与汽车总线 33
  2.1.1 ECU 33
  2.1.2 汽车总线 37

2.2 电子电气架构 41
  2.2.1 分布式电子电气架构 44
  2.2.2 分域集中式电子电气架构 46
  2.2.3 进一步的整车集中控制 47
  2.2.4 迈向完全软件定义汽车的硬件架构 50
2.3 小结 53

第 3 章 化云为雨，汽车云服务与云平台的持续进化 54

3.1 汽车云 55
  3.1.1 何为汽车云 55
  3.1.2 汽车云服务解决方案 58
  3.1.3 自动驾驶上云 60
3.2 汽车大数据平台 62
  3.2.1 客户数据平台 63
  3.2.2 自动驾驶大数据平台 64
3.3 高精度地图 66
  3.3.1 高精度地图与自动驾驶 68
  3.3.2 高精度制图 70

3.3.3 众包建图 … 72
3.3.4 轻地图方案 … 73
3.4 汽车软件开发流程 … 74
　3.4.1 传统汽车软件开发流程 … 74
　3.4.2 云原生汽车软件开发流程 … 78
　3.4.3 整车软件架构的 SOA 演进 … 81
3.5 小结 … 83

第 4 章 保驾护航，OTA 助推软件定义汽车 … 84
4.1 OTA 基本概念 … 86
　4.1.1 为什么需要 OTA … 86
　4.1.2 OTA 发展现状 … 88
　4.1.3 OTA 升级的分类 … 90
4.2 OTA 升级 … 92
　4.2.1 OTA 云端服务器 … 92
　4.2.2 OTA 升级流程 … 93
4.3 安全与法规 … 94
　4.3.1 OTA 安全机制 … 95
　4.3.2 国内汽车行业 OTA 升级法规 … 96
4.4 小结 … 98

第 2 部分　核心篇

第 5 章 摩拳擦掌，智能汽车操作系统的抢位战 … 101
5.1 基本概念 … 103
5.2 操作系统的分类 … 105
　5.2.1 实时操作系统与分时操作系统 … 106
　5.2.2 安全车载操作系统、智能座舱操作系统和智能驾驶操作系统 … 108
　5.2.3 定制型操作系统、ROM 型操作系统和超级 App … 110
5.3 操作系统的挑战、现状与发展 … 112
　5.3.1 智能汽车操作系统的难题 … 112
　5.3.2 智能汽车操作系统的安全认证 … 114
　5.3.3 智能汽车操作系统的应用布局 … 116
5.4 发展趋势 … 119
　5.4.1 整车操作系统 … 119
　5.4.2 标准化 … 120
5.5 小结 … 121

第 6 章 为谁辛劳，繁忙的汽车中间件 … 122
6.1 基本概念 … 123

6.2 第一汽车中间件 AUTOSAR　125
 6.2.1 何为 AUTOSAR　125
 6.2.2 AUTOSAR CP 与 AUTOSAR AP　128
 6.2.3 AUTOSAR 的发展　131
6.3 其他汽车中间件　131
 6.3.1 通信中间件 SOME/IP　132
 6.3.2 数据分发中间件 DDS　134
 6.3.3 机器人编程框架 ROS2　137
 6.3.4 运行时框架 CyberRT　140
6.4 中间件厂商布局　140
6.5 小结　142

第 7 章 粉墨登场，座舱智能化正当时　144

7.1 概念由来　145
7.2 发展驱动力与技术组成　148
 7.2.1 智能座舱的发展驱动力　148
 7.2.2 智能座舱技术组成　151
7.3 重点相关技术　154
 7.3.1 智能座舱操作系统　154
 7.3.2 智能座舱与虚拟机　157
 7.3.3 智能座舱与 AI　159
7.4 等级成熟度与发展趋势　161
 7.4.1 智能座舱等级划分　161
 7.4.2 智能座舱发展趋势　163
7.5 小结　165

第 8 章 芝麻开门，聪明的数字钥匙　166

8.1 汽车钥匙发展简史　167
8.2 汽车钥匙数字化　169
8.3 3 种主流形态的数字钥匙　173
 8.3.1 NFC 数字钥匙　173
 8.3.2 蓝牙数字钥匙　175
 8.3.3 UWB 数字钥匙　177
8.4 小结　179

第 9 章 命比纸薄，智能驾驶蓄势待发　180

9.1 无人驾驶　181
9.2 基本概念　183
 9.2.1 无人驾驶、自动驾驶与智能驾驶　183
 9.2.2 自动驾驶的分级　185
9.3 ADAS 功能介绍　189
 9.3.1 行驶功能　189
 9.3.2 泊车功能　190
 9.3.3 安全功能　191
9.4 自动驾驶相关技术　192

目录

9.4.1 自动驾驶简史与主要技术　192
9.4.2 自动驾驶仿真测试　196
9.4.3 自动驾驶芯片和域控制器　198

9.5 自动驾驶国内外进展　200
9.5.1 国内自动驾驶进展　200
9.5.2 国外自动驾驶进展　203

9.6 小结　205

第 10 章　万车互联，软件定义的车联网　207

10.1 车联网基本概念　208
10.1.1 什么是车联网　208
10.1.2 车联网的典型应用　211

10.2 车联网技术　212
10.2.1 车联网的支撑技术　212
10.2.2 T-BOX：车端与车联网的连接入口　215
10.2.3 DSRC 与 C-V2X 之争　217

10.3 软件定义的车联网　219

10.4 小结　220

第 3 部分　扩展篇

第 11 章　安如磐石，软件定义汽车的安全保障　223

11.1 新能源汽车安全问题　224

11.2 各层面安全问题　227
11.2.1 整车电子安全　227
11.2.2 智能座舱与安全　230
11.2.3 智能驾驶与安全　231
11.2.4 OTA 升级与安全　233
11.2.5 能源安全　235
11.2.6 数据与隐私安全　237

11.3 主机厂的安全理念　240

11.4 小结　241

第 12 章　方兴未艾，新技术撑起的半边天　243

12.1 生产制造新技术　244
12.1.1 800V 高压电气平台　244
12.1.2 一体化压铸技术　246

12.2 整车新技术　248
12.2.1 智能底盘　248
12.2.2 智能车身控制　250
12.2.3 智能车灯　251
12.2.4 智能表面　253

12.3 智能座舱新技术　255
12.3.1 AR-HUD　255
12.3.2 8295 芯片　257

12.4 小结 259

第 13 章 相时而动，主流厂商的软件定义汽车理念 260

13.1 主机厂软件定义汽车的转型之路 262

13.2 美德车企与零部件厂商的理念 265

 13.2.1 特斯拉的软件定义汽车之路 265

 13.2.2 大众汽车的软件定义汽车理念 267

 13.2.3 通用汽车的软件定义汽车理念 270

 13.2.4 博世的软件定义汽车理念 271

13.3 日本车企的理念 274

 13.3.1 日产汽车的软件定义汽车理念 274

 13.3.2 丰田汽车的软件定义汽车理念 275

13.4 国内车企的理念 276

 13.4.1 上汽的"灵魂论" 276

 13.4.2 蔚来的软件定义汽车理念 278

13.5 小结 280

第 1 部分 基础篇

第 1 章　逐浪翻云，软件定义汽车的新时代

第 2 章　强基固本，电子电气架构行稳致远

第 3 章　化云为雨，汽车云服务与云平台的持续进化

第 4 章　保驾护航，OTA 助推软件定义汽车

第 1 章
逐浪翻云，软件定义汽车的新时代

> 软件将会定义地球上的每一辆汽车。

故事就是这么开始的，1885 年（也有人说是 1886 年），德国人卡尔·本茨在妻子贝瑞塔·林格的资助和鼓励下研制出了这颗蓝色星球上的第一辆汽车——"奔驰一号"（Benz Patent-Motorwagen，汽车行业沿用至今的 01、001、009 的命名传统大概即来源于此），这是一辆充满复古气息的马车式三轮汽车（见图 1-1）。

图 1-1　贝瑞塔·林格的首驾

本茨很聪明，带着妻子温存的提醒，随后又申请了地球上的第一项汽车专利，冰冷的钢铁结构和毫无温度的专利稿件背后，本原而又深刻地闪耀着女性和爱的光辉。此后汽车人励精图治，汽车行业经过百余年的发展，已然成为"改变世界的机器"和推动国民经济发展的"发动机"，而在这"机器"和"发动机"的背后隐藏了数不清的软件代码。如今，汽车工业俨然已经变成了"地表最复杂的大众工业制造体系"，是彼得·德鲁克[①]口中"工业中的工业"，同时也是软件高度密集的核心领域。

---

① 彼得·德鲁克，管理学科开创者，被誉为"现代管理学之父"。——编者注

第 1 章 逐浪翻云，软件定义汽车的新时代

汽车行业的软件使用量一点儿也不低。车企规划设计院和研究院里广泛使用的 C 字头的计算机辅助设计（Computer-Aided Design，CAD）、计算机辅助工程（Computer-Aided Engineering，CAE）和计算机辅助制造（Computer-Aided Manufacturing，CAM）软件（见表 1-1），以及汽车制造工厂里普遍配套的产品生命周期管理（Product Lifecycle Management，PLM）、制造执行系统（Manufacturing Execution System，MES）、企业资源计划（Enterprise Resource Planning，ERP）等软件林林总总，花样翻新。

表 1-1　CAD、CAE 和 CAM 软件

软件类型	软件说明
CAD	在汽车行业，CAD 大多用于前期的车型设计和产品设计，其功能大致包括数字建模、工程分析、零件装配动态模拟、运动仿真和自动绘图等
CAE	在汽车行业，CAE 大多用于车辆的性能分析和结构分析，用计算机辅助求解复杂工程与产品结构，力学性能的分析与计算等问题
CAM	在汽车行业，CAM 软件的作用是借助计算机的能力管理整车生产制造过程，操作和管理生产设备，测试和检验整车系统

随着"硬件趋同，软件定义"成为业界共识，软件成为这个时代决胜负的关键要素。根据德勤的测算，预计到 2030 年，软件成本占整车物料清单（Bill of Material，BOM）的比重将从前些年的不到 10% 增长到 50%。软件所涵盖的范畴已经从传统的 CAD、ERP 拓展到人工智能（Artificial Intelligence，AI）算法、车载操作系统（Automotive Operating System，AOS）、电子控制单元（Electronic Control Unit，ECU）等嵌入式或智能化软件，甚至还包含芯片端的控制软件。此刻，整个汽车产业已经开始密集地重新认知软件、解构软件和定义软件，软件定义汽车遂成风云之势。

在软件定义汽车这个新时代，车企都在围绕着垂类数据、行业技能知识和全新的应用场景构筑企业护城河，大型车企[①]如蜜蜂般地辛勤找寻自己的第二增长曲线，中小型企业也企图逆袭成为巨头，各家企业都产生了深深的错失恐惧（Fear of Missing Out，FOMO）感，唯有倾尽全力转型，期许自家在风起云涌的

---

① 注意，在本书中，车企、汽车厂商、整车厂、整车企业、主机厂、主机厂商、OEM 均指汽车生产制造企业，不进行特殊区分和理论探讨。

时代挺立潮头，成为汽车产业新一代的赋能者和领军者。主机厂/原始设备制造商（Original Equipment Manufacturer，OEM）、Tier-1 和 Tier-2 等各级零部件供应商皆倾尽全力，全面向软件驱动和软件定义的方向转型，并大幅提升体系内软件解决方案的占比，竭力适应前所未见的巨量软件与硬件适配和解耦所带来的超高系统集成复杂度，以及由此衍生的一系列问题和变化。

本章作为本书的开篇，旨在从软件定义这个概念的历史由来引入话题，剖析软件定义汽车理论与应用体系的历史大背景，进而让读者能够快速掌握软件定义汽车的基本概念与特点，了解当前的趋势和挑战，理解汽车行业内各个参与方对软件定义汽车的不同认知，从而让读者能够快速形成关于软件定义汽车这一整套体系的概念图景。本章中的内容大多来自各位知名汽车专家和头部汽车企业的观点总结，少部分来自作者自身的体会和感受，如有不当之处，希望读者不吝赐教。

1.1　软件定义汽车的背景

软件定义汽车的概念源自软件定义，并借助汽车新四化的发展趋势，成为众多论坛和会议中主题演讲的热门话题，其热度持续高涨。

1.1.1　软件定义的由来

从字面上看，软件定义（Software Defined，SD）就是用软件技术来定义系统功能，即将原先硬件实现的功能软件化。中国科学院院士梅宏教授曾强调，"软件定义"是一种"通过软件实现分层抽象的方式来驾驭系统复杂性的方法论"。这种思想所带来的核心收益是软硬件解耦，软件向个性化方向发展，硬件向标准化方向发展，各自演化，最终使系统达到平台化和智能化。这个目标听起来似乎有些理想化，但其实在许多领域，软件定义的方法已经起到了非常重要的作用，也掀起了软件定义世界的新浪潮。具体来说，软件定义要实现需求可定义、硬件可重组、软件可重配和功能可重构，其背后蕴含的一些基本特征如图 1-2 所示。

就像近年来许多领先突破的思想一样，软件定义的概念最早也出现在 IT 领域。2008 年，斯坦福大学 Nick McKeown 教授所领导的 Clean Slate 课题研究组正式提出了软件定义网络（Software Defined Network，SDN）的概念。SDN 的

第 1 章 逐浪翻云，软件定义汽车的新时代

核心思想是分离网络设备的数据平面（Data Plane）、控制平面（Control Plane）和应用平面（Application Plane），各自开放可编程接口，打破软硬件一体化的局面，进而重构整个网络的功能。SDN 架构如图 1-3 所示。

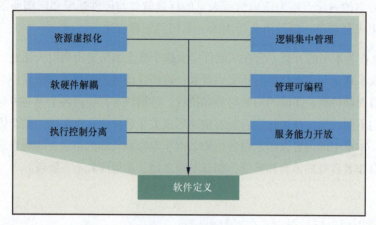

图 1-2 "软件定义"背后蕴含的基本特征

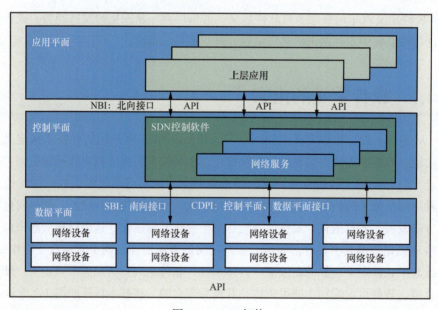

图 1-3 SDN 架构

2008 年，Nick McKeown 教授及其团队发布了第一个开源 SDN 控制器

NOX-Classic，这是一种单一集中式控制器，实现了基于开放平台 NetFPGA 的 OpenFlow 交换机。Nick McKeown 教授可真了不起，在学术上他是美国国家工程院院士、美国艺术与科学院院士、英国皇家工程院院士，在产业上他参与创办了 Abrizio、Nemo Systems、Nicira Networks、Barefoot Networks 等知名公司，而且均被思科、VMware、英特尔等知名公司收购，他是做学术和办公司都厉害的跨界牛人。

谷歌在 2012 年就已经实现了 SDN 的规模化应用，基于控制数据平面接口（Control-Data-Plane Interface，CDPI）的 OpenFlow 协议完成了对其数据中心广域网 B4 的改造，链路利用率从原先的 30%～40% 提升至 90% 以上，整个 SDN 领域受到了极大的鼓舞和振奋。

构建于运营商网络之上的互联网业务取得如此巨大的成就，也激励着运营商加入 SDN 的行列。2013 年，中国移动加入开放网络基金会（Open Network Foundation，ONF），并率先提出电信级 SDN 的概念。

2013 年美国电信运营商 AT&T 发布了 Domain 2.0 战略，战略中提出 2020 年网络软件化率要达到 75%。Verizon 发布了 SDN/NFV 参考架构白皮书，引入统一的端到端网络编排和业务编排。

2015 年中国移动在 NovoNet 项目中引入 SDN/NFV，提出了以开放网络自动化平台（Open Network Automation Platform，ONAP）为核心的智能化编排管理体系，目前已广泛应用。

2015 年中国联通启动 CUEB-Net 2.0，自主研制了网络控制器和协同器，并于 2016 年首次提出构建基于 SDN 的中国联通产业互联网（China Unicom Industrial Internet，CUII）。

中国电信则发布了 CTNet2025 网络架构白皮书，重点强调了新型 OSS 的重要性及 O 域与 B 域的协同。

运营商的一系列电信网络变革措施推动了 SDN 的规模化落地成熟。

SDN 领域的收购事件自其概念提出之时，从未停歇。SDN 领域收购简史如图 1-4 所示。

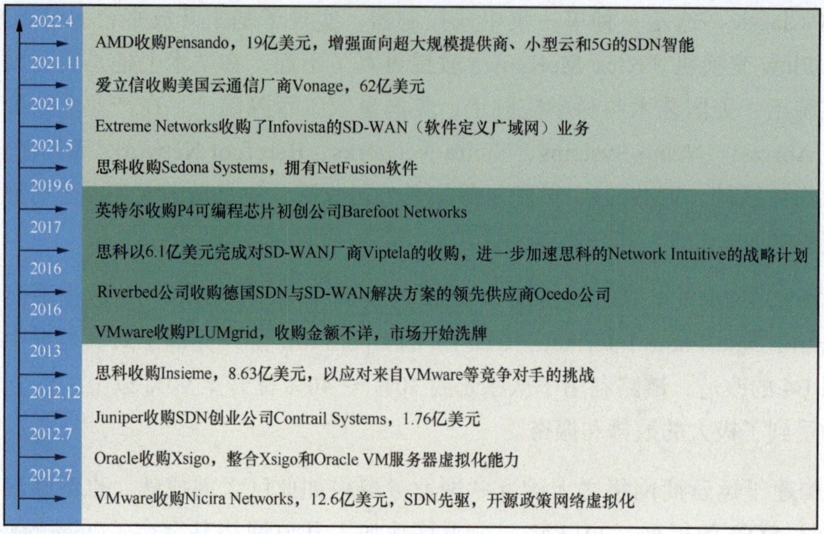

2022.4	AMD收购Pensando，19亿美元，增强面向超大规模提供商、小型云和5G的SDN智能
2021.11	爱立信收购美国云通信厂商Vonage，62亿美元
2021.9	Extreme Networks收购了Infovista的SD-WAN（软件定义广域网）业务
2021.5	思科收购Sedona Systems，拥有NetFusion软件
2019.6	英特尔收购P4可编程芯片初创公司Barefoot Networks
2017	思科以6.1亿美元完成对SD-WAN厂商Viptela的收购，进一步加速思科的Network Intuitive的战略计划
2016	Riverbed公司收购德国SDN与SD-WAN解决方案的领先供应商Ocedo公司
2016	VMware收购PLUMgrid，收购金额不详，市场开始洗牌
2013	思科收购Insieme，8.63亿美元，以应对来自VMware等竞争对手的挑战
2012.12	Juniper收购SDN创业公司Contrail Systems，1.76亿美元
2012.7	Oracle收购Xsigo，整合Xsigo和Oracle VM服务器虚拟化能力
2012.7	VMware收购Nicira Networks，12.6亿美元，SDN先驱，开源政策网络虚拟化

图 1-4　SDN 领域收购简史

从 2012 年 VMware 收购 Nicira Networks 开始，直到近年，SDN 领域几乎每年都有重大的收购案发生。例如，2021 年 5 月，思科宣布收购以色列 SDN 控制软件开发商 Sedona Systems 公司，Sedona 的 NetFusion 软件是分级控制器（Hierarchical Controller）领域的市场领导者，分级控制器是实现 5G 切片、可路由光网络的关键。2022 年 4 月，AMD 宣布以 19 亿美元（约合 121 亿元人民币）的价格收购云服务供应商 Pensando，用来增强面向超大规模提供商、小型云和 5G 的 SDN 智能。通信领域通过这些收购快速洗牌，软件定义的思想也在这十多年间生根发芽，深入人心。

除 SDN 以外，计算机系统架构专家还提出了软件定义存储（Software Defined Storage，SDS）、软件定义计算（Software Defined Computation，SDC）、软件定义数据中心（Software Defined Data Center，SDDC）、软件定义广域网（Software Defined Wide Area Network，SD-WAN）等诸多概念，并完成了内容繁多的落地实践。它们的共同特征就是硬件从定制化到虚拟化，通过深度的软件定义来灵活地管理各种硬件虚拟化后的资源，从以硬件资源为核心走向以软件资源为核心。

此后，软件定义被学者泛化到了各个领域，无线电电子学专家和学者提出软件定义无线电、软件定义雷达，空间物理学家提出软件定义飞行器、软件定义卫星，生产制造和软件服务专家则提出软件定义制造、软件定义服务，安全专家提出融合零信任概念的软件定义边界，军事专家提出软件定义国防，建筑领域的专家提出软件定义家居、软件定义建筑。最后，专家学者索性提出软件定义一切（Software Defined Everything，SDX/SDE）的概念，希望智能（the smart）和体力（the brawn）分离，底层硬件（体力）可以变得更便宜和可互换，而总体软件（智能）变得更有能力和实现更快的发展，以更好地应对"人（人类社会）机（信息空间）物（物理世界）"三元融合的万物智能互联时代所带来的挑战。

2019 年，中国科学院信息技术科学部在北京举办了学部咨询项目"软件定义一切（SDX）及其行业应用发展策略研究"的启动会，科研院所、高校及产业界近 50 位专家学者参加了会议。软件定义俨然变成这次数字化转型的核心动力之一，成为我国科技经济发展的主要动力。

2021 年，工业和信息化部在《"十四五"软件和信息技术服务业发展规划》（以下简称《规划》）中屡次提到"软件定义"。《规划》提出，"软件定义"赋能实体经济新变革，并明确指出"软件定义"是新一轮科技革命和产业变革的新特征和新标志。软件赋予了企业新型的增长能力，石化、钢铁、能源、汽车等各个行业都开始加快软件化转型的进程，软件势必成为各大企业的核心竞争力。《规划》也指出，软件运营服务模式也要进行创新，推广软件订阅、计次收费等新型软件运营模式，建立起市场化的创新机制和应用保障机制。

正如 Netscape 创始人马克·安德森在《华尔街日报》上发表的文章《为什么软件正在"吞噬"世界》中所说，今天软件应用无处不在，并且正在吞噬整个世界。

1.1.2 汽车新四化与软件定义汽车

汽车行业正在经历百年巨变，智能汽车代替燃油汽车占领新一轮科技革命和产业革命的战略高地，以往"旧四化"的提法逐渐被大众淡忘，"新四化"和"新三化"的叫法被广泛认可。2014 年至 2015 年，我们曾经耳熟能详的"旧四化"，即平台化、模块化、国际化、轻量化，被重新定义为更适应彼时发展状况的"新四化"，即智能化、电动化、电商化、共享化，"旧四化"的概念变化如图 1-5 所示。

▌第 1 章　逐浪翻云，软件定义汽车的新时代

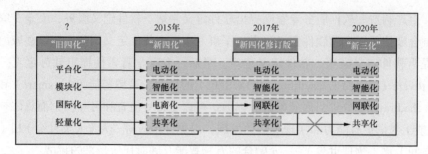

图 1-5　"旧四化"的概念变化

目前被广泛认可的汽车"新四化"（"新四化修订版"）指的是汽车电动化、智能化、网联化、共享化，这个"新四化"的提法来自 2017 年上汽集团在其举办的前瞻技术论坛上提出的集团未来发展战略布局。电动化就是电动驱动，广义上是包含新能源驱动及其他非燃油动力的能源驱动方式。电动化趋势指的是燃油动力向新能源动力系统转变的趋势，产业安全、环境安全及"双碳"目标都使汽车电动化变得越来越重要，目前已经成为整个汽车产业发展的一条明晰的主线，电动化也被广泛理解成新能源的代名词。无论是从用户规模还是从出口规模来看，我国都已经成为全球最活跃、最大的新能源市场之一。

智能化是伴随着电动化趋势火热起来的一个概念，和电动化一并被看作汽车行业未来发展的两大重要支柱技术。智能化主要指的是智能座舱、智能驾驶及更广泛意义上的应用智能化，这波汽车智能化的红利大约肇始于 2020 年。智能驾驶技术赋予汽车自主导航和决策的能力，智能座舱则强调将车辆转变为第三生活空间，提供个性化的乘坐体验，从而增加舒适性和便捷性。无论新势力车企还是传统车企，都竭力在智能化方向上打造差异化竞争优势，因为可以说智能化决定了电动化的体验上限，而电动化则为智能化提供了一个最佳的实现载体，它们是最重要的两化。

网联化主要指的是车联网布局，联网可以为车辆提供异构多元化网络接入能力，同时，汽车联网后可与其他汽车、道路设施交互信息，实现信息与资源共享，联网后汽车将成为像智能手机一样的大型移动终端。另外，网联化也指利用车载 Wi-Fi/蓝牙/NB-IoT/手机投屏等实现车内设备的互联互动。

共享化指的是共享汽车与共享约车，这两种形式的共享化如图 1-6 所示。

用户可以通过支付押金（或者通过信用值）与使用费来使用共享汽车出行，

这里面还包括一种新的订阅模式，即像蔚来这类厂商组织的深度试驾，其核心目标是让用户深度体验，为后面买车做铺垫。共享约车指的是像滴滴出行、T3出行这类网约车和首汽这类出租车。约车模式下的细分模式有很多，像短租、长租及融资租赁。一般来说，共享汽车是自驾，共享约车是打车，两者在运营模式上有根本性差异，但也有共性——"一车多用"。

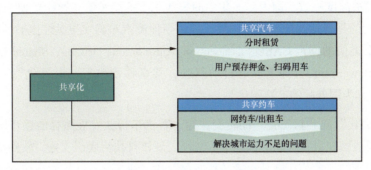

图1-6 共享化的两种形式

2020年国务院办公厅印发的《新能源汽车产业发展规划（2021—2035年）》（以下简称《规划》）中只提及了电动化、智能化、网联化，而共享化被明确移除，其原因是目前共享化还只是一种商业模式，而《规划》则多从产业技术的角度出发，这是国家863计划节能与新能源汽车重大项目监理专家组组长王秉刚与乘联会秘书长崔东树两位行业专家给出的近乎一致的答案。可以简单理解为，其他三化概念有明确的目标导向性，而共享化还处在行业发展早期阶段。但是，共享化可以解决运营成本问题、交通拥堵问题和老龄化问题，是实现智慧交通的重要手段之一，其未来发展仍然可期。

在2024年举办的中国电动汽车百人会论坛上，中国科学院院士、中国电动汽车百人会副理事长欧阳明高提出了一个明确的观点：新能源汽车行业正在经历三项关键技术的转型，即电动化、智能化和低碳化，这三化分别代表了行业的初级、中级和高级阶段。

欧阳明高院士进一步强调，要想打造一个强大的汽车工业国家，必须依托四化战略，即电动化、智能化、低碳化和全球化。这四大方向是推动汽车行业持续发展和提升国际竞争力的关键。此外，需要特别指出的是，一些车企和专家也将轻量化和绿色化纳入了新四化体系中，形成了"新五化"甚至"新六化"，我们在此就不做过多解释了。

对应于国内提出的汽车发展新四化趋势，麦肯锡在"2023科技趋势的展望"报告中提出ACES（Autonomous Driving, Connectivity, the Electrification of Vehicles, Shared Mobility），即自动驾驶、互联互通、汽车电气化和共享移动出行，国内外很多文献和报告对此多有提及。仔细来看，可以说ACES与国内新四化的说法高度一致，国内新四化中的智能化指智能座舱和智能驾驶，而ACES中的A指的是自动驾驶，相较国外，国内新能源汽车确实更关注座舱的智能化。还有一个类似的词汇CASE（Connection, Autonomous Driving, Shared Mobility, Electric Powertrain），即互联、自动驾驶、共享移动出行、电气化"。ACES和CASE可称为国外版的"新四化"。

"新四化"向"新三化"的转变，标志着汽车行业发展路径的逐步明晰。在建设交通强国和科技强国的进程中，必须以硬核科技为底层支撑，软件定义汽车及相伴而来的技术革新则是承接"新四化"和"新三化"的核心突破方向。据说"软件定义汽车"的概念最早是在2016年由时任百度高级副总裁、自动驾驶事业部总经理王劲提出的，认可这一说法的言论甚多，但很难溯源考证。一方面，软件定义汽车这个概念在2018年之前并不是特别流行，其真正火爆是在近五年。另一方面，直到本书成书时，除了博世、采埃孚（ZF）、NXP、大众汽车等知名厂商的公开诠释外，其他外文文献和国外学术研究领域鲜有SDV（Software Defined Vehicles）及类似的词汇出现，国内对软件定义汽车的热衷程度要远远高于国外。如果硬要溯源的话，可以找到2007年2月的 Proceedings of the IEEE 中某篇文献曾经提到的"Software Defined Vehicle"，在此我们对概念源头不做考证。

让人欢欣鼓舞的是，时下大火的英伟达创始人兼CEO黄仁勋认为，到2030年，大部分汽车将实现L2级自动驾驶功能，并进一步提出软件即将定义汽车并创造利润，他表示汽车制造商的业务模式将从根本上发生改变。至此，马斯克和黄仁勋两大科技产业的巨擘都明确表示对软件定义汽车这个趋势的关注和认可。

2015年，电气电子工程师学会（Institute of Electrical and Electronics Engineers，IEEE）和IHS Automotive（现S&P Global Mobility，标普全球汽车）咨询公司报道，1978年的时候，通用汽车曾使用一个改良过的摩托罗拉6802微处理器芯片在凯迪拉克车上显示速度、燃油、行程和发动机信息，到了1981年，通用汽车又通过 5 万行代码来控制发动机的点火装置。他们声称，高端豪华汽车电子系统有 6500 万行代码，是前者的 1300 倍。

1983 年，J. Bereisa 在 *IEEE Transactions on Industrial Electronics* 的论文中写道，软件开发将成为新产品开发工程中最重要的考虑因素。Broy 在 2007 年的一篇文章中预估，超过 80% 的汽车创新来自计算机系统，软件已成为汽车价值（以及标价）的主要贡献部分，即使当前汽车价格尚未完全反映这一趋势。电子产品成本占汽车成本的百分比从 20 世纪 70 年代末的 5% 左右攀升至 2005 年的 15%（不包括最终组装成本）。对混合动力汽车来说，仅发动机控制所需的软件量就几乎是传统汽车的两倍，电子产品的成本占汽车成本的百分比接近 45%。当时一些专家预测，10 年内，电子产品成本占汽车成本的百分比对传统汽车来说将上升至 50%，而对混合动力汽车来说将上升至 80%。

2008 年年底，咨询公司 Frost & Sullivan 估计，在不久的将来，汽车将需要 2 亿至 3 亿行代码，现在智能电动汽车上的代码量已经达到了这个量级。盖世汽车研究院则预估到 2025 年，一辆智能汽车的代码量将达到 7 亿行，较 2022 年增加约 2.3 倍。

2015 年《福布斯》(*Forbes*) 报道，摩根士丹利（Morgan Stanley）估算，以后自动驾驶汽车 60% 的价值将源于软件，而当时汽车软件价值只占总体价值的 10%。

麦肯锡预测，不远的 2030 年，全球汽车软件市场规模将增长至 840 亿美元，由于汽车行业更加重视用户体验和自动驾驶，汽车软件带来的价值占比将持续提升至 30%。

埃森哲（Accenture）商业研究院分析预估，受软件定义汽车的影响，到 2030 年，全球汽车行业将因数字服务应用带来 1.5 万亿美元的营收增长，而到 2040 年，数字服务的营收增长将扩大至 3.5 万亿美元，其在汽车行业总营收的占比将达到 40% 的惊人程度。我国汽车和出行相关行业收入如图 1-7 所示。正如图 1-7 中预估的那样，2040 年的我国汽车行业，因数字化服务的应用及出行和自动驾驶板块的快速增长所带来的营收将接近 2022 年的 15 倍，即超过 1 万亿美元（约合 7 万亿元人民币），从整个汽车和出行行业来看，一半营收将会来源于此，营收池将会发生结构性的转变。

第1章 逐浪翻云，软件定义汽车的新时代

"软件定义汽车"的说法已经提出了很多年，汽车行业从广受争议发展到目前被用户和专业人士广泛接受的阶段。从发展阶段来看，软件定义汽车大致呈现出基础设施建设阶段、量产阶段和软件价值极大化阶段。其中，基础设施建设阶段的关注点更多地集中在智能汽车操作系统的研发、云平台的研发；量产阶段的关注点在于推出新的整车研发架构，形成非常多的个性化、场景化的创新，这也是汽车行业目前所处的阶段；而软件价值极大化阶段则经过多年软件研发的积累，形成了以软件为主导的付费变现模式，软件的价值也在这个阶段得到极大化的体现，新的商业模式的形成将使用户思维发生根本性的转变。

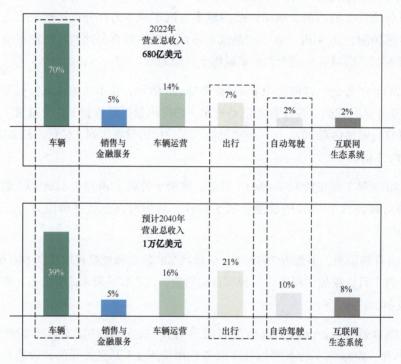

图1-7 我国汽车和出行相关行业收入（资料来源：埃森哲商业研究院）

1.2 软件定义汽车的核心理念

我们相信软件将定义汽车。然而，软件如何能够对这一大型硬件进行定义、具体是哪些软件在起作用，以及面临哪些挑战，这些问题正是我们关注的焦点。

1.2.1 软件为什么能够定义汽车

现在人们普遍相信，未来的汽车就是一个装着四个轮子在道路上疾驰的大电脑，这句话大家都能理解。但是，我们暂时放下手头的工作，仔细想一想，软件为什么能够定义汽车？以前的世界不是也很魔幻而美好吗？在没有软件定义的世界中，汽车难道跑得就不好不快吗？为什么非要软件定义？很多讨论、观点和反思接踵而至，我们先来看一些主流汽车厂商关于软件定义汽车的积极反应：

- 梅赛德斯-奔驰将用数据驱动的 MB.OS 取代 MBUX；
- 大众汽车坚信下一个十年软件将彻底改变汽车，所以大众将建立 1 万人的汽车软件组织，从事车联网、智能座舱、自动驾驶、车辆运动及能量控制、数字出行服务五大块业务；
- 大众汽车 VW.OS 基于 Linux + Adaptive AUTOSAR（AUTomotive Open System ARchitecture）操作系统，应用软件和 I/O 功能解耦，并采用面向服务的架构（Service-Oriented Architecture，SOA）；
- 通用汽车将于 2023 年逐步过渡到其 Ultifi 平台，Ultifi 是基于通用汽车整车智能化平台 VIP（Vehicle Intelligent Platform）开发的端到端软件平台；
- 奔驰将于 2024 年发布其自主研发的汽车操作系统完整版，提供统一的优化软件平台，提高车辆联网效率和数据处理能力，为用户提供多样化的数字服务和功能；
- 丰田汽车将在 2025 年推出自研的 Arene 操作系统；
- 2023 年上海车展上，上汽集团旗下品牌智己汽车发布"AI4M 智能战略"，将 AI 变革智能出行作为战略方向；
- 理想汽车宣称下一代车型将搭载自研跨系统域的 Li OS 平台，专注于智能驾驶，未来会连接智能车辆控制和智能座舱。

关于"软件为什么能够定义汽车"这个问题，我们需要从几个方面来思考。

从技术上讲，除"电脑"以外，电动汽车本身不像传统的燃油车那样复杂，没有那么多复杂的机械部件，基本可以由软件来定义。机械制造的汽车也早已和电子元器件紧密相连，电子点火、灯光控制、防抱装置（Antilock Braking

第1章 逐浪翻云，软件定义汽车的新时代

System，ABS）等自动化电子器件都是由软件控制的。未来，车身零部件和机械装置将延续燃油车时代的"白标化"，电子零部件也会因软件定义加速"白标化"，越来越小的硬件差异会使车辆硬件价差无法拉开，整车利润会越来越透明，特斯拉等车企加速了以硬件成本价售车的进程，对标与竞争优势将体现在软件栈创新和体验创新上，而在车辆销售中，软件组合将成为新的利润增长点。

此外，对于以往汽车频繁的召回和功能修复，未来很多时候将可通过OTA（Over the Air，OTA）技术来实现远程升级。OTA类似于手机App的热更新功能，有了这项神奇的能力，车辆就不需要再像以前一样召回后修复，也就是说车辆召回率会降低，同时还会形成"硬件预埋+软件后付费"的新增消费模式。从主机厂的角度，相当于汽车会有多次开始量产（Start of Production，SOP）的机会，这样也尽可能地延长了汽车的生命周期和价值周期。可以看到，在智能电动汽车领域，已经形成"硬件趋同，软件差异"的发展趋势。

硬件定义的方向是一切皆为计算机，软件定义的方向是一切皆为服务。软件定义汽车背后的驱动力之一是，用户付费价值链从厂商"销售硬件"+用户购买产品[①]转向厂商"销售软件和服务"+用户购买营销服一体化服务。像特斯拉这样精明的主机厂发现未来的利润来源将是可以多次购买的软件，而不再是以前那样一次性购买的车身硬件，软件成了新的商品。20万元的汽车，以15%的毛利率计算，每辆汽车的毛利大概是3万元，即便未来靠汽车硬件不赚钱，购买10次3000元的软件也将产生和以前相当的毛利，而动辄成本一两万元的智驾功能则形成了巨大的利润空间。当新的服务消费理念形成之时，便是众多主机厂、新势力车企转型成功之时。

软件定义汽车的时代同样也是AI爆发的时代。处在这样的智能化时代，用户在智能手机、智能家居、智能办公等各种智能技术和应用加持的环境中耳濡目染，对自己的用车智能化需求也越来越高。用户端智能化的反向驱动，使得汽车从制造域、供应链域、用户域逐渐向全域智能化方向演变。汽车身上满满地装配了各种各样的传感器、摄像头和数据采集设备，汽车从车联网开始互联互通，甚至充电桩与电动汽车也开始互联互通。

软件定义汽车的时代，同样是碳中和的时代。碳中和将改变整个能源体系的基础，由此必然带来与以前完全不同的脱碳产业生态。碳中和将驱动形成全

---

① 如果没有特别修饰，本书中的产品指的是整车产品，即完整的车辆，而非软件产品。

新的绿色智能生态，智能电动汽车也是这个生态体系中的重要组成部分。碳普惠促使智能电动汽车体系的加速发展，同样也激励了软件定义汽车的加速发展。

云计算、大数据、物联网、AI、数字孪生、元宇宙等诸多数字技术在近十年间趋于成熟，并且催生了平台化设计、个性化定制、网络化协同、智能化生产、服务化延伸、数字化管理等新型平台模式，为软件定义汽车的实现提供了完善的平台化基础。

当 50% 以上的功能由软件来定义时，除了可以提供传统的机械质素和强劲的电动特性，更多的用户数据和车辆数据也将被回传给主机厂。经过不断积累和完善的数据可以用来不断地完善和提升产品能力，从而为驾驶员和乘客带来更智能的乘车体验、更安全的车内空间、更便捷的驾控感。

软件定义汽车的时代同时也是经销商代理模式与厂商直营模式博弈的时代。主机厂希望更多地直面用户，为了追求极致的用户体验而出现的更多软件定义场景使得以前固若金汤的经销商代理模式开始瓦解。当然，在这个瓦解进程中，主机厂会左右摇摆，怀疑进展中的不顺利是错误的模式选择造成的，这种自我怀疑的过程实则有助于新模式的筑基和巩固。主机厂与用户关系的建立，从传统的卖完车就结束变成卖完车才刚刚开始。在新势力车企中，用户关系部门、用户体验部门、用户端数字化部门开始显露，重要性不断加强。

从产业视角来看，软件定义将使汽车行业从以往各自封闭的主机厂运作模式转变为开放平台运作模式，开放生态会在汽车行业形成类似 App Store 这样的行业公共平台，在其上交换和交易数据、模型、算法和算力，从而大力促进算法和应用的创新。

类似其他软件定义领域，软件定义汽车其实是一个过程，分为不同的发展阶段，并不是一步到位的。就像云计算厂商面向 IaaS、PaaS 和 SaaS 提供软件产品一样，软件定义汽车的厂商也在基础层、平台层、应用层分别耕耘，从供应链和软件上下游分治和共享，共同构成软件定义汽车的宏大蓝图。概念泛化的"软件定义汽车"如图 1-8 所示。

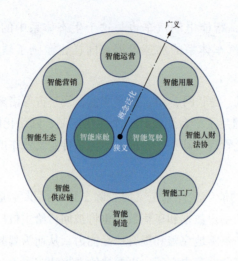

图 1-8　概念泛化的"软件定义汽车"

1.2.2　概念泛化的"软件定义汽车"

软件定义汽车的概念最初由汽车行业有识之士提出,并逐渐被各大主流汽车厂商接受。在各种铺天盖地的论坛发帖、媒体新闻稿、学术研讨和行业深度解读文章的广泛传播下,用户群体快速形成了"软件至上"的认知。但是,从汽车行业的专业人士、主机厂和用户三种视角分别来看,大家对软件定义汽车的理解其实是各不相同的。总的来说,软件定义汽车概念的发展经历了一个从狭义到广义的概念泛化的过程。

汽车行业的专业人士是资深的行业从业人员,他们是软件定义汽车的亲历者和践行者。从他们的角度而言,软件定义汽车纯粹是一直挂在嘴边的智能座舱和智能驾驶。这是行业中最早对软件定义汽车的理解,也是这个概念诞生之初的根本含义。多数专业人士会认为,软件定义汽车代表的多是领先的智能化软件技术给汽车制造业带来的革故鼎新,他们展现出的是一种技术导向的思维。

主机厂的看法则更综合,内涵也更丰富。软件定义汽车意味着整个主机厂的"含软件量"逐年快速提升,软件将渗透到"研、产、供、销、服"各个体系和环节中,通过数字化转型工程不断重塑并改变既有流程,实现体验持续提升、过

1.2 软件定义汽车的核心理念

程持续优化、价值持续创造,这个过程体现了主机厂从硬件产品思维向软件产品思维的转变。这个转型的大背景是汽车产业从机械到电气的转变,是应对硬件产品逐渐趋同而寻求新的突破口的转变,是汽车行业价值链重构的转变。主机厂视角偏全局和宏观,对软件定义的思考会更加宽泛,并非仅限于智能座舱和智能驾驶,而是触及了智能用户运营、智能工厂和智能供应链等领域。

用户深受智能手机、掌游时代电子娱乐消费主义的影响,希望汽车能像智能手机一样,集娱乐、点餐、社交和远程控制等功能于一体,认为软件定义汽车的作用多是带来用户体验的提升以及提供娱乐、上网、购物等各种消费服务。这实际上是消费者期待今后的汽车仍能延续智能手机时代的使用习惯与体验的一种潜在的心理投射现象。

不同的是,以往消费者购车的时候主要考虑性能、可靠性和安全性三大因素,如今车载信息娱乐系统(In-Vehicle Infotainment,IVI)、高级驾驶辅助系统等功能正在逐渐成为消费者关注且左右购买决策的典型配置。用户对软件定义汽车的态度更直接,要求更具实用性和娱乐性,不管厂商怎么宣传,用户始终保持着自己的态度和观点——"娱乐和实用主义至上"。

1.2.3 软件定义汽车的挑战与趋势

软件定义汽车带来了汽车电子架构的革新,主机厂后续很难像以前那样在硬件堆料上打造差异化,软件、数据、算法、算力将成为车企的核心竞争力,这种变化将使整个生态体系面临多样化的挑战,如图1-9所示。

图1-9 软件定义汽车带来了新的挑战

第1章 逐浪翻云,软件定义汽车的新时代

1. 汽车厂商

汽车厂商从产业价值链的生产制造环节扩大到全产业链条,将面临数倍于以往的软件、功能和数据,因为缺乏可遵循的标准范式,所以汽车厂商普遍会陷入数字化转型的焦虑。焦虑也来自软件成本的快速上升,车企的多品牌经营策略造成车型架构和软件的不统一,很多软件往往只能在一个车型上使用,因此无法做到跨车型甚至跨品牌成本分摊,软件规模越大,焦虑就会越多。

自 2019 年开始,国外汽车巨头和国内自主汽车品牌都纷纷设立软件开发部门和控股子公司(见表 1-2),像上汽、吉利、长城等大型汽车品牌也开始整合软件、AI、大数据、云计算、网络安全等方面的资源和研发能力。

表 1-2 重点汽车品牌和它们的软件部门/控股子公司

	品牌	软件部门/控股子公司
国内车企	上汽	创新研究开发总院、零束、斑马智行、Momenta
	吉利	吉利研究院、亿咖通、芯擎科技、星纪时代、魅族、吉咖智能、星纪魅族
	长城	长城研究院、产业数智化中心(IDC)、毫末智行、仙豆智能
	长安	重庆长安汽车软件科技有限公司
	奇瑞	数字化中心、智能汽车技术中心、雄狮科技
	广汽	广汽研究院、智能汽车软件技术联合创新中心(中科创达)
国外车企	丰田汽车	丰田汽车研究院(TRI-AD)、Woven Planet Holdings(Woven Core 和 Woven Alpha)
	宝马	Critical Techworks(与 Critical Software 组建合资公司)
	大众	Car.Software(CARIAD 的前身)、CARIAD、neocx

此外,汽车行业普遍面临"缺芯""少魂"(指缺少厂商自主研发的智能驾驶平台和操作系统)的困境。2021 年 6 月,上汽集团董事长陈虹接受采访时表示,上汽与华为这样的第三方厂商合作自动驾驶是不能接受的。2021 年和 2022 年全球车企均因"缺芯"出现空前的交付压力,汽车厂商开始对芯片制造、储备和供应给予充分重视,但"少魂"困境仍待突破,尤其是对于国内供应商而言。另外,用户驾乘体验从传统驾驶向第三空间扩展,汽车场景化功能形成成百上千种组合,使汽车智能化愈发复杂。智能化时代的黑客攻击和数据滥用也给企业的监管和法规制定带来了新的挑战。

2. 供应商

供应商体系也面临着前所未有的转型压力。在形成行业共识的标准之前，跨供应商的软件集成能力成为核心能力，同时，软件带来的新的安全和可靠性问题也是摆在供应商面前的一些新课题，这些课题是以前供应商很少考虑或者不擅长的。和汽车厂商一样，供应商亟须补齐软件这一课，从软件差等生变成软件标兵。

短期内车企对于交付白盒源码的痴迷，也造成了供应商的局促与无力。举个典型的例子，自动驾驶的供应商交付源码后，大部分主机厂承接不住，交与不交其实对结果的影响差异并不大。另一个潜在挑战是，软件定义汽车对传统汽车供应链与合作模式的颠覆，呈现出供应商和厂商竞合共赢的局面。

此外，传统燃油车时代的零部件制造商所生产的配件，与新能源汽车的需求不完全匹配，供应链发生了明显的转移，这也给宁德时代、沪光股份、华阳集团、上声电子等国内零部件供应商带来了前所未有的时代机遇。

传统的供应商与主机厂之间的合作关系也遇到了很大的挑战。对于传统汽车，几乎每一个汽车电子部件都会有各自专属的 ECU、嵌入式操作系统和应用程序，电子系统的碎片化现象是非常严重的。为了更好地接纳软件定义汽车，主机厂会非常有诉求地将供应商各自独立的电子系统和平台进行整合，电子电气架构和整合软件平台的目标会打破传统主机厂与供应商之间协作的平衡。

此外，哪些部分自研，哪些部分外包，如何有效划分主机厂软件团队和供应商团队之间的工作边界，避免出现像奥迪前研发主管 Peter Mertens 发出的灵魂拷问——"甚至很难找到一行代码是完全由我们自己的工程师创造的"，这也许是大众汽车前 Car.Software 部门负责人 Christian Senger 当时应该考虑的。

3. 从业者

从业人员则遇到了与切身利益相关的发展瓶颈。面对突如其来的转变，一方面让主机厂和供应商体系的从业人员认识到自己对于软件和智能化技术的理解不足，另一方面进入主机厂体系的互联网人士则对主机厂固化的研发流程和体系倍感不适。更有甚者，自研发口诞生的主机厂质量管理体系中往往将整车研发流程套用于软件研发流程，考核软件研发时会造成部门之间旗帜鲜明的争议和冲突。这种冲突本质上源于组织思维的转型阵痛。因为车企中从上到下充斥着"干了一辈子机械"和"干了一辈子汽车"的汽车人,贡献巨大,但其"僵化的思维"重视流程、崇尚严格的绩效考核,对软件缺乏足够的敏感度和敬畏心,对于软件人员缺少共情和理解,因此造成了非常多的软件管理问题、冲突和困境。综合来看,这也是软件定义汽车这一理念落地的最大障碍之一。

毫无疑问,软件定义汽车的市场在高速增长,在市场重塑的过程中,整体已经凸显出如下一些重要的趋势。

(1)软件定义使汽车行业越来越像互联网行业和软件行业,新能源大厂"卷"的程度已然超过传统的互联网公司,面临的挑战也是多样化、多方面和新颖的,人"卷"的同时心也很"卷"。

(2)产品开发模式开始发生根本性转变,车企的研发模式向互联网企业的研发模式靠近,软件开发模式从传统的瀑布模型、V模型转向更加高效灵活的、改造版的敏捷开发,互联网人大量涌向新势力车企和传统车企,开始深入了解和掌握艰涩的汽车知识,汽车人亦开始学习互联网的竞争方式和灵活思维,他们的每个毛孔都流淌着双向渗透和奔赴的血液,快速迭代优化和OTA升级成为新型汽车软件开发模式的标志之一。

(3)核心竞争要素从传统燃油车时代的"造型与工程设计+动力总成+底盘+电子电器"转向智能电动汽车时代的"硬件+软件+服务",新能源的角力场从西方转向东方,汽车产业正在经历从"传统制造迭代"向"数智驱动创新"的全面系统性重构。

(4)面向服务的架构(SOA)设计方法和理念能够有效实现软硬件"解耦"思路,对计算性能也能有效利用,可以极大降低软件升级的复杂度和成本,因此开始成为车辆软件服务的技术基础。整车软件架构正在从基于面向信号架构(Signal-Oriented Architecture,SOA)的烟囱式垂直架构转变为"通用硬件平台+基础软件平台+各类应用软件"的水平分层架构,架构的转变使得更彻底的软硬件解耦成为可能。对于软硬件解耦,虽然口号喊了好多年,但效果却并不理想,存在诸多挑战,只有通过解耦才能使汽车的物理开发和数字开发得以并行。同时,软件研发也在向以微服务和容器化为代表的云原生方向发展。

(5)传统汽车供应链是Tier-2→Tier-1→整车厂线性模式,这个模式将被百度等互联网公司以及华为等信息与通信技术(Information and Communications

Technology，ICT）公司这些闯入的"野蛮人"玩家所改变，各企业将围绕消费者为中心进行产品创新、研发和供应，传统线性模式将被打破，出现"你中有我，我中有你"的网状合作形态。同时，Tier-1、Tier-2[①]、Tier-3 供应商中会出现更多纯软件、系统软件、基础软件和 AI 芯片厂商等新型的参与者，原本清晰分明的供应链关系中的边界开始变得模糊，Tier-1、Tier-2、Tier-3 相互渗透，如图 1-10 所示。传统 Tier-1 零部件企业的软件研发往往难以满足主机厂的需求，所以主机厂要么采取自研，要么开始绕过 Tier-1 直接与具备较强软件研发和算法研发能力的 Tier-2 开展合作，而这些供应商的身份也会因此而发生转变。

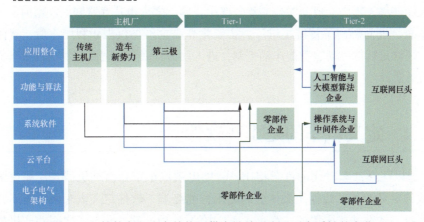

图 1-10　软件定义汽车趋势下供应链关系发生了实质性的变化

（6）主机厂固有的硬件集成思维逐渐向软件自研思维转变，软件开始大量实现车端功能，整个行业认为转型势在必行，但主机厂的研发治理模式（包括产品设计与开发、验证和执行）尚不完善，难以快速、稳定、准确地构建和交付软件支持的服务。

（7）价值链后移并重构，整车利润向软件和智能零件侧转移，堆料和堆配置的现象比以前更密集，选配等模式导致汽车配置多样性、复杂度快速增加。

（8）传统汽车上的控制器以嵌入式系统开发为主，而智能汽车上的电子电气架构则以域控制器为主，车载平台逐渐向中心化迈进，满足性能、可靠性、实时

---

① 注意，本书中 Tier-1 指一级供应商，Tier-2 指二级供应商。

性、效率提升等计算平台的新的非功能性需求成为挑战。

（9）软件技术沉淀在新一轮新能源淘汰赛中充当至关重要的角色，AI、5G通信、云计算等多种技术驱动汽车向智能化不断进化的同时，也大幅增加了软硬件开发的复杂度。数据链、工具链均须在云上打通以保障产品设计和研发的快速迭代，软件思维逻辑需要重新审视和改变，才能适应新技术革命的极高速演化。车云协同、功能上云、算力卸载上云使得云计算技术在软件定义汽车时代显得尤为重要。

（10）AI时代，数据呈指数级增长，算法和模型领域不断涌现新的尝试和突破，高阶自动驾驶驱动车端部署大量的传感器和高算力平台，5G技术驱动算力向边缘转移，算力变成新时代的竞争壁垒。算力之火也从互联网大厂燃向了新势力车企，进而燃向了传统主机厂。智能化算法也不再仅限于智能座舱、智能驾驶，还涉足智能电动、智能车辆控制，进入动力、底盘、道路环境仿真等车辆早期设计阶段。

1.2.4 定义汽车的是哪些软件

与以往燃油车时代的汽车相比，智能电动汽车正在由纯机械式产品逐渐转向软件定义产品、数据定义体验的超级智能终端。软件定义汽车始终离不开汽车本身，软件并非简单的"汽车+×"中的×项，软件和汽车之间并非机械的配套关系，而是需要充分考虑系统之间的有机相互作用，采取整合思维，统一考量。

从前述内容我们已经知道，对于软件定义汽车的认知，以不同的视角来看是不同的。同样，理解定义汽车的是哪些软件，也有不同的视角。

（1）业务视角

图1-11呈现的是主机厂视角下的软件体系，主机厂的软件体系完全服务于其产销业务，即服务于主机厂内部组织架构中的各个业务单元。但是，以往主机厂的组织架构是功能型的，而新的适用于数字化转型的组织形态应该是平台型的，因此主机厂的组织架构也面临着从根本上重塑的需求。

重塑后的典型主机厂架构分为用户域、生态域、产品域、供应链域、工厂域

1.2 软件定义汽车的核心理念

和运营支持域,每个域内都有大量数字化系统的开发建设工作。以用户域为例,用户域的典型业务包括品牌宣传、市场营销、公关舆情以及汽车销售(直营或经销商)、车辆交付、售后服务等环节。品牌宣传需要企划管理系统、用户洞察平台等系统,市场营销则需要客户数据平台(Customer Data Platform,CDP)、营销自动化(Marketing Automation,MA)、广告监测和投放平台的助力,公关舆情需要舆情监控平台、客户体验管理(Customer Experience Management,CEM)对内外网的客户声音(Voice of Customers,VOC)的实时监测。典型用户域软件系统的较完整清单有 100 多项,分别服务于其"品牌、营销、公关、销售、交付、售后"等业务。

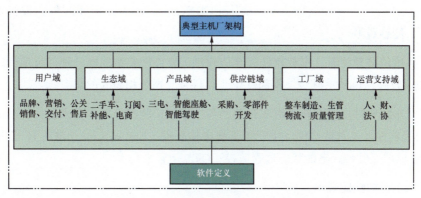

图 1-11 定义汽车的软件(业务视角)

需要进一步展开的是,产品域在主机厂中的职责是定义车型产品,产品域的汽车软件分为车载软件和非车载软件,如图 1-12 所示。

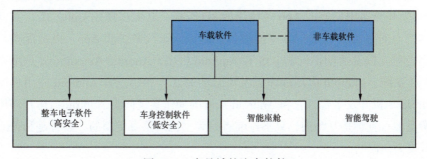

图 1-12 产品域的汽车软件

进一步来说,车载软件可以分为如下 4 种。

第 1 章 逐浪翻云，软件定义汽车的新时代

- **整车电子软件是与整车高度耦合或安全等级较高的模块**，例如发动机控制、电机控制、刹车控制、电子助力转向控制、混合动力系统控制、安全气囊控制、电池热管理等。

- **功能独立且安全等级较低的车身控制软件**，例如网关、照明控制、雨刮控制、车门车窗控制、无钥匙启动、天窗控制、座椅记忆控制、后视镜控制、功放控制等。

- **智能座舱或车机**，主要是以各类大屏为承载的软件。

- **智能驾驶**，例如高级驾驶辅助系统（Advanced Driving Assistance System，ADAS）、自动驾驶（Autonomous Driving，AD）及附属的雷达或摄像头传感器等。

从价值链角度看，车载软件、算法软件、软件密集型的电子硬件目前的产业附加值较高，也是主机厂、零部件企业、科技公司争相布局的焦点。

非车载软件广泛存在于汽车行业的各个领域，就产品域本身来说，更多的是指网联软件、工具链软件、生产用下线电检软件（End of Line，EOL）、云平台（如数据埋点后台、电池状态远程监控、OTA 运营平台）。

（2）横向功能视角

图 1-13 给出的是以切面横向拉通看待软件在主机厂各类域内的应用情况。

从最上层的用户界面与体验，到底层的基础设施与云，各个域内用到的软件均有很强的共性。以用户界面与体验为例，在技术上分属产品域座舱内使用的 3D 车模和分属用户域的 App 内使用的 3D 车模，其大多使用 Unity 3D，需要解决的核心问题也是 Unity 3D 车模如何无缝嵌入车机系统和 App，以适配车端和云端信号，以及适配不同的 iOS 和 Android 机型。Android Automotive 是用来运行 IVI 系统、Android 应用程序以及可选的第二方和第三方 Android 应用程序的 Android 车机开发平台，它和 Android App 的操作系统同为 Android，运行环境也非常类似，且都是开源的，只不过前者是为主机厂量身定制的，后者是为普通移动开发者定制的。

从用户服务与应用层来看，由于产品越来越直面用户，因此各主机厂都开始建设负责对全网用户声音实时监测的平台，这个平台从 400 电话、在线 IM、开

放的互联网媒体、论坛侧收集用户声音,然后进行声音对齐、补全、融合等一系列加工处理,最终生成工单派发给各相应部门对应的接口人,以期以最快速度响应用户 Bug,修正产品,降低舆情风险,进而提升用户满意度。

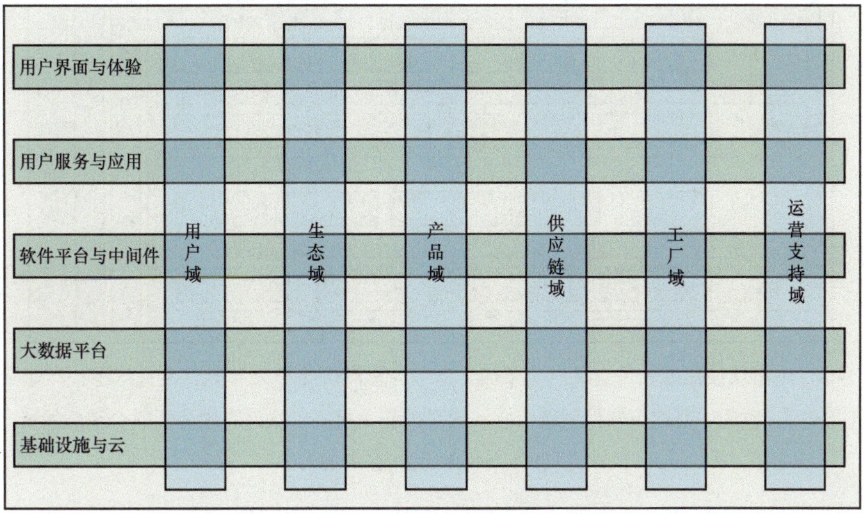

图 1-13　定义汽车的软件(横向功能视角)

大数据平台则是另一项典型的可在全域拉通的软件应用,用户域的大数据平台更多关注用户行为分析,希望通过对用户的深入洞察提升用户转化和下单的效率,而智能驾驶侧的大数据平台则更关注多模态数据和时空大数据存储、加工和呈现。大数据平台都使用类似的技术,例如实时数据仓库处理框架 Flink 以及 Iceberg 数据湖平台。

(3)混合视角

图 1-14 展示了本书所使用的软件定义汽车架构,也是用得最多的一种呈现方式,参考了佐思汽研和国科础石的版本并进行了相应简化。同时,本书各章节基本与本图对应,遵循自下而上、自左而右的讲解顺序。此处,我们不对本图过多讲解,因为后续各章会逐步拆解,把每个模块尽可能地讲述清楚。

第1章 逐浪翻云，软件定义汽车的新时代

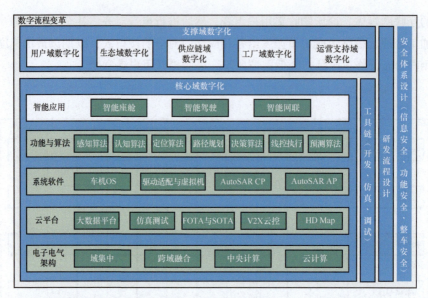

图 1-14 本书所使用的软件定义汽车架构（参考佐思汽研《2022 年软件定义汽车：产业全景研究报告》，重庆中科汽车软件创新中心、国科础石（重庆）软件有限公司联合编撰的《汽车软件全景图（2022 年）》）

1.3 软件定义汽车的多元视角

对于层出不穷的社会热点和新鲜事物，往往会同时出现正反两面截然不同的声音。过去由于信息渠道单一，或许只能听到一面之词，现在发达的互联网使得同时有相反观点存在，这会让人倍感迷惑。软件定义汽车的发展也是如此，我们总结了其中一些典型的反面声音。

软件代码量的激增并不能证明软件定义汽车的趋势已经形成。虽然主流的声音宣称汽车软件的代码量在逐年攀升，例如摩根士丹利估算，未来软件价值占比将达到 60% 左右，又如大众汽车宣称软件创新将占未来汽车创新的 90% 左右的比重，但通过代码量来表示软件已经可以定义汽车的观点确实有些像宣传手段。诚然，像车机软件的代码量已达到上亿行，手机 App 车控 SDK 单端代码量也超过百万行，就连手机 App 车控 UI 单端代码量也能达到十余万行。但是，软件代码量的增加很大程度上来源于对应电子元器件数量本身的指数级增长，因此更多

的硬件就意味着需要更多的控制代码以及保障信号稳定传输和处理的代码。

从计算机发展史来看，软件和硬件的发展是交替进行的。早期，摩尔定律揭示了硬件发展的规律，强悍的硬件以周期性引领了计算机领域的发展，这时的硬件发展领先于软件发展。互联网时代数据出现井喷，硬件一时跟不上数据和软件的要求，英特尔王者易位，英伟达成为这一时代的新的王者，GPU领域确实出现了软件促进硬件发展的现象。在智能电动汽车目前的发展阶段，软件仍然依附于硬件发展，并未出现像GPU领域那样软件定义硬件的现象。功能和应用场景定义了智能汽车，软件只是在其中扮演了越来越重要的角色，而非定义性的角色。

未来特斯拉开创的硬件预埋 + 软件后付费、订阅服务将成为新能源车企的核心竞争力。很多同类观点的持有者认为车机生态很快会发展出像App Store这样的软件商店。FSD确实为特斯拉带来了可观的净利润，但软件商店这样的模式在汽车领域为时尚早。2008年，App Store带着500款App正式上线，到2018年，App Store上的App超过200万款。而车机App目前则都来自车企大量采购的第三方应用以及少量自研，规模化的车机App商城尚未出现，更不用说像App Store那样的10年高速发展了。车企确实都在研究软件付费和订阅模式，但基本是各自独立运作，没有意愿也没有实际行动将车机软件推动到像手机软件生态那样的发展程度。

未来软件在汽车中的占比会持续提升，所有智能化的功能都需要软件来实现。这种说法很容易让所有人的关注点完全聚集在软件上，这是极大的误导。软件只是一种实现手段，作为前提条件不假，但如果全部押宝在强化软件能力上，到头来一定会发现这种做法是有大问题的。用一句经典的话表达，软件只是"定义"了汽车，而不是"实现"了汽车。

用户在购车的时候才不会考虑所谓的软件定义汽车。Semicast Research首席分析师Colin Barnden曾经说过："没有用户会在买车时要求购买SDV。"现阶段确实如此，用户在购车的时候根本不会关心什么是SDV，SDV是车企为提高利润和迎接未来而推崇的新计划。

这些反面声音在事物发展过程中必然会产生。本书无意分辨对错，但可以肯定的是，软件定义汽车的未来已来，当下只是开始，精彩还在延续。

1.4 小结

软件定义汽车时代，可爱可敬的汽车厂商正在倾力打造这样一辆可编程的汽车，这辆汽车兼具平台特性和智能特性，优质的软件流畅地运行在车辆平台上，这辆汽车因而可以细致地了解我们的个性化意图，贴心地提升我们的驾乘体验。借助这些优质的软件，主机厂将带给我们惊喜的用户体验。

过去，汽车在销售时已经具备了全部功能，"提车即巅峰"。现在，软件定义将使"提车即开始"，之后的用车体验会随着厂商不断完善功能而持续提升，进而，用户的购买链条也因此而发生改变，从以前的购买整车硬件，变成购买整车硬件加预埋软件，强大的软件能力会使汽车厂商获得可观的增量利润。这有点儿像电信业的IT化进程，电信业需要把大量单一用途的、软硬件耦合的、昂贵的设备转向IT化网络——硬件通用化、虚拟化和低成本的、软件定义的网络，汽车产业同样也在经历着类似的"IT化进程"——软件定义汽车，开启一个软件定义汽车的新时代。

第 2 章
强基固本，电子电气架构行稳致远

> 电子电气架构让机械的汽车加电后变成鲜活的生命体。

汽车是机械的，也是电子的。汽车电子是"机电结合"的车体汽车电子控制装置和能独立运行的车载汽车电子控制装置的总称。典型的车体汽车电子控制装置包括发动机电控系统、自动变速箱控制单元、车身电子稳定系统、电池管理系统等，这类系统涉及驾乘人员人身安全和车辆行驶性能；而典型的车载汽车电子控制装置则包括电子仪表盘、中控、抬头显示、流媒体后视镜等，这类系统常与用户体验相关，并不直接参与汽车行驶的控制决策，对车辆行驶性能和安全影响较小。

近几十年来，电子技术发展迅速，从真空管、晶体管、集成电路、大规模集成电路到超大规模集成电路，汽车电子化（electronization）程度也随之逐年提高，从最早的晶体管收音机的安装、硅整流交流发电机的使用，到发动机、变速箱、底盘系统的全面电子控制，再到高级驾驶辅助系统（Advanced Driving Assistance System，ADAS）的普及，可以说电子化引领了这几十年汽车技术的发展，也为我们提供了更安全、环保和舒适的汽车出行体验。表 2-1 简单梳理了这些年来汽车工业主要引入的电子系统。

众所周知，汽车电子化已经成为衡量汽车现代化水平的重要标志之一，豪华汽车的电子设备成本占比已经超过整车 BOM 成本的 50%，汽车厂商广泛认为增加电子设备的数量和提升整车电子化水平是未来制胜的法宝。事实上，电控电喷系统、线控转向和制动系统、定速巡航系统以及碰撞传感器等被动安全电子技术均已成为现代汽车的标配。

表2-1 汽车工业电子系统的演进

20世纪10年代	20世纪50年代	20世纪60年代	20世纪70年代	20世纪80年代	20世纪90年代	21世纪00年代	21世纪10年代
起动机	晶体管收音机	硅整流交流发电机	发动机正时点火、燃油喷射控制	自动变速箱电子控制、防抱装置、安全气囊等	汽车电子稳定控制、制动力分配、电子驻车系统	卫星导航系统、线控制动系统、动能回收系统	电动汽车全面回归、高级驾驶辅助系统

同时，我们从主动安全、智能驾驶、新能源车领域的蓬勃发展可以看到，汽车电气化（electrification）的步伐也从未停止。电气化指的是将传统的燃油动力系统转变为电力驱动系统，其终极目标就是用电力来控制所有电子电气设备的运转，汽车的轮舵、照明、安全、娱乐等各方面功能都通过电力来实现，从而提高了汽车的整体性能和可靠性。而汽车总线控制技术的出现，则使得汽车摆脱了机械控制的桎梏，控制变得更加灵活。从电学的角度，汽车的电气化是指强电、弱电、微电在汽车上广泛应用，并不断拓展其应用领域。

电子电气架构作为支撑汽车电子化和电气化目标全面实现的顶层设计，通过其强大的系统集成能力，将汽车上的各类硬件、软件、传感器、执行机构以及电子电气分配系统整合于一体，旨在实现功能、成本和装配的最优化设计。

汽车四化建立在强大的电子电气架构核心的计算能力上，硬件基础是实现软件定义汽车的前提保障，其显著特征是"软件集中化、硬件标准化"。然而，目前汽车的软硬件体系架构难以适应软件定义汽车的发展，电子电气架构更是面临着通信效率缺陷、算力束缚以及不受控的线束成本黑洞等突出问题。本章将讲述电子电气架构的基本信息，帮助读者快速掌握支撑软件定义汽车的硬件底层架构，理解硬件模块化、平台化、软硬件分离的基础，为后续全面理解软件定义汽车的各个模块做好铺垫。

2.1 ECU 与汽车总线

在关于软件定义汽车的众多讨论中，电子电气架构这一术语频繁出现。要深入理解汽车的电子电气架构，必须先掌握 ECU 和汽车总线这两个核心概念。其中，ECU 的出现频率显著高于汽车总线，它已成为新能源整车工程师频繁使用的专业术语。

2.1.1 ECU

先来介绍一下汽车尤其是电动汽车绕不开的基本概念——ECU。1978 年，通用汽车第一次在汽车上引入了包含软件的半导体设备——发动机控制单元（Engine Control Unit，ECU）。当然现在的 ECU 不只是控制汽车发动机，E 已经从 Engine 变成了 Electronic，因此，现在的 ECU 是电子控制单元（Electronic Control Unit）的缩写。为了避免混淆，原先的 ECU 现在已经改称为发动机控制模块（Engine Control Module，ECM）或发动机管理系统（Engine Management System，EMS）。

ECU 俗称行车电脑、车载电脑，顾名思义，ECU 主要是利用各种传感器设备的反馈信号和总线传输数据，判断车辆状态以及司机的意图，并通过执行器来实时监测和操控汽车的各个部件，如发动机、变速器、空调系统、刹车系统、安全气囊等。

对一辆现代化的汽车来说，ECU 的作用非常重要，它可以影响汽车的动力、油耗、排放和安全性。如果 ECU 出现故障或不匹配，就可能会产生发动机抖动、失火、功率下降、油耗增加、排放超标等问题。ECU 的出现彻底改变了传统的手动控制发动机的方式，是汽车从机械时代步入电子电气时代的象征。

ECU 的内部构造如图 2-1 所示。

- 电源：向 ECU 内的各模块提供稳定的电压（5V、3V 等），且与发动机舱的 12V 电池连接；也可用于 A/D 转换器的标准电压，从而实现较高精度。
- 输入缓冲器：将数字输入信号转换为可输入至微控制器单元的信号级（信号电平）。

- A/D 转换器：将模拟输入信号转换为可输入至微控制器单元的数字值。

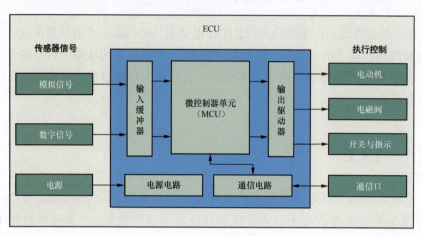

图 2-1　ECU 的内部构造

- 微控制器单元（Micro Controller Unit，MCU）：MCU 又称单片微型计算机或者单片机，是 ECU 内部的核心运算器件，其作用是通过各种输入信号计算出控制量并输出，车规级 MCU 芯片已经是汽车电子不可或缺的核心元器件。

- 输出驱动器：将微控制器单元的输出信号转换为执行器可驱动的信号形态，或者增幅电压。

- 通信电路：近年来为了满足多种 ECU 之间密切协同控制，在 ECU 中还设置了通信手段；通信电路包括通信驱动器/接收器，通信驱动器将微控制器单元的输出数据转换为遵循通信协议的通信信号；通信接收器将其他 ECU 发送的信号转换为可输入至微控制器单元的信号级。

ECU 已经成为汽车尤其是电动汽车上最常见的部件之一，如图 2-2 所示，豪华汽车会配置多达 150 多个 ECU，特斯拉 Model Y 的 ECU 数量有 26 个。

ECU 依据不同的功能用途可以分为不同的类型，表 2-2 列举了一些常见的 ECU，它们直接向执行机构（如电子阀门、继电器开关、执行马达等）发送指令，以控制发动机、变速箱、动力电池等协同工作。

2.1 ECU 与汽车总线

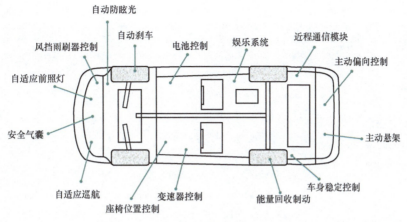

图 2-2 多样化的 ECU

表 2-2 一些常见的 ECU

ECU	功能描述
整车控制单元（Vehicle Control Unit，VCU）	用于混合动力/纯电动汽车动力系统的总成控制器，负责协调发动机、驱动电机、变速箱、动力电池等各部件的工作，实现能量管理、高压管理、模式切换等功能，提高新能源汽车的经济性、动力性、安全性并降低污染排放。VCU 对应于汽油车的发动机控制单元，不过 VCU 的管辖范围更广，负责整车三电联合控制及低压电路的相关控制
电池管理系统（Battery Management System，BMS）	顾名思义，这个 ECU 是专门针对配备动力电池的电动汽车或者混合动力汽车准备的。主要功能是提高电池的利用率，防止电池出现过度充电和过度放电，延长电池的使用寿命，监控电池的状态
车身控制模块（Body Control Module，BCM）	主要控制车身电器，例如整车灯具、雨刮、清洗泵、门锁、电动窗、天窗、电动后视镜、遥控等
发动机管理系统（Engine Management System，EMS）	应用在包括汽油机进气道喷射（Port Fuel Injection，PFI）、汽油直喷（Gasoline Direct Injection，GDI）、柴油机、混合动力系统等，主要控制发动机的喷油、点火、扭矩分配等功能
自动变速箱控制单元（Transmission Control Unit，TCU）	主要负责管理车辆的自动变速器和离合器

35

续表

ECU	功能描述
车身电子稳定程序（Electronic Stability Program，ESP）	集成了防抱装置（Antilock Braking System，ABS）、牵引力控制系统（Traction Control System，TCS）、电子稳定控制系统（Electronic Stability Control，ESC）等功能。ESP通过控制轮端制动力和发动机扭矩，可以使车辆在各种状况下保持最佳的稳定性，在转向过度或转向不足的情形下效果更加明显。ESP是博世公司的专门叫法，其他车企的类似模块如日产的车辆行驶动态控制系统（Vehicle Dynamic Control，VDC）、丰田汽车的车辆稳定控制系统（Vehicle Stability Control，VSC），本田的车辆稳定性辅助控制系统（Vehicle Stability Assist Control，VSA），宝马的动态稳定控制系统（Dynamic Stability Control，DSC）等。如今很多中高端合资车、国产车都会配备这个ECU

以电池管理为例，VCU通过CAN总线和BMS进行信息交互，实时获取电池组的状态，同时也会根据车主给出的指令控制高压电是否可以输出，以及完成能量回收等功能。再如车辆状态监视功能的实现方式是，VCU通过内部CAN总线网络实时监控车辆状态，并通过仪表处理器将各项信息呈现在仪表上，当车辆某项参数值出现异常时，VCU会同时发出报警信号，并将故障通过仪表进行警示。

例如，作为汽车大脑的VCU是整辆汽车的核心控制部件。VCU有很多功能，包括驱动力矩控制、制动能量的优化控制、整车的能量管理、CAN总线的维护和管理、故障的诊断和处理、车辆状态监视、电池管理等。VCU功能如图2-3所示。

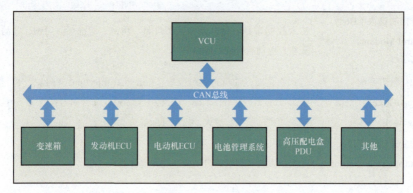

图2-3　VCU功能

> **车规级芯片是什么？**
>
> 相较于手机上使用的消费级芯片，车规级芯片的安全性要求更苛刻，在温度、湿度、使用寿命、验证标准等方面都更严格。只有通过严苛的 AEC-Q100、IATF 16949、ISO 26262 三大车规级芯片认证，才是严格意义上的车规级芯片。车规级芯片要通过车规级认证难度大、周期长，从流片到量产出货，往往需要 3～5 年的时间。

2.1.2 汽车总线

总线（bus）是一个计算机术语，指的是计算机设备之间传输信息的公共数据通道。汽车总线（Automobile Bus）则是车辆网络中底层车辆设备和仪器仪表相互连接的通信网络，任何遵循上述通信协议的供应商生产的 ECU 都可添加到该网络系统中或者从网络系统中移除，几乎不需要修改硬件和软件。

汽车总线的快速发展总体上是由于传统的电气网络不能适应汽车电动化和智能化的快速进步而被驱动起来的，因为以往系统间的交互比较少，传统的电气系统大多采用点对点的单一通信方式，而电动化和智能化使得电气部件变多、功能变多、交互变多，这样线束的粗细、数量、重量和成本会急剧增长，同时线束的体量与有限的载客空间之间产生矛盾，传统布线方法不能适应新时期的发展。因此，汽车总线向网络化和集成化两个方向发展，支持更高的带宽、更强的实时性和可靠性以及更灵活的网络拓扑结构。

> **汽车线束（Automobile Wire Harness）是什么？**
>
> 从概念上看，汽车线束是电路中连接各电气设备的接线部件，由绝缘护套、接线端子、导线及绝缘包扎材料等组成。从外观上看，汽车线束通常由一条长电线和若干分支电线组成，并被包裹在聚氯乙烯绝缘材料外壳内。这些电线可以连接到汽车内部的 ECU、车灯、车门锁、汽车音响系统等各种电气部件。
>
> 汽车线束的质量和防水能力很重要，因为它们必须能够承受汽车内部的高温、振动和水泡，同时还要能够防止电线断裂或短路，否则线束故障会危

及驾乘安全。汽车线束是汽车电路的网络主体，连接汽车的电气电子部件并使之发挥功能，如果没有汽车线束，汽车电路就不存在。图2-4展示了一台新能源车的整车线束。

图2-4　一台新能源车的整车线束

目前主流的汽车总线包括以下4种：控制器局域网（CAN）总线、本地互联网络（Local Interconnect Network，LIN）总线、高速容错网络协议FlexRay总线以及用于汽车多媒体和导航的MOST（Media Oriented System Transport）总线。除上述4种总线外，还有不少特种总线，如低电压差分信号（Low Voltage Differential Signaling，LVDS）总线，这些小众总线不在本书讲解范围之内。

- **CAN 总线**。1986年，为了摆脱车窗、雨刮以及信息娱乐系统等各个ECU通信接口混乱、各自独立的困境，德国博世公司（Bosch）愤而提出CAN总线，希望以串行通信协议来实现ECU之间的数据交换。CAN总线又被称为汽车总线，是一种能有效支持分布式控制和实时控制的串行通信网络，它将各个单一的控制单元以某种形式（多为星形）连接起来，形成一个完整的系统。CAN总线具有非破坏性仲裁的载波侦听、多路访问、避免冲突等特点，实时性和抗干扰能力很强，可靠性也很高，在现今高档汽车的电子系统中已得到广泛应用，成为欧洲汽车制造业的主体行业标准，代表着汽车电子控制网络的主流发展趋势。世界上很多著名的汽车制造厂商，如大众（Volkswagen）、梅赛德斯-奔驰（Mercedes-Benz）、宝马（BMW）、保时捷（Porsche）、劳斯莱斯（Rolls-Royce）等公司都已经采用CAN总线来实现汽车内部控制系统的数据通信。

- **LIN 总线**。LIN总线是由摩托罗拉（Motorola）与奥迪（Audi）等知名企业联手推出的一种新型低成本的开放式串行通信协议，主要用于车内分布式电控系统，尤其面向智能传感器或执行器的数字化通信场合。LIN总线主要应用于控制电动门窗、座椅调节、灯光照明等。典型的LIN的节点数可以达到 12 个。以门窗控制为例，在车门上有门锁、车窗玻璃开关、车窗升降电机、操作按钮等，只需要一个 LIN 就可以把它们连接为一体。而通过 CAN 网关，LIN 还可以和汽车的其他系统进行信息交互，实现更丰富的功能。作为 CAN 总线的补充，LIN 总线目前已经成为国际标准，被大多数汽车制造商和零部件生产商所接受，LIN 总线的结构如图 2-5 所示。

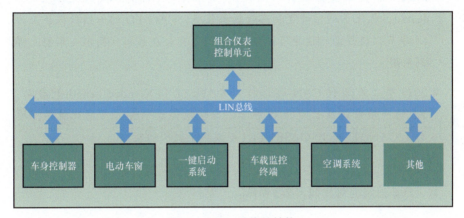

图 2-5　LIN 总线的结构

- **FlexRay 总线**。FlexRay 是 FlexRay 联合组织提出的一种用于汽车的高速、确定性的具备故障容错能力的总线技术，它将事件触发和时间触发两种方式相结合，具有高效的网络利用率和系统灵活性，可以作为新一代汽车内部网络的主干网络，应用在无源总线或星形网络拓扑结构中，也可以应用在这两者组合的拓扑结构中。这两种拓扑结构均支持双通道 ECU，这种 ECU 集成了多个系统级功能，以节约生产成本并降低复杂性。双通道架构提供冗余功能，并使可用带宽翻了一番。每个通道的最大数据传输速率达到 10Mbit/s。目前 FlexRay 主要应用于事关安全的线控系统和动力系统，应用在宝马的高端车型上。

- **MOST 总线**。MOST 是面向媒体的系统传输总线，是宝马公司、戴姆勒-克莱斯勒（Daimler Chrysler）公司、音响系统制造商 Harman/Becker 公司和 Oasis Silicon Systems 公司的一项联合成果，而不是正式的标准。MOST 总线的设计旨在提供高质量、高带宽的音频和视频数据传输，支持各种类型的多媒体设备。MOST 总线通过环状结构连接各个控制单元，具有高传输速率、低时延、高可靠性等特点。

> ### 🚗 三代 CAN 总线
>
> - 1986 年,博世发明了 CAN,第一代 CAN CC(CAN Classic)的一帧数据最长为 8 字节。
> - 2011 年,博世发布了第二代 CAN 通信技术 CAN FD(Flexible Data-Rate),优化了通信带宽和有效数据长度,CAN FD 的一帧数据最长为 64 字节,使得通信速率可达到 5Mbit/s,在大众第八代高尔夫车型上得到应用。
> - 2020 年,第三代 CAN 通信技术 CAN XL(eXtended Length)启动,XL 的一帧数据最长为 2048 字节,可实现高于 10Mbit/s 的比特率,填补了 CAN FD 与 100BASE-T1(以太网)之间的空白。

常见汽车总线的对比如表 2-3 所示。

表 2-3　常见汽车总线的对比

类别	总线名称	通信速率	网络拓扑	导线	成本等级	常见应用
A	LIN	40 kbit/s	总线型	1	低	车身电子设备(大灯、门锁、座椅)
B	CAN	250 kbit/s 或 1 Mbit/s	总线型	2	中	动力传动系统(发动机、变速器、汽车空调、电子指示、故障诊断)
C	FlexRay	10 Mbit/s	总线型/星型/混合型	2 或 4	高	高性能动力传动系统、安全(线控驱动、主动悬架、自适应巡航控制)
D	MOST/1394	24.8Mbit/s	环型	2	高	汽车导航、多媒体娱乐

* 类别:绝大多数车用总线被美国汽车工程师协会(Society of Automotive Engineers,SAE)下属的汽车网络委员会按照协议特性分为 A(低速)、B(中速)、C(高速)、D(高性能)四类。

这 4 种总线各有优势,套用网上的一句话,我们就能很形象地理解它们各自的定位:"CAN 是中坚,LIN 是 CAN 的副手,FlexRay 是未来的希望,MOST

则负责文化事业"。为了支持更多的电动汽车应用场景，更高带宽、更低时延的总线方案指向了以太网，以太网数据传输速率可高达 1 Gbit/s，远高于传统车载网络技术，如 CAN 或 FlexRay，这使得以太网特别适用于像自动驾驶这类数据密集型的应用场景。同时，以太网标准化程度比较高，成本效益比较可观，技术成熟度很高，虽然以太网上车仍然存在网络管理复杂度高、时延高、丢包率高等问题，但其诸多优势使得以太网取代 CAN/LIN 等传统汽车车内通信网络的趋势成为必然。

2.2 电子电气架构

汽车的电子电气架构持续经历着演进与迭代，其中博世提出的电子电气架构的未来发展趋势尤为引人注目。电子电气架构的演进并非一蹴而就，根据目前的趋势观察，最终将实现整车电子电气架构完全由软件定义。

我们已经知道，目前传统汽车的电子控制是按功能分隔开的，除了像 VCU 等少数 ECU 以外，很多 ECU 只负责像升降车窗、开关车门这样的单一功能，例如前文所说的 BMS、ABS、ESP 或者发动机控制模块（ECM）和变速箱控制模块（Transmission Control Module，TCM）。通过图 2-1 中的逻辑示意可知，每个 ECU 都有自己的电源、输入输出部件和通信电路，每项新的控制和监测功能的引入都会增加 ECU 硬件和布线。

目前传统汽车的 ECU 有几十个，新能源电动汽车的 ECU 则会有上百个，这些 ECU 通常由不同的供应商生产，各供应商的 ECU 之间的通信则必然要遵循共同协商好的总线标准，否则将无法完成，这也是 2.1.2 节所说的 CAN 总线、LIN 总线起到的作用。

汽车总线技术的快速发展很大程度上旨在解决汽车上的电子电气装置数量急剧增多带来的连接导线数量和重量快速增长的问题。由于使用了网络化的设计，简化了布线，减少了电气节点的数量和导线的用量，使装配工作更为简化，同时也提高了信息传送的可靠性。

举一个真实的案例，2000 年梅赛德斯－奔驰在研制新车型的时候，面临 C 级车电子电气系统复杂性越来越高的巨大挑战，各种 ECU、传感器、执行器和线束导致简单的集成方案无法实施。经过和德国 Intedis 专家团队进行多次技术研讨，他们最终决定对某款车在进行系统系列开发前进行从全局考虑的整车电子电气总体设计，面对上述挑战历经一年的时间，2001 年该款车电子电气总体设计完成，世界首款汽车电子电气架构随之诞生。Intedis 的软件团队还为这个项目同步开发了一款名为 E/E Analyse 的软件，用于电子电气架构设计和项目管理。

电子电气架构（Electrical/Electronic Architecture，EEA），有时也简称为 E/E 架构，是整车电子电气相关功能解决方案的整合，它的出现主要是为了解决整车日益增加的电子电气系统复杂性所带来的各种问题，例如质量、可靠性、性能、成本等。EEA 涉及硬件架构、软件架构、通信架构三方面的架构设计实践与升级，用户需求经逻辑分解映射到硬件网络层，再经线束层透传至整车拓扑层（见图 2-6）。

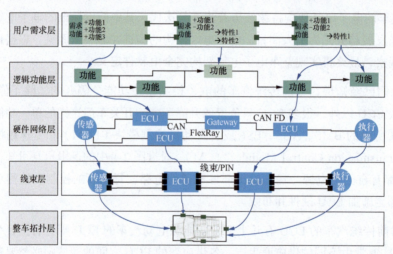

图 2-6　整车 EEA 的各层分解与映射

总结来说，EEA 将汽车的电子电气系统原理设计、中央电器盒设计、连接器设计、电子电气分配系统等设计整合为一体。通过 EEA，可将动力总成、驱动信息、娱乐信息等车身信息转化为实际电源分配的物理布局、信号网络、数据网络、诊断、容错、能量管理等电子电气解决方案。

现在很多车企所使用的 EEA 最早应该是在 2007 年由美国老牌汽车配件公司德尔福（Delphi）提出的，德尔福现已更名为安波福（Aptiv）。作为全球最大的汽车线束系统制造厂商，德尔福对汽车电子电气技术的实践和理解非常透彻。这个分布式 EEA 成功统治了行业十余年，在功能需求和成本需求的推动下，车企和供应商纷纷对 EEA 升级，取而代之的是以域控制、车载以太网为特征的集中式 EEA。

对于 EEA 的演进路线，业界一般认可的是博世版本。博世 EEA 如图 2-7 所示，即从分布式 EEA 向域集中 EEA 演进，并进一步向车辆中央计算式 EEA 发展。

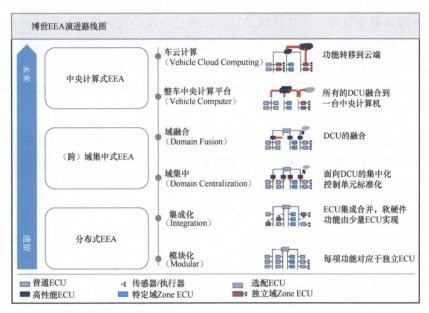

图 2-7 博世 EEA（参考博世论文 "Trends of Future E/E Architectures"）

博世给出的 EEA 演进路线图分为六个阶段：模块化阶段、集成化阶段、功能域阶段、跨域融合阶段、中央计算位置域阶段、车云计算阶段。

- **模块化阶段**。每个 ECU 负责特定的功能，例如车上的灯光对应一个控制器，门对应一个控制器，无钥匙系统对应一个控制器，还带有一组相关的传感器和执行器，并从车辆网络接收其他数据。随着汽车功能增多，这种架构日益复杂，无法持续。
- **集成化阶段**。单个 ECU 负责多个功能，ECU 数量较上一阶段减少。在这前两个阶段，汽车 EEA 仍处于分布式阶段，ECU 功能集成度较低。
- **功能域阶段**。功能域阶段也称为集中化阶段，即根据功能划分域控制单元（Domain Control Unit，DCU），最常见的如博世划分的 5 个功能域（动力域、底盘域、车身域、座舱域、自动驾驶域）。这个阶段的特征是以车载以太网为通信骨干，以 DCU 为处理核心，融合各 ECU 的功能，并努力集中到少数几个 DCU 上，主控芯片也从 MCU 升级为 SoC。ECU 不断减少，汽车上的 ECU 也由承担计算功能转变成承担执行功能。向域集中的演进为汽车产业向软件定义汽车的跨域创造了前提条件。

- **跨域融合阶段**。在功能域基础上，为进一步降低成本和增强协同效应，出现了跨域融合，即将多个域融合到一起，由跨域控制单元进行控制。在这个阶段，所有 DCU 会合并成一台中央计算机，即所谓的 Vehicle Computer，它承载了智能驾驶域、智能座舱域、车辆控制域的功能，还集成了中央网关的功能。

- **中央计算位置域阶段**。也称作车载电脑阶段，随着功能域的深度融合，功能域逐步升级为更加通用的计算平台，从功能域跨入位置域（如中域、左域、右域）。

- **车云计算阶段**。将汽车部分功能转移至云端，车内架构进一步简化。车的各种传感器和执行器可被软件定义和控制，汽车的零部件逐步变成标准件，彻底实现软件定义汽车的功能。

后续章节我们将从分布式 EEA 开始解读 EEA 的发展趋势。

SoC 是什么？

系统级芯片（System on Chips，SoC）也被称为片上系统，指的是一种集成电路产品，它集成了一个完整系统的所有必要组件，例如 CPU、GPU、模拟 IP 核、数字 IP 核、存储器和通信主芯片，并包含了嵌入式软件的全部内容，是专为特定目标而设计的微小型系统。SoC 不仅集成了控制单元，还集成了大量的计算单元。

2.2.1　分布式电子电气架构

传统 ECU 使用的 MCU 的计算能力和存储资源都很有限，在这样的设备上部署计算密集型应用程序几乎是不可能的。另外，这种不断做硬件加法的技术也必定不能持续，首先车辆内部的空间是有限的，其次车身重量也不可能无限增加。如前所述，目前传统汽车 ECU 的数量已经普遍从几十个增加到 100 多个。ECU 数量越多，对应的总线线束长度也会越长，线束重量也会相应增加。1994 年上市的奥迪 A8 只有 5 个 ECU，ECU 之间也没有连接和通信，分布式架构并不明显，但到了 2010 年，奥迪 A8 上的 ECU 已经突破了 100 个，数量的暴增使整个结构异常复杂。2007 年上市的奥迪 Q7 和保时捷卡宴的总线长度超过 6km，总重量超过 70kg，是全车部件中重量仅次于发动机的部件。

不断堆叠的硬件也使得车内系统拓扑越来越复杂。这种复杂性已经在汽车设计、生产、使用的各个阶段产生了负面影响：在设计阶段，新品开发速度对竞争力至关重要，而复杂性增加了开发时间；在生产阶段，复杂性提高了装配难度，也不适合自动化；在后期使用阶段，复杂性也使得故障数升高。同时，显而易见的是，复杂性使得汽车在整个生命周期内增加了成本。因此，传统的分布式 EEA 注定难以为继。

分布式 EEA 更深层的弊端在于软硬件的深度耦合。现在，汽车已经发展到电动化、智能化、网联化、共享化的新四化阶段，这一阶段普遍要求车辆在用户的整个使用期内都具有持续更新、实现功能进化、提升用户体验和车辆使用价值的能力，而传统分散式架构难以进行软件和固件升级的缺点明显限制了这一能力。在传统汽车的技术体系中，不同的 ECU 来自不同的供应商，每个 ECU 都有不同的嵌入式软件和底层代码，这使得整个汽车的电控系统缺乏兼容性和扩展性。整车厂要进行任何功能变更都需要和不同的供应商协商软硬件开发问题，而且由于每个 ECU 绑定一个特定的功能，因此无法实现跨多 ECU、多传感器的复杂功能。

我们用一个具体的例子来说明分布式 EEA 下的弊端：假设整车厂需要修改一个车窗控制的功能，由于在每一款车的开发流程中的特定阶段都需要对车窗控制总成进行定义、标定和验证，后续修改就相当于二次开发，车企需要重新和车窗控制总成供应商签合同，重新进行各个阶段的标定、验证，甚至有些零部件还需要重做国家法规要求的认证。显然，这样一种面向硬件的工程化体系和流程，在车辆越来越复杂的未来，既无法支撑产品的快速迭代进化，也不能通过软件、固件的升级来对功能进行更新。

解决之道就是把硬件标准化，同时把功能控制集中化。例如车窗驱动总成是一个电机驱动的机械部件，车窗控制所需的传感器除了自身所用的阻力传感器和位置传感器外,还可调用车辆上搭载的温度传感器、摄像头或其他传感器,实现如车内温度过高且没有下雨时自动微启进行通风的功能。这就实现了软件定义车窗的目的。

当各种不同的总成、模块都实现标准化以及控制集中化以后,就可以通过中央控制器里的软件对多个功能单元进行联动,以实现更高等级的智能,例如通过车门锁、乘客分类系统(Occupant Classification System,OCS)、摄像头、座舱温度传感器、车内麦克风联动检测到车内误锁小孩或宠物时,自动拨打车主电话报警并打开空调、开启语音安抚,乃至情况进一步危急(例如车内温度因特殊原因长时间降不下来)时自动打开车窗甚至解锁车门以使小孩和宠物完成自救等,就像智能手机通过安装 App 来扩展功能一样。同时,标准化硬件的标定和验证都可适当简化,从而进一步节省开发时间和成本。

2.2.2　分域集中式电子电气架构

当然,汽车电控系统经过这么多年的发展,很多单一 ECU 本身的控制已经相当复杂,并且有 FuSa 和实时控制要求等约束,不可能一蹴而就地实现集中化。特斯拉在开发 Model X 和 Model S 车型时,其 EEA 设计思想是保留大部分 ECU,但用域控制器(Domain Controller,DC)把它们连接起来,特斯拉 Model X 的整车 EEA 如图 2-8 所示。

可以看到,Model X 采用了一个计算能力比较强的控制器来管理中控显示,并在架构上起到了中央控制的作用。同时还配备了高级驾驶辅助系统(ADAS)和车身控制模块(BCM)作为域控制器,把一些开关式控制和电机控制(例如座椅加热、车灯和雨刮控制等)直接接管起来并实现一些初步的联动智能,例如 Model X 的"灯光秀"功能。把其他单一功能的 ECU 连接到域控制器上,域控制器可以为其相连接的 ECU 提供 OTA 升级功能。例如 2014 年 6 月,特斯拉通过 OTA 更新了天窗的停止位置,从 85% 调整到 75%。

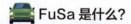 FuSa 是什么?

功能安全(Functional Safety,FuSa)主要应用于自动化设备和流程的设

2.2 电子电气架构

计中,目的是通过安全功能和措施来预防不可接受的功能风险,确保人员和环境的安全。在欧美地区,已颁布一系列关于FuSa的产品指令和设计标准。例如,国际电工委员会(International Electrotechnical Commission,IEC)在2000年5月颁布了IEC 61508标准,即《电气/电子/可编程电子安全系统的功能安全》。此外,基于IEC 61508标准修订而来的国际标准化组织(International Organization for Standardization,ISO)26262标准也已广泛应用。作为一项国际标准,ISO 26262标准与汽车行业紧密相关,专注于汽车行业中使用的特定电气设备、电子产品和可编程电子设备,目的是提升汽车电子和电气产品的功能安全性。

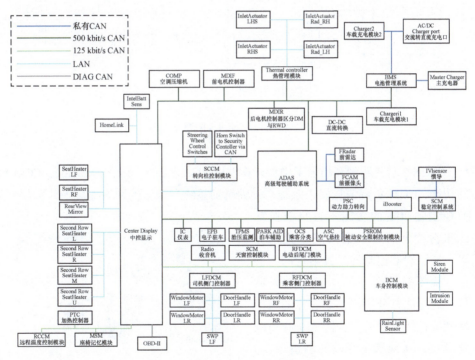

图2-8 特斯拉Model X的整车EEA

2.2.3 进一步的整车集中控制

2017年,特斯拉推出了Model 3车型,进一步把整车电子控制向上整合。

图 2-9 展示了特斯拉 Model 3 的整车 EEA。

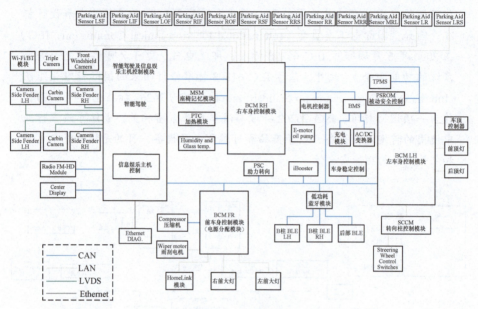

图 2-9 特斯拉 Model 3 的整车 EEA

Model 3 首先明确和增强了中央计算模块（Central Computing Module，CCM）的功能，CCM 负责信息娱乐系统、驾驶辅助系统和整车的网络连接。其次各个域控制器负责的功能不再只按照功能来分隔，而是尽量按照位置来分隔，域控制器控制的是其附近的元器件，而不是整车中的所有同类元器件，这样能充分发挥当今芯片的通用性和高性能，最大程度降低车身布线复杂度，降低汽车开发和制造成本。特斯拉 Model 3 的车身域控制器如图 2-10 所示。

图 2-10 特斯拉 Model 3 的车身域控制器

Model 3 有 3 个域控制器，根据位置的不同，可分为前车身控制模块（BCM FR）、左车身控制模块（BCM LH）和右车身控制模块（BCM RH）。接下来，具体看一下各车身域控制器控制的内容。

由于前车身控制模块靠近蓄电池，因此承担了主要的电源分配任务，为电机控制器、左右车身控制模块、智能驾驶控制器、ESP、Drive Inverter Front & Revolver、iBooster & DTS、前部毫米波雷达、电动助力转向（Electric Power Steering，EPS）等供电。另外，前车身控制模块连接制动液位、电池温度、环境温度、冷却液温度等传感器，还有前部 LIN 总线控制，包括左右前大灯、雨刮电机、HomeLink 模块，以及部分空调控制功能（如冷凝器风扇驱动、电池冷却泵驱动、动力冷却泵驱动、TXV 膨胀阀控制、Chiller 膨胀阀控制等）。

左车身控制模块的控制内容包括仪表板、方向盘位置调节、照脚灯；左前座椅、左后座椅、前门、后门尾灯等；车身便利性系统（如转向、助力、制动）等。右车身控制模块除了与左侧对称的右侧控制部分外，还负责超声波雷达以及空调，同时右车身承担的尾部控制功能更多一些，包括后方的高位刹车灯、后机油泵、底盘安全系统、动力系统、热管理等。

这里，着重说一下特斯拉在 Model 3 车型上的另一项重要革新，即全面取消了熔丝（保险丝）和继电器在整车电路中的使用，大电流的电源电路中大量使用低导通阻抗的 MOSFET 进行电源分配，其总数在 50 颗以上，由受控部件附近的域控制器控制。

金属-氧化物-半导体场效应晶体管（Metal-Oxide-Semiconductor Field Effect Transistor，MOSFET）简称金氧半场效晶体管，它可以可靠、高速地控制电路通断。在小电流电路中，进一步实现了控制过程的简化，采用了英飞凌高度集成的高边驱动开关（High-Side Driver，HSD）芯片，HSD 单芯片集成了"驱动+MOSFET+电流检测+热保护+电压保护+EMC+各种诊断"功能模块。

这一革新也是实现软件定义汽车的一项基本要求，保险丝和继电器这种传统电力部件的存在，一方面降低了整车电路的可靠性，另一方面明显限制了软件定义汽车对硬件的智能化管理，对实现高度智能驾驶来说也是明显的拦路虎。具体来说，传统汽车配电盒中的保险丝和继电器全都是被动元器件，控制没有反馈，是开环的，对中央控制单元，装满了保险丝和继电器的配电盒而言完全是一个黑盒子，没有监控，无法诊断，只要用户没有发现故障，就好像故障不存在一样。例如汽车只亮了一个大灯，而用户可能根本不知道有一个车灯坏了，这是因为车辆无法诊断，也无法提醒他的车灯坏了一个。然而，如果控制有反馈，车辆就可以诊断并主动提醒用户存在故障，在智能网联汽车上还可以帮用户预约维修，甚至可以按用户使用习惯选择就近维修点或选择用户更为信赖的维修点。这样的用户体验，是不是实现了跨越式提升？

2.2.4 迈向完全软件定义汽车的硬件架构

当然，目前的电动汽车仍然大量存在分布式的、负责单一功能的 ECU，这些 ECU 的存在严重制约着汽车软硬件的解耦。安波福（Aptiv）在其倡导的智能汽车架构（Smart Vehicle Architecture，SVA）中提出用区域控制器（Zone Controller，ZC）代替位置邻近且功能单一的多个 ECU。区域控制器是能够运行嵌入式 Linux 操作系统的现代微处理器，它比负责单一功能的 ECU 的通用性和性能更高，可以通过中间件实现软件与硬件的完全解耦。

另外，随着软件定义汽车的应用服务变得越来越智能化，还可以使用域专用加速器或通用加速器，如图形处理单元（Graphics Processing Unit，GPU）和现场可编程门阵列（Field Programmable Gate Array，FPGA）对计算能力进行扩展，这些加速器可以通过标准的微处理器接口，如 PCIe 和 CXL，轻松地与区域控制器集成。区域控制器向上通过高速以太网与整车中央计算单元连接，中央计算单元具备强大的计算能力，负责高强度的数据处理、智能计算、网络交互以及区域控制器间的协同控制，具备智能驾驶、人车互动、整车网络连接等功能。进一步地，通过整车的无线连接，可以很容易地基于车云架构实现协作。

> **CXL 是什么？**
>
> CXL（Compute Express Link）是英特尔在 2019 年推出的一项设备互联协议。该协议支持的设备类型包括 CPU、GPU、ASIC 芯片、FPGA、智能网卡（SmartNIC）等，同时还可用于扩展动态随机存储器（DRAM）的功能。阿里巴巴和华为是 CXL 联盟董事会中的两家中国企业成员。

整车架构演进示意如图 2-11 所示，其实是整车厂逐渐把隶属于供应商的软硬件一体的零部件中的软件控制与硬件解耦，收回并整合为一体的过程。在此过程中，整车厂的软件自研比例会逐步上升，最终完成整车价值链的重构。

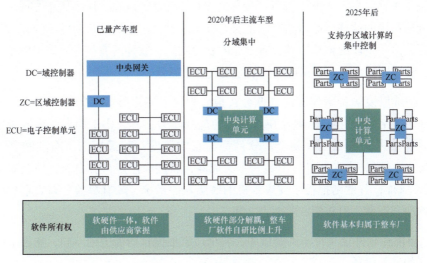

图 2-11　整车架构演进示意

当然，根据各汽车厂商软件研发能力的不同，收回的程度和步骤会有所不同，但大体可以总结为以下 3 个主要阶段。

（1）**在第一阶段的分布式架构下**，整车厂更像一个硬件集成者，Tier-1 供应商把上游的 Tier-2（嵌入式软件供应商、芯片供应商）产品集成到汽车的各个零部件总成中，并向整车厂提供。整车厂为了提升产品价值，提供差异化的产品，只对用户体验影响巨大的关键总成的软件系统进行自主研发，例如动力总成的控制与标定。

（2）**进入第二阶段的分域集中**，不管是按功能域集中还是按位置区域集中，软件都在逐步从过去单一功能的控制器中分离，整车厂出于原有供应链和自身软件能力的考虑，选择与原来的 Tier-1/2 合作，根据自研能力的强弱，整车厂在硬件和中间件开发方面的参与程度各异。对于自研能力强的整车厂，Tier-1/2 只是一个硬件供应商，提供基本的质量控制。对于自研能力弱的整车厂，供应商则充当全方位的保姆式角色。在软件应用层,对于智能驾驶、智能网联、智能座舱等功能,整车厂或多或少已经迈出了自研的步伐。

(3)第三阶段进一步向上集成到中央计算阶段,单一功能的 ECU 控制由区域控制器集成,并由中央计算单元统一调度,大部分 ECU 消失,各传感器和执行器由中央计算单元支配,降低了硬件冗余度和 BOM 成本,原本属于 Tier-1 的大部分应用层的软件开始由整车厂主导,整车厂对软件中的高价值模块的介入程度渐深,这一阶段的整车厂都会有专业的软件团队,软件所有权主要属于整车制造商,整车制造商对众多供应商的依赖度会越来越低。

高价值模块自研程度的高低会在很大程度上决定整车厂的盈利能力,这类似于目前各消费电子品牌存在着巨大的盈利能力差异。举例而言,在智能手机领域,苹果从核心硬件到全部软件都是自主研发,其最近三年净利润率可达 20%~26%;小米在硬件上是一个集成商,软件应用层部分自研,净利润率在 5%~8%;谷歌则把控了安卓手机的底层软件系统,没有单独公布安卓软件部门的净利润率,但相信在前两者之间。

目前在软件定义汽车的赛道中,各个厂家根据自研能力的不同,选择了以下不同的发展路径。

(1)**全自研,硬件外包**。能力全面的整车厂(例如特斯拉)实现芯片、操作系统、中间件、域控制器系统集成等核心领域的全自研,硬件外包。

(2)**选择重点领域单点突破**。例如在自动驾驶、感知算法和智能座舱等领域,很多厂家选择自研。从自动驾驶算法自研落地的节奏看,小鹏相对靠前。吉利直接选择了主控芯片的自研。

(3)**多手准备**。整车厂一方面组建自己的软件团队,另一方面积极同科技企业和互联网公司建立合作联盟,在自身拥有成熟的软件开发能力之前,基础软件、软硬件架构方案仍依赖 Tier-1 或新兴软件企业。例如上汽集团的零束,目前跟外部各类企业合作较多,涵盖 SoC 企业、算法公司、域控制器供应商等(高通、地平线、联合电子、Momenta)。

(4)**车企只做品牌运营**。软件开发主要交由外包人员完成,零部件作为一个系统整体打包给大型供应商或者互联网企业。

2.3 小结

关于智能电动汽车,曾有这样一种比喻:"动力电池是汽车的心脏,中央计算平台是汽车的大脑,EEA 是汽车的神经网络,流淌在汽车每一个角落的数据是汽车的血液。"这句话很好地阐释了中央计算平台、EEA 在智能电动汽车中的准确定位。

EEA 的出现是整车层面电子电气相关需求的继承及扩展,EEA 的存在可以确保工程开发满足整车层面的需求,实现系统之间的匹配;同时,EEA 是软件定义汽车的基础,有了 EEA 的保障,软硬件分离、平台化、模块化才能得以进一步实现。从 EEA 发展趋势来看,目前大多数厂商的 EEA 处于博世"Trends of Future E/E Architectures"论文中所说的域集中式阶段。相信假以时日,一些厂商的 EEA 会快速演进到中央计算式阶段,届时,更好的平台化和智能化将得以实现,用户的个性化体验也将会进一步提升。

第 3 章
化云为雨,汽车云服务与云平台的持续进化

> 汽车云服务与云平台是软件定义汽车的云端大脑和数据心脏。

云计算是一个形象化的表述,意指将计算资源和服务隐匿于网络之中,即"藏计算于云中"。

2006 年 8 月,谷歌前 CEO 埃里克·施密特率先提出云计算的概念(另有一说是 Amazon 更早推出的 AWS 和 EC2,IT 业界关于概念起源的争议颇多),此后云计算虽然也遇到过一些普及上的难题,但总体来说还是呈现高速发展的态势。在如今的互联网和 IT 领域,云计算的应用普及率已经超过 80%,预计未来五六年,我国云计算的渗透率仍将会逐步提升,达到新高。

公有云的观念在经历破冰期后深入人心,也间接推动了像金融、汽车这些重度依赖数字化的行业全面拥抱云计算。回头看来,在云计算竞技的上半场,互联网和 IT 行业是竞争的主场和驱动力量。展望未来,下半场则是在云计算厂商支持下传统行业和传统领域之间的角逐。单论汽车行业,云计算技术已经深入汽车设计、制造、营销的方方面面,从研发流程、工具、理念上为汽车行业带来了一系列深刻的变革。

一方面,据称,高效的云计算平台可以提供"如意如意、随我心意"的可弹性伸缩的优质存储和计算服务,帮助企业完成数字化转型过程中的产品构建和技术创新。对车企来说,还可以依托远端的云构建超大规模的数据平台,加速车型研发速度,或者提供模型训练和仿真集群,加快智能座舱和智能驾驶系统的落地应

用。此外，如果要实现车联网规模化落地，也离不开云端调度和云控基础平台的支撑，云计算技术是实现网联协同感知、网联协同决策与控制的关键基础性技术。

另一方面，随着用户运营、二手车、订阅等用户生态端业务场景的不断创新和复杂化，用户数量激增，应用服务变得越来越复杂，需要更稳定、性能更强、安全性更高、隐私合规保护更齐备的解决方案来支撑服务器、存储、带宽、软件的快速增长。云计算通过将应用部署到云端来解决这些令人头疼的硬软件问题，让我们可以以很小的代价获得稳定的计算、存储、安全服务，而无须操心软件更新、资源扩展等问题。

虽然汽车行业是一个典型的传统行业，但是其数字化转型的进程一直在不断地提速推进，这也给云计算市场带来了新的希望和增长点，汽车云的概念应运而生。从AI、机器学习、大数据、物联网一直到边缘计算，可以说在智能汽车设计研发、生产制造、营销服务的方方面面都离不开汽车云服务和云平台的助力。从侧面而言，汽车云服务的重要性越来越强也说明了软件已然超越硬件，软件定义汽车的趋势在加强。

同时，传统开发所采用的瀑布模型和以瀑布模型为基础演化而来的 V 模型面临着较大的局限性。在软件定义汽车的背景下，结合汽车云服务和云平台的进化，汽车研发模式将由传统的瀑布式开发向敏捷开发转变。本章将详细介绍汽车云这一云计算的细分领域，重点讲述汽车云的应用场景，以及自动驾驶上云、自动驾驶数据闭环和高精度地图这些与云计算和汽车云紧密相关的主题。

3.1 汽车云

汽车是汽车，云是云，汽车云究竟是什么？汽车云服务解决方案又包含哪些内容？热炒的自动驾驶上云又是怎么回事？本节将针对上述问题进行深入阐释，旨在为读者答疑解惑。

3.1.1 何为汽车云

关于云计算技术，现阶段被广泛接受的是美国国家标准与技术研究院

（NIST）的如下定义：

"云计算是一种按使用量付费的模式，这种模式提供可用的、便捷的、按需的网络访问，只要进入可配置的计算资源共享池（资源包括网络、服务器、存储、应用软件、服务），这些资源就能够被快速提供，只需投入很少的管理工作或与服务供应商进行很少的交互"。

云计算可以将计算能力与存储和网络资源分离，云计算的用户可以通过云平台获取所需的资源，而无须拥有庞大的服务器或数据中心等设备。当下，云计算已经成为企业数字化转型的关键技术，并在多云协同、AI 应用、安全防护等方面取得了突出进展。

汽车云则是按此云计算定义的一个行业特例。根据著名的 IT 咨询公司国际数据公司（International Data Corporation，IDC）的定义，汽车云是指为了满足汽车行业（包括汽车行业供应商、主机厂、应用智能汽车的行业用户）数字化、智能化转型而构建的云计算基础设施和解决方案（包括平台和应用）。

根据 IDC 的定义，汽车云基础设施包括公有云和私有云，解决方案包括"业务系统云化""车载物联网""自动驾驶开发""车路协同及其他出行服务"四个赛道。在本章中，我们将自动驾驶开发改为当下更流行的叫法，即自动驾驶上云。汽车云的构成如图 3-1 所示。

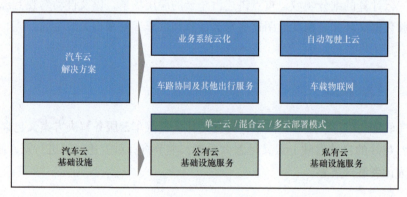

图 3-1　汽车云的构成（来源：IDC 中国，2023）

汽车云市场增长如此之快，2022 年 IDC 预计，到 2027 年的五年，该市场的增速将不断创新高，五年复合增长率达 53.6%，2027 年整体市场规模将突破 600 亿元人民币。IDC 中国汽车云市场规模及预测如图 3-2 所示。

3.1 汽车云

图 3-2 IDC 中国汽车云市场规模及预测

与银行、电信等传统行业相比，汽车云更具典型的互联网特征，车企对公有云的接受程度要远高于其他行业，因为其他行业过于强调数据保密，往往会要求云计算厂商进行方案的私有化部署。公有云基础设施供应商愈发呈现寡头化，阿里云、腾讯云、华为云、百度智能云、AWS 合计市场份额高达 90%。私有云则略显分散化，像 UCloud、青云、博云这些厂商时有发声，但私有云 IaaS 市场集中度也在逐年持续攀升。

2022 年下半年，中国汽车公有云和私有云基础设施市场规模分别为 13.3 亿元人民币和 8.7 亿元人民币，这个剪刀差后期还会逐渐拉大。至于汽车云解决方案市场，华为云位居首位的主要是车载物联网解决方案市场，而阿里云车云解决方案则更多关注业务系统云化，百度智能云重在自动驾驶开发解决方案市场，腾讯云主要在车路协同及其他出行服务解决方案领域，各家呈现出明显的差异化竞争态势。2022 年下半年，中国汽车云业务系统云化、车载物联网、自动驾驶上云、车路协同及其他出行服务解决方案的市场规模分别为 4.95 亿元人民币、3.96 亿元人民币、4.95 亿元人民币、2.21 亿元人民币。

各大云计算及主机厂正积极准备，以坚定的决心和实际行动投身到汽车云领域的激烈竞争中。

- 2021 年 6 月，字节跳动旗下火山引擎被曝组建汽车云团队，推出"火山车娱"车联网应用。
- 在 2022 年 9 月举行的 2022 智能经济高峰论坛上，百度智能云发布了"云智一体 3.0"架构，并首次发布"三朵汽车云"：覆盖研发、生产、服务环节的集团云；覆盖自动驾驶、智能座舱的网联云；覆盖产业协同、物流调度的供应链协同云。

- 在 2022 年举行的 2022 杭州·云栖大会上，阿里云"汽车云"正式亮相，主要应用于自动驾驶、智造、营销三大业务场景。
- 2022 年 6 月，腾讯智慧出行发布"车云一体"战略规划后，腾讯又宣布与上汽子公司中海庭签署战略合作协议，在地图服务、智能汽车云等领域展开合作。
- 2022 年 10 月，在 2022 亚马逊云科技中国峰会上，亚马逊宣布将推出"汽车行业创新加速计划 2.0"。
- 在 2022 世界新能源汽车大会上，微软首次发布了以智能云与智能边缘技术为基础、面向汽车和移动出行领域的整体解决方案。
- 资料显示，大众汽车软件和技术公司 CARIAD 计划，截至 2030 年，全球 4000 多万辆大众汽车将接入汽车云 VW.AC。

尽管各主机厂都认识到汽车云能给自己带来深远的价值，但是厂商本身背负着巨大的历史包袱，对全面上云仍有较大的顾虑，就目前看，陆续上云的解决方案大多并非属于车企的核心业务，而是散点状的非核心业务。

随着汽车云工具链的逐渐成熟，自动驾驶数据闭环以及仿真测试等自动驾驶关键控制点的业务持续取得进展。与此同时，厂商的观念亦在松动与变化。可以预见，后续上云的核心业务也将会越来越深入和广泛，而车企也终将与云计算企业展开深度合作，共创人－车－服务"永远在线"的美好未来。正如著名开源技术和云计算专家、AutoMQ 联合创始人章文嵩博士所强调的那样，上云是大势所趋，云计算本质上体现了资源聚合和复用的经济效益。

3.1.2　汽车云服务解决方案

车企的数字化转型升级之路离不开各大云计算厂商提供的汽车云服务解决方案。这些云服务解决方案围绕着目前汽车行业在研发设计、营销管理、服务转型、业务创新等方面的痛点，基本可分为自动驾驶、汽车仿真、车联网、数字营销、车路协同、智慧出行等方向。

- **自动驾驶**。提供自动驾驶数据采集、传输和存储，数据处理、算法开发和模型训练，自动驾驶仿真测试云端能力，提高模型训练速度和开发效率，助力自动驾驶业务创新。像训练自动驾驶感知模型这种训练数据体量大、算法精度要求高、训练效率要求高的工作，特别适合采用汽车云服务进行数据处理。依托云端的更高算力和更多的经验积累，汽车云服务数据处理的综合处理效率将提升 10 倍以上，数据处理成本较人工处理会降低 50%。

- **汽车仿真**。无论是发动机、动力传动系统、制动系统还是信息娱乐系统，汽车设计都在不断变得复杂，并越来越多地利用仿真来检查各种设计场景并进行权衡和取舍。通过多地域协同研发、仿真设计，可以大幅降低新车研发成本，缩短车辆上市周期。高性能的汽车仿真云服务通过 CAE 模拟分析整车、冲压成型、铸造锻造工艺过程，提高车辆碰撞测试等仿真任务的效率，降低产品设计成本，提高产品发布效率。

- **车联网**。智能网联汽车云端底座支持远程内容服务提供者（Telematics Service Provider，TSP）系统、政企客户车队管理、出行服务系统、国六监控系统等平台在云端集成。

- **数字营销**。帮助车企实现云端数字营销，提供内容管理平台、经销商管理平台、营销数据管理平台、数字门店等平台软件服务，帮助企业实现线上线下数据的打通、数据分析、用户细分和流量激活，提供用户画像与精准营销，从而提高市场品牌知名度和业务成效。

- **车路协同**。在城市道路和高速公路演示典型应用场景，提供智能网联功能测试基础环境，满足车企智能网联汽车开发测试需求；为公众提供安全告警和道路信息，提高公众出行效率，减少交通事故。

- **智慧出行**。通过 AI 和大数据技术实现移动出行智能化，向精细化的车辆运营和更好的用户体验发展，面向分时租赁、网约车、长短租等出行场景，助力出行行业客户快速发展。

总的来说，无论是华为云、百度 Apollo 智能车云还是阿里、腾讯、头条火山等其他云服务提供商，都在着力加速汽车云服务的布局，帮助车企伙伴建设智能化能力，同时降本增效，全方位推动车企实现数字化、智能化转型。

3.1.3 自动驾驶上云

自 2015 年掀起数字化转型热潮以来，自动驾驶受到资本的高度关注，投融资规模从 2015 年的 8.2 亿元增长至 2020 年的 436.3 亿元。其间 2018 年到达顶峰 811 亿元。截至 2022 年，中国 L1、L2 级自动驾驶技术已较成熟，目前正迈向 L3 级阶段。国内自动驾驶领域已驶入发展快车道，对云服务和云平台的需求也日益凸显。2015—2020 年中国自动驾驶领域的融资情况如图 3-3 所示。

图 3-3　2015—2020 年中国自动驾驶领域的融资情况

作为汽车云服务解决方案中最重要的一个组成部分，自动驾驶上云成为各大云服务提供商的竞技场（需要特别申明的是，虽然我们会在后续章节对无人驾驶、自动驾驶与智能驾驶的异同进行区分，但自动驾驶上云这个说法目前已为业界所接受，几乎很少听到无人驾驶上云或智能驾驶上云的说法，在此我们遵循业界普遍接受的叫法）。自动驾驶汽车渗透率的不断攀升也将驱动汽车云平台的需求。总的来说，自动驾驶上云背后的驱动因素如下。

自动驾驶的研发、测试、运营均会产生海量数据。以往每台自动驾驶路测车辆全量采集日均可产生 2TB～10TB 的数据，L3 级阶段随着 4K 超高清摄像头、128 线激光雷达等传感器的引入，每天 8 小时采集的数据量可高达 30TB。从 L2 级开始，每一次向高阶驾驶演进的过程中，对于云的基础设施、平台、应用、服务的消耗量都要上升一个数量级。承载规模如此之大的数据存储对于数据载体的要求非常高，而自建自动驾驶云要耗费巨大的人力、物力、时间（8～10 个月）和成本（千万元级），即便搭建成功，也需要专设团队来维护、保障数据安全和数据合规，并需要持续迭代升级，何时能够摊平成本未可知，而新建或扩容机房显然已经跟不上自动驾驶数据增长的速度，因此云平台自然成为自动驾驶厂商的不二选择。

汽车云服务平台可通过对数据在云端、移动端的一体化来提升自动驾驶车辆数据的获取、分析与挖掘效率，从而实现海量数据的整合。此外，云服务平台在存储、计算、数据湖、人工智能/机器学习、持续集成与持续交付/部署（Continuous Integration and Continuous Delivery/Deployment，CI/CD）方面都非常领先，可以最大程度地改善自动驾驶工具链之间的割裂状态，应对和实现预处理及分析、更加复杂的模型开发和训练以及仿真验证等，例如，丰田汽车、Mobileye、Uber、Lyft、Zoox等企业都已经在亚马逊云上整合自动驾驶工具链，训练自己的模型。

车载软件及电子设备的复杂性将随自动驾驶汽车的普及而大幅提升，一定比例功能的上云也将有助于更好地管理车载软件及电子设备，并降低其复杂性。例如汽车OTA实现远程软件与应用程序客户端的更新均依托包含云感知、云计算、云分析的云端服务器。

行业已经达成共识，2022年是自动驾驶量产元年，自动驾驶上云之争也愈演愈烈。自动驾驶数据上云已是最低要求，自动驾驶研发上云正在密集进行中。IDC宣称，预计未来五年自动驾驶开发解决方案市场的复合增长率将高达90.0%。与汽车云领域的竞争一样，各大厂商也在积极备战自动驾驶上云，激烈程度甚至远超汽车云。

- 2022年，小鹏汽车基于阿里云在内蒙古自治区乌兰察布市落地了专用于自动驾驶模型训练的智算中心"扶摇"，算力可达600 PFLOPS。

- 2022年起，百度智能云与长安汽车合作建设自动驾驶智算中心，为长安汽车的车联网、自动驾驶相关业务提供统一算力底座。

- 2022年11月，华为云依托内蒙古自治区乌兰察布市、贵州省贵安新区和安徽省芜湖市3个超大型云核心枢纽，发布"1+3+M+N"全球云基础设施布局，即全球1张车用存算网、3个超大数据中心构建汽车专区、M个分布式车联网节点和N个汽车专用数据接入点。

- 2023年6月，理想汽车的智算中心定址山西省。

> 🚗 **什么是 PFLOPS（PetaFLOPS）、TFLOPS（TetaFLOPS）、GFLOPS（GigaFLOPS）、MFLOPS（MegaFLOPS）？**
>
> PFLOPS = 每秒执行的浮点运算次数为 10^{15}
>
> TFLOPS = 每秒执行的浮点运算次数为 10^{12}
>
> GFLOPS = 每秒执行的浮点运算次数为 10^{9}
>
> MFLOPS = 每秒执行的浮点运算次数为 10^{6}

我们可以看到很多智算中心和数据中心都设立在内蒙古自治区乌兰察布市，其原因如下：

（1）乌兰察布市有着全国最优惠的电价；

（2）乌兰察布市年均气温仅 4.3℃，气候凉爽；

（3）乌兰察布市是著名的"草原云谷"，也是国家"东数西算"工程八大算力枢纽节点之一。

2019 年，特斯拉对 Autopilot 功能开始收费并持续产生现金流，刷新了对汽车行业以往的认知，软件定义汽车一时成为最火热的话题，也带动了智能驾驶浪潮的兴起。智能驾驶对于云基础设施的要求快速攀升，有了特斯拉 Dojo 这样的智算中心的支持，就可以实现更低的使用门槛和理论上资源的更合理应用。

3.2　汽车大数据平台

在智能汽车步入大规模商业化量产前夜的背景下，数据驱动、车云一体化的 IT 基础设施成为刚需。作为数据驱动底层支撑的大数据平台，在数智化时代也被称作数据引擎，与汽车云平台类似，也包含两大方向。

一是车企作为制造企业，基于数字化转型的内部管理（CRM、ERP 等）、数字化运维、智能生产、供应链等需求而产生的大数据平台，其中比较独立的是用户端的用户数据平台。

二是智能汽车作为当下最火的智能终端，产生了庞大的数据存储、密集计算的需求，只有上云，才能高效地满足这些需求，以实现自动驾驶和智能座舱等车联网功能。因此，基于云平台的云原生大数据平台要面对数据量急剧变大带来的挑战，如数据处理、数据提取、数据计算、识别难例、生成数据集并进行算法优化等。

3.2.1 客户数据平台

第一个方向可以说是侧重于人的大数据平台，即面向企业管理和利用用户数据的客户数据平台（CDP）。车企构建 CDP 的主要目的是集中整合车企 App、小程序、Web、PC 等各种来源的用户数据，消除数据孤岛，围绕以用户 ID 为基础的 OneID 体系创建统一的用户画像，为每个个体用户建立全生命周期的管理视角，以帮助企业深入洞察这些用户。同时，通过整合不同触点的数据，为用户量身定制个性化的服务和营销策略，增强用户参与度，提升整体用户体验。一般来说，这款大数据平台的建设方是传统主机厂的销售公司或者新势力车企的用户生态端。虽然 CDP 对于用户端作用甚大，但构建起来有两个难题：一是投资回报率难以清楚地计算，短期内也难达预期；二是数据治理成本过高。因此，企业需要从需求侧找到落地实施的行动路径，正视短期效果和资源投入，同时提高数据的治理效率和可用程度，这样才能达到令各方都满意的成效。一般而言，典型的 CDP 架构如图 3-4 所示。

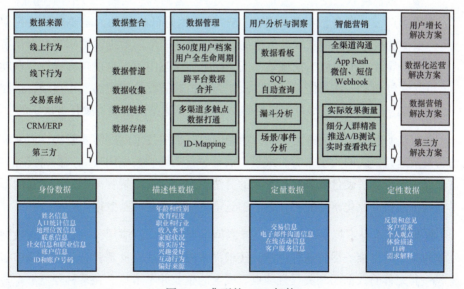

图 3-4　典型的 CDP 架构

3.2.2 自动驾驶大数据平台

第二个方向侧重于车的大数据平台，承担着高级驾驶辅助系统/自动驾驶域的数据采集、数据传输、数据存储、数据处理和数据管理服务。这样的数据引擎不仅仅是一个处理数据的平台，其目的非常明确，就是要保证所收集的数据能被充分利用，推动自动驾驶模型优化，使得数据真正成为自动驾驶系统迭代升级的"引擎"。要建设这样的数据平台，主要有以下 3 个挑战。

- 车辆配置的自动驾驶传感器数量快速增长，导致实车数据量呈几何级数增长，回传大量的数据会产生很高的运营成本。根据 IDC 报告，L3 级长尾场景训练将进一步引发存量客户云用量的增长。在自动驾驶量产向 L3 级进发的情况下，需要从封闭/半封闭区域走向开放区域，更多长尾场景的覆盖将带动云平台的消耗量呈现爆发式上涨，这样就会对这些大数据平台的存储、压缩、索引等技术产生更高的要求。

- 新车型的量产提出了更新数据结构的要求，这是因为难以通过一个数据平台管理多个车型的不同传感器数据。

- 自动驾驶功能的实现会伴随产生大量的冗余数据，采集到的数据种类繁多，包括视频、图像、激光点云（关于点云的概念后续章节中将会讲解）、雷达点云、车身数据等，其中 95% 的数据是低价值的，需要对其进行多层清洗后才能从中获取高价值的数据，由此产生的数据清洗困难和存储负担将导致高价值数据挖掘效率低。同时，模态内数据也呈现多样性，自动驾驶包含了一系列任务，仅以检测为例，其需要检测道路、车道线、道路标识、停止线、红绿灯等道路和交通元素，这是由自动驾驶任务决定的。

自动驾驶数据平台的链路很长，功能侧仍有很多技术问题需要解决，但从驱动研发及运营模式的角度来看，最重要的是"自动驾驶数据闭环"。有一种说法，自动驾驶上半场拼硬件和算法，拼谁的算法更有效，谁的接管率更低，现在的下半场则拼的是商业化落地能力，背后的竞争重心是自动驾驶数据闭环。

数据闭环本身不算一个新概念，互联网早期便有广泛应用，也是基于大数据处理和应用的思维。尽管这种思维已经根深蒂固，但在自动驾驶企业里，能够搭建起一套完善的数据闭环流程且能点石成金的企业并不多见。在某种程度上，特斯拉打造的超算中心 Dojo 是一套效率非常高的数据闭环系统，据称，2024 年其投入将超过 10 亿美元，而国内企业很难投入这样的财力来建设这样的超算中心。对于自动驾驶上云，借助于云厂商开放出的大模型能力、算力、工具链等基础设施及开发平台可能是实现数据闭环的不二选择。典型的自动驾驶大数据平台架构如图 3-5 所示。

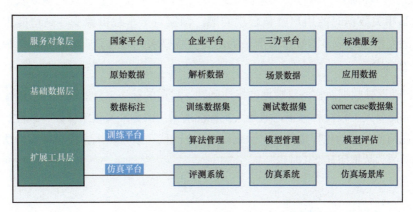

图 3-5　典型的自动驾驶大数据平台架构

从自动驾驶数据闭环流程看，这个流程是算法研发由场景驱动转向数据驱动的核心步骤，其具体链路如图 3-6 所示。

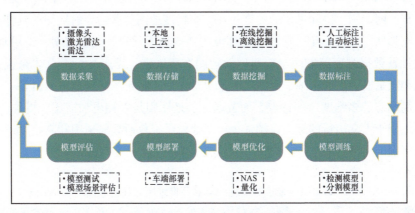

图 3-6　自动驾驶数据闭环链路

数据闭环的链路比较长，存在闭环长尾、工具链、训练算力、数据安全监管、成本等方面的诸多问题，要解决这些问题就会面临非常大的挑战，具体如下。

量产阶段的数据闭环比测试阶段要复杂得多。测试阶段数据采集车采集的数据用于自动驾驶算法训练，单车数据量大但采集车采集的数据有限。但量产阶段回传的是全部车型的系统诊断数据、日志数据、故障数据以及差异视频数据，数据量巨大，数据量会呈几何级数增长，目前还没有企业具备处理或回传全量数据的能力。

数据闭环需要同时考虑采集国家地理信息时的所谓测绘合规问题以及采集用户隐私相关数据时的用户隐私合规问题。国家对于车载摄像头、高精度定位系统、激光雷达等采集的数据有严格的测绘合规要求，测绘资质难以获取，数据脱敏成为挑战。

自动驾驶数据面临海量数据的标注问题。目前的标注工具能达到的准确度不够高，还需要人工校验和修正，但是人工标注所采用的标准又很难保证一致性，精度上存在偏差。自动化程度低的"数据闭环1.0时代"或将步入大模型助力的摆脱人海战术的"数据闭环2.0时代"。

3.3 高精度地图

高精度地图（High Definition Map，HD Map），也被称为"高度自动驾驶地图"（High Automated Driving Map，HAD-Map）或"智能汽车基础地图"，是"车、路、云、网、图"协同进化的关键一环。高精度地图是普通导航地图的延伸，包含道路形状、道路标记、交通标志和障碍物等地图元素，但在精度、使用对象、时效性及数据维度等方面与普通导航地图有所区别（见表3-1）。总体来说，高精度地图是一种更加精细、更加实时、更加适用于特定场景的地图，具备"高精度、高动态、多维度"的特点，而普通导航地图则是一种更加通用、更加普及、更加适用于大众出行的地图，图3-7直观地展示了普通导航地图和高精度地图之间的区别。

表3-1 普通导航地图与高精度地图之间的区别

地图类别	普通导航地图	高精度地图
使用者	人	计算机
用途	用于普通车辆导航、出行等领域：导航、搜索、目视	用于自动驾驶、智能交通领域：高精度定位、辅助环境感知、规划与决策
所属系统	车载信息娱乐系统	车载安全系统

续表

地图类别	普通导航地图	高精度地图
要素和属性	简单道路线条、POI（Point of Interest）、行政区划边界，如道路等级、几何形状、坡度、曲率、方向、横坡等	详细道路模型，包括车道模型、道路部件、道路属性和其他定位涂层，如护栏、路沿、交通标识牌、信号灯和路灯等详细信息
精度	米级，道路级	厘米级（10厘米至20厘米），车道级
数据量	大	超大
更新速度	静态数据：月度和季度；动态数据：无要求	静态数据：周或天；动态数据：实时
建设成本	建图和维护成本低	建图和维护成本超高
覆盖度	高	低
法规	法规阻力小	法规阻力大
数字地图供应商（图商）	高德、百度、四维图新、腾讯、搜狗	百度、四维图新、高德、易图通和中海庭

图 3-7　普通导航地图与高精度地图

高精度地图的应用方向主要包含以下 5 个方面。

- **定位**：高精度地图的定位功能是车联网和自动驾驶的关键性核心技术之一，可以有效保障车辆在道路上的安全行驶。通过将车载传感器的实时数据与高精度地图中的特征进行匹配，确定车辆在地图（真实世界）中的位置和方向（位姿）。注意，特征匹配算法，例如迭代最近点（Iterative Closest Point，ICP）算法，在缺乏几何特征、重复几何特征和初始几何特征偏差较大的情况下，可能会出现无法收敛的问题。

- **动态物体的识别和跟踪**：实时数据采集到了高精度地图上没有的特征，一般是动态物体，通过聚类算法予以区分。

- **交通标识**：提供限速、道路标识线、锥筒、水马等交通信息。
- **路径规划**：已知起始点和目的点，根据搜索算法规划出行驶的路径。
- **仿真验证**：高精度地图以其与真实世界的高度相似性成为最佳的仿真场景来源，可以覆盖更多真实的场景。

3.3.1　高精度地图与自动驾驶

如前所述，相对于普通导航地图而言，高精度地图提供了超视距（简单而言，视距就是驾驶员能看到的最远距离）信息和车道级拓扑，高精度地图不仅仅是地图，更是给了自动驾驶规控以超越视角，而不受限于眼前。因此可以说，高精度地图是自动驾驶时代的"重要基础设施"，将在智慧交通、智慧城市等领域发挥着"数据底座"的重要作用。

自动驾驶系统可以分为感知层、决策层和执行层。感知层主要通过使用多种摄像头、雷达等视觉传感器以及全球导航卫星系统（Global Navigation Satellite System，GNSS）或惯性测量单元（Inertial Measurement Unit，IMU），感知和探测汽车周围的车、人、交通状况、所处的位置等信息；决策层是在感知层所搜集信息的基础上，通过意图识别、路径规划、行为预测、轨迹预测、行为决策等算法对信息进行综合处理，判断出下一步的行驶方向、速度、转向角度等；执行层是指决策层将指令发送给控制系统后，由控制系统对车辆进行纵向控制、转向控制、侧向控制、制动控制和安全控制。

自动驾驶与高精度地图的关系如图 3-8 所示。

自动驾驶技术从硬件到软件都取得了很大的进步，但从具体的技术实现方式看，大多数量产车产品依托于视觉传感器和控制系统。传感器监测周围环境，控制系统处理数据并生成决策，执行系统根据指令控制车辆的驾驶动作。这种技术解决方案有一定的局限性，短期来看效果不错，但长期而言，随着自动驾驶级别的不断增高，道路复杂情况不断增强，数据量不断攀升，会对整体的自动驾驶实现成本和效果稳定性产生影响。并且，传感器由于本身的物理局限性和易损耗等特点，无法保证自动驾驶汽车在全天候、全工况环境下行驶的可靠性。此时，高精度地图就会发挥重要作用，其将成为视觉传感器的有效补充，为车辆环境感知提供辅助，提供超视距路况信息，从而提升车辆定位精度、感知可靠性以及路径规划能力。

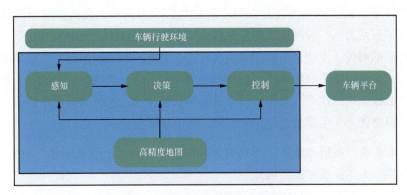

图 3-8　自动驾驶与高精度地图的关系

高精度地图是智能网联汽车产业的重要基础技术，不同级别的自动驾驶对于高精度地图的要求是不同的，对于 L3（关于自动驾驶分级请参考第 9 章的内容）及以上级别的自动驾驶功能，高精度地图是必备的支撑技术。

- L0 只需要普通导航地图（是一种有向图结构）。
- L1 ～ L2 不需要高精度地图。
- L3 及以上级别需要高精度地图。

相较于为人类驾驶员服务的传统车载导航电子地图，高精度地图是为自动驾驶系统服务的专属地图，其蕴含更丰富细致的路面、路侧及路上的静态信息，还需要辅以实时动态交通信息，制作难度和复杂度远高于传统地图。高精度地图具备的地图匹配、辅助环境感知和路径规划三大功能在自动驾驶中具有难以替代的特殊优势。

目前，高精度地图技术已经过多年的发展摸索阶段，新技术、新工艺逐步走向成熟，形成了一系列相对稳定的生产模式与基本定型的地图产品，对智能网联汽车产业的发展起到了支撑和推进作用。汽车主机厂和系统集成商更是积极开发基于高精度地图的自动驾驶汽车，不断优化高精度地图模型和数据内容，使得高精度地图更加符合自动驾驶需求，从而形成良性循环。清华大学、武汉大学、北京理工大学等知名院校也已加快对高精度地图数据要素等内容的理论研究。

3.3.2 高精度制图

3.3.1 节我们谈到高精度地图对于自动驾驶的重要性,而高精度制图技术经过多年的探索发展已经逐渐走向成熟。高精度制图的方法大致分为专业集中制图和众包建图两种。专业集中制图是目前高德、百度、四维图新等图商所采用的制图方式,而众包建图是将地图数据的采集分配给普通人和设备分别进行,然后收集合并数据来构建地图。众包建图有点儿像众包标注,虽然具备快速制图、成本低廉等显著优势,但质量管控比较困难,制图精度会受到一定影响。

总体来说,高精度地图制作可以分为以下 5 个阶段:数据采集、数据处理、元素识别、人工验证和地图编译。

- **数据采集**。数据采集主要看硬件方案,这些硬件通常会有 IMU、GNSS、激光雷达、摄像头、Wheel Odometer(轮测距仪,分析每个时间段里左右轮的总转数以得出车辆行驶距离)和雷达,硬件决定了所采集的数据信息,后续这些硬件采集的数据会配合使用以进行精确的数据融合。高精度地图所采集的数据量非常大,一天会有几十个 TB,所以要有超大的存储空间,或者直接上线云存储。一般来说,这些数据都是通过像百度 Apollo 改装的丰田汽车陆地巡洋舰这样的数据采集车来采集的,高精度地图的数据采集流程如图 3-9 所示。

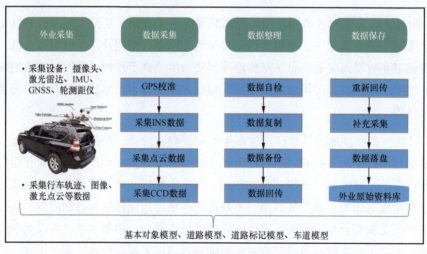

图 3-9　高精度地图的数据采集流程

- **数据处理**。数据处理主要包含图像和点云（Point Cloud）两方面的任务。点云是通过三维激光扫描仪等测量仪器得到的目标表面的点集合，包含三维坐标点、根据物体表面反射率记录的激光反射强度（intensity）、颜色信息（RGB）等点属性。点云图像示例如图 3-10 所示。采集过程中信号可能不稳定，数据优化之后对点云信息进行拼接得到完整的点云信息，之后点云信息被压缩以得到定位地图图像、反射地图图像。摄像头与激光雷达采集的数据可以融合使用，激光雷达采集的数据中准确信息少，摄像头采集的信息更多。

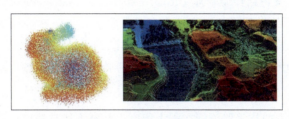

图 3-10　点云图像示例

（左侧是点云降噪图像，右侧是经三维渲染后清晰可见的等高线图像）

- **元素识别**。基于深度学习算法从点云中提取车道线、灯杆、红绿灯等信息，以获取这些道路设施的形状特征，后续会把信息压缩并打包传输到云端，以减少传输带宽。

- **人工验证**。自动化和算法无法百分百解决所有问题，例如有些道路没有车道线，算法无法理解车道和红绿灯的对应关系，这就需要进行最后一步的人工校验、补充和确认。人工验证后的高精度地图 roadbook 数据需要上传到云端，经编译最终形成的高精度地图也通过云平台进行分发。

- **地图编译**。人工确认无误的高精度地图可以编译成可供自动驾驶应用且符合文件格式规范的地图。我国现阶段有关高精度地图的标准体系仍不够完善，目前常见的主流通用规范有导航数据标准（Navigation Data Standard，NDS）、德国 VIRES 公司发布的 OpenDRIVE，其他一些标准格式有欧洲标准化委员会（European Committee for Standardization）主导起草的 GDF 标准、日本 KIWI 协会制订的日系 KIWI 标准、日本数字地图协会发布的 JDRMA 标准、美国导航技术公司发布的 NavTech 标准和美国 Etak 公司发布的 Etak 标准。

通过这一系列阶段，就能制作出高精度地图，基于高精度地图可以进一步建立路径规划地图和仿真地图。

3.3.3 众包建图

众包建图是专业集中制图的一种有效补充，因此 HERE、Waymo、TomTom、高德等国内外知名的图商和自动驾驶公司都在推进众包建图。Mobileye 推出的众包地图解决方案道路经验管理（Road Experience Management，REM）系统可以说是众包建图的先驱，它在终端上实时收集大量车流轨迹信息或单车 SLAM（Simultaneous Localization and Mapping）建图结果，上传到云端，在云端融合为准确的语义地图，用众包建图的结果更新、修补已有的高精度地图，更新后会下发到车端。

采用众包建图的技术路线能在很大程度上弥补上述高精度地图制图路线的缺点，由于不再采用维护成本高昂的采集车，转而利用量产车上的低成本自动驾驶设备，用数量换取质量。

目前国外的厂商特斯拉、Mobileye 及国内自动驾驶算法公司（Momenta）、新势力车企（"蔚小理"）、芯片公司（地平线）、图商（百度）等，均有众包建图的能力，甚至有些面向量产落地的众包建图团队的规模已经相当大。未来最可能普遍采用的是专业集中制图＋众包更新制图的路线，这么做可以同时满足数据精度和鲜度的要求。

当年的华为"天才少年"秦通等人在 ICRA 2021 发表的论文"*RoadMap：A Light-Weight Semantic Map for Visual Localization Towards Autonomous Driring*"比较有代表性：将多辆车单车局部建图的结果上传到云端进行融合、压缩，得到准确的轻量化语义地图，后续的车辆在线下载该地图，基于该地图进行 6 自由度，即 6DoF（Degree of Freedom）定位，就可以在物理空间内的任何位置、任何方向自由定位。以人体为例，头部追踪技术从 3DoF 发展到 6DoF，不仅能够检测头部的旋转姿态，还能够识别头部的前后伸缩、上下点头等更复杂的动作，同时，它还能感知身体的移动，包括上下、前后、左右等各个方向的位移变化。华为众包方案 RoadMap Pipeline 如图 3-11 所示。

3.3 高精度地图

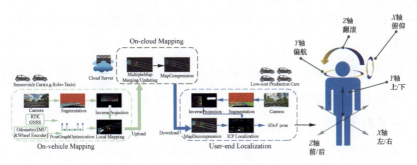

图 3-11 华为众包方案 RoadMap Pipeline

3.3.4 轻地图方案

高精度地图虽然好,但过于重量级,量产使用仍然困难重重。就目前而言,自动驾驶从 demo 阶段转移到实用化量产阶段,城市导航辅助驾驶(Navigate on Autopilot,NOA)成为各方竞争的焦点。高精度地图反而从香饽饽变成了最大的障碍点,因为要解决地图覆盖度、丰度和鲜度的问题,轻地图和无地图方案应运而生。这就有点儿像特斯拉所宣传的一直坚持使用纯视频的观念,高精度地图并非不可或缺。

轻地图方案指的是尽可能地降低对重量级高精度地图的依赖,而基于轻量级的普通导航地图,或选择高精度地图和普通导航地图的中间路线(普通导航地图+或高精度地图-),继续提升对单车感知能力的要求。之所以会往这条路线上走,主要原因是近期鸟瞰视图(Bird's Eye View,BEV)+ Transformer 的技术方案越来越成熟(第 9 章将会对该方案进行详细讨论),次要原因是地图法规和合规要求收紧。在轻地图方案和无地图方案领域,各家厂商也都开始活跃起来。

- 2022 年 9 月,长城旗下的毫末智行在"HAOMO AI DAY"活动现场喊出"重感知,轻地图"的口号。
- 长城魏派采用激光雷达+摄像头+毫米波雷达的感知方案。
- 小鹏 XNGP 也宣布不再依赖高精度地图。
- 2023 年 3 月,元戎发布了不依赖高精度地图的智能驾驶解决方案 DeepRoute-Driver 3.0。

- 2023 年，理想在城市 NOA 方案中明确表示不依赖高精度地图，掀起"上车潮"。
- 问界 M5 搭载华为高阶智能驾驶系统 HUAWEI ADS 2.0，有图无图都能开。

目前国内的轻地图和无地图方案也都在探索阶段，离量产落地还有一定距离，未来仍有很多变数。

3.4 汽车软件开发流程

汽车软件开发流程可分为传统流程与云原生流程，当前整车软件开发流程正逐步向 SOA 演进。理解这些软件开发流程，有助于我们找到开启汽车软件开发领域大门的钥匙，深入其内，全面洞察其本质。

3.4.1 传统汽车软件开发流程

本质上，汽车软件开发流程与其他软件系统的开发流程无异，也是由需求分析、系统设计、编码、单元测试、集成测试、系统测试、验收测试和维护更新等步骤组成的。但是，因为关乎人身和财产安全以及软硬件协同的研发测试，所以所关注的细节还是会有相当大的差异。例如，汽车软件开发流程中一定会配套整车的产品研发流程来执行流程管控，但这样就会产生整车研发流程严谨性及其与汽车软件研发流程的适配性问题，进而会产生多车版本碎片化、时效压力和成本高企等问题。

在智能化和软件定义汽车的时代背景下，这些问题变得更加尖锐，挑战也变得更加严峻，一切都在要求传统汽车厂商在软件开发流程上实施改进和创新，以适应新时代的变化。本节讲解的是传统意义上的汽车软件开发流程，这也是一切的基础。

1. V 模型开发流程

传统汽车软件开发广泛使用基于 V 模型的开发流程。V 模型的名字来源于其模型构图形状类似 V 字形，V 模型是在快速应用开发（Rapid Application Development，RAD）模型和瀑布模型的基础上演变而来的，也是目前汽车行业应用最广的软件开发模型。V 模型强调软件开发的协作和速度，将软件的实现和验证有机地结合起来，在保证较高软件质量的同时缩短开发周期。

V 模型开发流程如图 3-12 所示，分为需求定义、功能设计、RCP 功能测试、产品代码生成、HILS 测试、系统集成测试、标定、产业化等阶段。

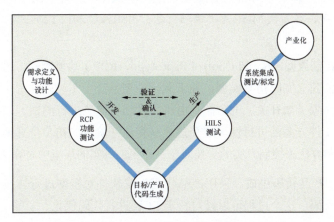

图 3-12　V 模型开发流程

- **需求定义与功能设计**。在这个阶段，先要分析用户需求，研究受控对象，形成需求描述文档，建立开发流程和命名规范。在系统设计环节，重点目标是创建描述各个模块数字化/工程化的软件设计文档（Software Design Document，SDD）和数据字典（Data Dictionary，DD）。在软件设计环节，根据系统的功能要求在 MATLAB/Simulink 等环境下进行图形化建模，建立控制器模型和受控对象模型，并进行离线仿真和分析。这一过程也称为模型在回路（Model In the Loop，MIL），用于在生成代码之前保证控制逻辑的正确性与准确性。同时，为了保证软件模型的质量，完成建模之后需要执行 MathWorks 汽车咨询委员会（MathWorks Automotive Advisory Board，MAAB）建模规范的检查，并且确保模型生成代码之后进行汽车工业软件可靠性协会（Motor Industry Software Reliability Association，MISRA）MISRA C 和 PolySpace（MATLAB 中的一个用于静态分析代码的工具箱）检查。

> **MISRA C 是什么？**
>
> MISRA C 编码规范的目标是提升汽车电子产品中软件编码的可靠性。MISRA 先后发布了三代 MISRA C 编码规范。

> 1998 年,第一代 MISRA C 编码规范:MISRA C:1998（MC1）。
> 2004 年,第二代 MISRA C 编码规范:MISRA C:2004（MC2）。
> 2013 年,第三代 MISRA C 编码规范:MISRA C:2012（MC3）。

- **快速控制原型**（Rapid Control Prototype，RCP）**功能测试**。用 Simulink 控制算法建立实时仿真模型,并下载到原型系统（实时硬件）中,接入真实受控对象（如开关、电磁阀、电机、发动机等）进行测试,以验证控制系统软硬件方案的可行性。这个过程是在前一阶段的初步仿真测试之后,使用控制算法去控制真实的受控对象,在更加真实的环境中对算法加以测试。

- **目标/产品代码生成**。采用产品代码生成软件对模型进行转换,自动生成产品代码。这个过程可以针对特定 ECU 进行代码优化。

- **硬件在回路仿真**（Hardware In the Loop Simulation，HILS）**测试**。鉴于安全性、可用性和成本等因素,使用完整的嵌入式控制系统执行所有必要的测试在很多场合是不切实际的。HILS 的做法是采用真实控制器,受控对象或者系统运行环境中部分采用实际物体、部分采用仿真模型来模拟,来进行整个系统的仿真测试,因此,HILS 也经常被称作半实物仿真。

- **系统集成测试/标定**。用于在系统集成中对 ECU 进行标定和测试,在便利的情况下对 ECU 进行必要的参数调整。

从上述内容可以看出,V 模型开发流程多作为传统的汽车 ECU 等软件的开发流程。

2. ASPICE 开发流程

作为历史上的一种选择,V 模型在汽车行业影响深远。在众多的汽车行业公司里,其技术部门组织架构/研发体系几乎都是参照 V 模型来设置的,而且很多汽车行业标准和规范的基石都是 V 模型。汽车行业还有一些基于 V 模型的广泛应用开发流程能力标准,如汽车软件过程改进及能力评定（Automotive Software Process Improvement and Capacity dEtermination，ASPICE）和国际标准《道路车辆功能安全》（ISO 26262）,其中应用最为广泛的是 ASPICE。

ASPICE 最初由欧洲 20 多家主要汽车制造商共同制定,于 2005 年从 ISO 体系中独立出来发布,目的是指导汽车零部件研发厂商的软件开发流程,从而提升车载软件的质量。ASPICE 目前已成为全球汽车产业评价供应商软件研发能力的普遍标准之一。近年来，随着新能源汽车及其带动的汽车智能软件的迅速发展，软件在汽车研发中的占比激增，企业对软件质量管理的需求不断增强，ASPICE 逐渐被引入国内，为国内的企业所熟知。ASPICE 的发展历程如图 3-13 所示。

图 3-13　ASPICE 的发展历程

ASPICE 主要包括 3 个过程类别，分别是主要生命周期过程（Primary Life Cycle Processes）、组织生命周期过程（Organizational Life Cycle Processes）、支持生命周期过程（Supporting Life Cycle Processes），以及 8 个过程组，分别是获取过程组（ACQ）、供应过程组（SPL）、系统工程过程组（SYS）、软件工程过程组（SWE）、管理过程组（MAN）、过程改进过程组（PIM）、复用过程组（REU）、支持过程组（SUP），如图 3-14 所示。

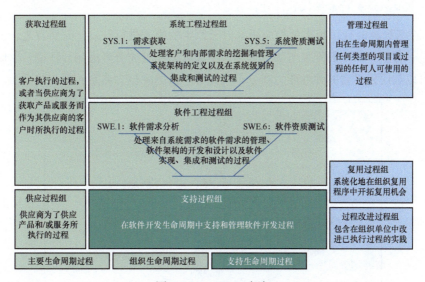

图 3-14　ASPICE 框架

ASPICE 使用 ISO/IEC 33020:2015 中定义的度量框架，对这些过程进行能力级别（Capability Level，CL）评判。

- 5级（CL5）指**创新**的过程（Innovating Process）。
- 4级（CL4）指**可预测**的过程（Predictable Process）。
- 3级（CL3）指**已建立**的过程（Established Process）。
- 2级（CL2）指**已管理**的过程（Managed Process）。
- 1级（CL1）指**已执行**的过程（Performed Process）。
- 0级（CL0）指**不完整**的过程（Incomplete Process）。

3.4.2　云原生汽车软件开发流程

从 3.4.1 节中可以看到，传统汽车的研发遵循"V 模型流程"，层层递进、相互关联，各个环节都有严格的限制和不灵活的交付期限，这是一种更多关注软件可靠性、由传统工程方法论演化而来的开发流程。在 V 模型流程下，软件只有嵌入硬件后才能测试，导致软件难以实现快速开发和变更，软件迭代周期非常长，这显然是不符合现代软件开发理念的。

在云计算时代，很多软件应用都以云原生的模式进行开发，简而言之，云原生是一种基于云端的开发与部署框架，在设计之初就充分考虑到云环境，以便后期可以利用云平台的弹性能力和分布式优势。云原生概念体系如图 3-15 所示。

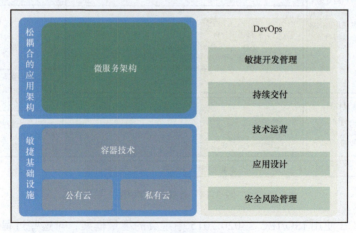

图 3-15　云原生概念体系

与此同时，在软件定义汽车的背景下，汽车系统逐渐从封闭的系统转为开放的系统，以容器、微服务为代表的云原生技术为车企数字化转型并实现弯道"超车"提供了路径。

目前新能源车企虽然一路高歌猛进，但也面临着一系列严峻的软件方面的挑战。

- **资源弹性需求应对能力不足**。B2C 业务高峰期压力大，内部计算资源无法动态调整。

- **跨云部署和跨云迁移**。"双 11"或者"618"等临时性高并发场景中，需要应用具有支持跨云部署、扩展以及迁移的能力以增强资源弹性。

- **应用迭代频率低且开发速度慢**。应用迭代周期最快为两个月，迭代频率过低，同时交付周期长，发现和反馈问题及缺陷慢，无法应对业务的快速变化。

- **应用架构转型需要云平台支撑**。当前正在引入微服务等应用架构，但是缺乏对新一代应用架构的 PaaS 云平台支撑。

在主机厂的业务环境下，云原生技术可以带来以下方面的增值。

- **统一部署**。屏蔽底层资源型基础设施差异，提供一次构建、多处使用的能力。

- **易于实施**。提供配置即基础设施（Configuration as an Infrastructure，CaaI），配置即达到运行时效果的能力。云原生能够帮助车企迅速构建起高并发、高可用、海量数据计算和存储的车联网产品和体系，同时故障率可降低 80% 以上。

- **弹性扩容**。根据业务使用情况进行资源的快速弹性伸缩，提供运行时伸缩、业务应用无感知的能力。

- **高可用性**。通过自动化运维和故障容错设计，云原生应用可以实现高可用性，减少停机时间。

- **监控告警**。提供完善的监控告警体系，满足后期生产环境的可控性维护需求。

- **版本迭代可控**。提供风险可控的版本变更手段，包括版本追溯与回滚。
- **成本效益**。基于弹性扩容能力，云原生的资源利用可以根据需求有效伸缩，并能实现跨多云的统一管理、部署和迭代，最大限度地降低基础设施成本，整体资源利用率可提升 60% 以上。

完整阐述云原生开发技术需要整本书的篇幅，本节只是浅尝辄止。介绍新的面向软件定义汽车领域的研发需要同时结合传统软件开发流程的严谨性和可靠性，同时兼顾现代软件开发所倡导的敏捷性。注意，由于车辆研发本身的特殊性，仍然需要遵循严苛的基线和安全验证，完全照搬其他领域的软件开发实践未必是合理和安全的做法。

新型的面向软硬件解耦的双线开发流程对于车企获得软件竞争优势、卓越胜出至关重要，软硬件解耦双线开发流程如图 3-16 所示。

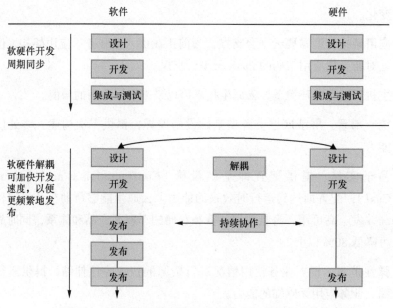

图 3-16 通过软硬件解耦双线开发流程获得竞争优势

软件产品及生命周期管理与硬件解耦，是脱离独立整车 SOP 的关键，否则将各端软件研发纳入整车 SOP 将是背离软件定义汽车理念的一种做法，即便很多传统车企仍然在这么做。软件快速迭代的周期与硬件的迭代周期是错位的，如果软件研发完全被纳入硬件研发流程,将失去快速迭代的能力,软件研发的成果必然不能满足用户体验的持续提升,继而会被用户唾弃甚至抛弃。根据麦肯锡发布的"车企实现软件卓越的'道'与'术'"一文,车企需要保有独立的待办事项和路线图,同时明确软硬件开发同步的里程碑。

我们以麦肯锡对于车企如何达到"软件卓越"的三大标准来结束本节内容。

(1)有实现卓越客户体验的标志性软件产品。

(2)有自主可控的差异化核心软件体系。

(3)有高质量的开发团队和高效的开发流程。

3.4.3 整车软件架构的 SOA 演进

整车软件架构正在从基于面向信号架构(Signal-Oriented Architecture,简称 SOA)转向面向服务的架构(Service-Oriented Architecture,SOA)。SOA(本章后文指面向服务的架构)是一种软件架构设计方法论,具备接口标准化、松耦合、易活、易扩展等特点,最早在 1996 年由咨询公司 Gartner 提出,当时并不具备让 SOA 走向实用化的条件,但是近期硬件算力的提升以及汽车网联化的发展使得 SOA 重新回到台前。整车软件的 SOA 化与 EEA 的域集中化是支撑软件定义汽车实现软硬件解耦的两大利器。

车辆终端的硬件功能被转化为一系列服务,这些服务遵循 SOA 标准进行接口设计,并依据 SOA 标准协议进行数据通信。由此,不同的服务组件能够相互调用,这增加了服务组合的可能性。传统的汽车软件系统原本是封闭和固定的,引入 SOA 后逐渐转变为一个开放且可复用的软件生态系统。在最新一轮的软件架构更新中,采用了基于分层解耦的 SOA,通过将设备抽象化和构建基础服务,实现了对硬件能力的全面服务化,涉及的对象包括围绕控制器的传感器、执行器、传统总线通信系统,以及控制器内部的诊断和存储设备。此外,利用"逻辑语义转换"的设计概念,实现了接口的标准化,从而达成了不同平台、不同车型间接口的可复用性目标。

随着基础设施和开发模式的变革,"软件定义汽车"理念将彻底改变传统的汽车开发流程。基于 SOA 的整车软件架构设计为智能汽车系统提供了关键服务的抽象化。SOA 通过严格的封装和分层结构,支持采用敏捷的开发方法和接口级的测试,这有助于降低系统的复杂性。此外,这种架构显著简化了车辆在更新换代过程中软件组件的复用,因为它允许软件组件独立于特定的硬件平台进行开发和更新。

整车 SOA 如图 3-17 所示,在整车软件架构中,增加原子服务层和组合服务层。原子服务层主要承担与下层硬件设备的解耦,屏蔽底层硬件差异,将硬件功能以服务接口的方式提供给组合服务层进行调用,这样硬件层的变化和异构性将不会影响接口,应用逻辑就可以摆脱底层的硬件功能逻辑,这也是所谓"软硬解耦"的关键。组合服务层则主要面向用户需求,借助原子服务层提供的接口,提供个性化的场景服务能力。

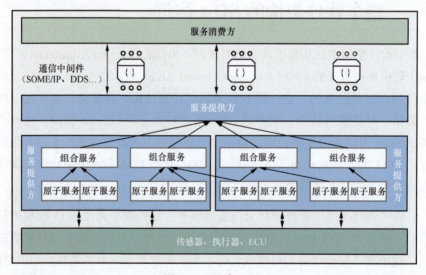

图 3-17 整车 SOA

整车 SOA 要解决的核心问题是服务原子化设计及组合设计、软件功能分层、功能安全设计、服务控制实时性以及与软件分离的硬件设计和集成等。通过这种架构设计模式,SOA 解决了传统架构中因功能变更而造成整个通信设施和配置都需要随之变更的问题。

同时,为了实现接口标准化的目标,需要对各层级之间的接口进行标准化处理。这意味着不同的整车制造商、Tier-1 供应商以及平台提供商需要共同定义一套统一的服务接口。通过这种方式，不同整车制造商以及不同 Tier-1 供应商的软件可以实现互操作性，从而显著提高软件的复用率，并缩短车辆的开发时间。从推动产业协同统一、解决产业共性问题、加速软件定义汽车创新落地的角度出发，中国汽车工业协会发布了第三版《软件定义汽车原子服务 API 接口与设备抽象 API 接口参考规范》，其中定义了 700 多个 API 接口规范，涵盖动力、智能驾驶、底盘、能量管理等域。

主机厂努力尝试摆脱原先的陈旧架构，向 SOA 转型，未来几年可能是向 SOA 转型的高峰期，这个转型过程主要会出现在主机厂的研发端而非用户端。软件定义汽车虽然已经火热了很多年，但是真正的软硬件解耦才刚刚开始，主机厂的 EEA 仍在升级过程中，软件开发的焦点集中在系统底层软件，车内应用层软件的引爆尚未启动。

3.5 小结

从某种程度而言，云计算确实是"新瓶装旧酒"，即通过新技术革新老行业。在汽车行业，这个革新则是伴随着软件定义汽车的行业趋势而产生和深化的，与此同时，革新也催生了汽车行业上下游产业链对云服务和云平台的旺盛需求。现在，云计算已经不只是一种可有可无的老技术，更是助推软件定义汽车变成现实的核心要素之一。

化云为雨正当时，云计算厂商通过帮助传统车企"上云、用数、赋智"，实现对整个汽车行业的赋能。针对汽车行业电动化、网联化、智能化、共享化的趋势，各大云服务厂商基于云计算、大数据、车联网、5G 等核心技术打造了多种场景化的解决方案，帮助车企实现数字化转型和升级，加快产品和服务创新。作为数字时代的基础设施，尤其是对于自动驾驶业务的不可或缺性，汽车云服务与云平台必将成为更多车企下一步的竞争高地，我们拭目以待。

第 4 章
保驾护航，OTA 助推软件定义汽车

> OTA 给汽车插上了软件的翅膀，不断进化……飞翔。

摆脱有线，拥抱无线。从有线上网到无线上网，从有线充电到无线充电，再到空中无线下载（Over the Air，OTA）。OTA 是随着移动通信技术发展起来的通过无线网络远程对计算机系统进行升级的技术，智能手机目前普遍使用 OTA 方法进行升级。

汽车 OTA 技术最早出现在 2000 年的日本，当时本田等日本车企就开始对车联网控制单元（Telematics BOX，T-BOX）进行研究，希望通过移动网络进行远程数据传输和下载，但是当时网络通信速率太低，OTA 没有实现量产。

2009 年，通用汽车公司通过著名的安吉星（OnStar）服务量产了车载娱乐系统的远程更新功能。到了 2012 年，特斯拉在 Model S 车型上首次引入 OTA 这一技术，在整车的智能座舱、电力驱动、驾驶辅助、底盘控制等模块上，按成熟的软件行业的敏捷开发、持续更新的方式对软件和固件进行技术更新和缺陷修复。

在特斯拉之后发布的 Model 3 车型上，更可谓树立了汽车固件 OTA （Firmware-OTA，FOTA）升级的标杆。2012—2022 年特斯拉全系产品 OTA 主要升级内容如表 4-1 所示。

OTA 升级细分为固件升级、软件升级和诊断维护升级等类别，而我们说的 OTA 升级一般指的是固件 OTA 升级。简单来说，OTA 升级就是通过网络从云服务器远程下载新的程序包，对整车系统进行更新或升级，可以想象成先给车辆安装一个智能电脑系统，里面安装好相应的开发软件，以后要想实现更多的功能或者修复漏洞，就可以通过OTA进行升级，解锁一些预留在软件里但还没有实现的功能。

表4-1 2012—2022年特斯拉全系产品OTA主要升级内容

时间	系统版本	OTA升级次数	OTA升级内容
2012年	V4.0	6	新增主驾座椅记忆、怠速蠕动模式、智能语音交互功能，更新EPA续航标准
2013年	V5.0	8	新增3G无线网络连接、Wi-Fi连接
2014年	V6.0	5	新增中文导航和地图服务、语音设定目的地、智能空气悬架和新的电池管理、手机远程启动（V5.9是首次进入中国的版本）
2015年	V6.1～V7.0	3	首次提升Model S加速能力、优化交通感知巡航控制（T-ACC）、新增自动远光灯等。首次推出Autopilot（辅助驾驶）功能，包含识别当前路段限速值、自动泊车、自动辅助变道等
2016年	V7.1～V8.0	2	优化Autopilot，新增垂直泊车、遥控召唤功能。全新UI设计，新增实时路况和路线规划功能
2017年	V8.1	4	优化Autopilot，提升自动辅助变道限速值为150km/h，新增自动紧急制动等功能
2018年	V9.0	7	首次推出导航辅助驾驶NOA（Navigate on Autopilot）功能，新增宠物模式以及行车记录仪、盲区警告、哨兵模式等安全功能。车载娱乐系统首次推出了QQ音乐，并上线首款手柄游戏
2019年	V10.0	8	上线特斯拉剧场，引入视频、游戏等更多娱乐软件，优化哨兵模式、遥控召唤。国内同步上线NOA、哨兵模式等功能，Model 3功率提升5%
2020年	2020.4～2020.48.26	17	改进Model S、Model X百公里加速时间以及续航里程，新增红绿灯识别、天气预报、空气质量检测、手套箱密码等，国内新增B站、斗地主等娱乐软件，地图服务商由腾讯换为百度

第 4 章　保驾护航，OTA 助推软件定义汽车

续表

时间	系统版本	OTA升级次数	OTA升级内容
2021 年	2020.48.26～2021.44.25.2	9	优化电池管理、音响音效，新增辅助驾驶功能，包括动物可视化、导航车道引导、导航途经点设置、疲劳检测语音提醒、个性喇叭扩音器、灯光秀、自动保存行车记录仪视频、自动座椅加热、娱乐 App 等
2022 年	2021.44.25.2～2022.20	3	优化电动后备箱防夹、动能回收状态下的驾驶体验、剩余电量算法，新增绿灯起步提醒、优化空气悬架自适应调节、安全带预警、轮胎季节性调节适应等

OTA 对于软件定义汽车的重要性不言而喻，新势力车企对此尤为重视，一个部门动辄数十人专门负责各车型的 OTA 升级和运营，因此本章从架构体系上属于云平台，但从重要性上需要独立成章。作为第 3 章内容的补充，本章将详细解读关于 OTA 升级的内容，从 OTA 的发展现状、分类到 OTA 实现的原理和流程，最后介绍 OTA 安全机制和国内 OTA 升级方面的法规，方便读者快速全面地掌握 OTA。

4.1　OTA 基本概念

现代新能源汽车普遍采用 OTA 技术进行软件升级，特别是蔚来、小鹏、理想和极氪以及特斯拉等品牌，更是频繁地通过 OTA 进行系统更新，包括年度数次重大升级和不定期的小规模更新。OTA 技术究竟扮演何种角色？当前技术已达到什么水平？本节将阐释 OTA 升级的基本概念。

4.1.1　为什么需要 OTA

近年来，随着电子系统在汽车上应用越来越广泛，固化于汽车各模块中的软件系统越来越复杂，软件对汽车而言越来越重要，OTA 就是基于软件行业快速迭代的特点而引入的。

首先，它极大减少了修复软件和安全漏洞的成本，以前进行软件修复需要召回产品，对厂商来说，不仅耗资巨大，而且影响商誉。例如，在美国，与软件缺陷相关的汽车召回数量和成本呈指数级增长。2020年，共有8320万台汽车被召回，其中7500万台（约占90%）受到软件相关问题的影响。这表明全美国有超过四分之一的车辆因软件问题每年至少被召回一次（估计美国有2.869亿台国内注册车辆）。过去10年每台汽车的平均召回成本约为500美元，由此可以估计，2020年全美国与软件相关的召回成本为375亿美元。对用户来说，使用传统方法进行软件升级时也需要用户专门到4S店完成，现在则只需要在中控屏上选择升级或者预约时间自动升级，耗时很小且可以不占用用户时间。

其次，更为重要的是，OTA使得汽车厂商在已交付产品上进行技术升级成为可能，这一点从根本上改变了汽车这一产品的价值构成。之前，产品交付意味着研发终点，现在，产品交付成了厂商提升用户使用价值的阶段性起点，对于已售出车辆，厂家依然可以随着技术进步、大数据积累和用户反馈不断升级产品，持续改善并提升用户体验和产品价值，满足用户的长尾个性化需求，延缓硬件平台的更新节奏和频率。

特斯拉就在历年的OTA升级中，逐步加入影院模式、灯光秀、支持手柄游戏等改善用户体验的功能，并不断完善更新和推送自动驾驶功能，后一种功能的升级即使采用付费模式，也得到了用户认可，从这一点来说，OTA的引入使得汽车行业以软件为中心的用户体验成为可能，这就从根本上改变了汽车行业的价值链，对行业而言，这是一场不折不扣的技术革命。

简单总结一下汽车OTA升级对厂家、用户和汽车的作用。

（1）对厂家：对于厂家来说，通过OTA远程升级，将车辆的各项性能进行提升，而无须将车辆召回至门店，这可以节省大笔费用，OTA已经变成了一种召回处理技术；为车辆增加新功能，可以增加用户的新鲜感并建立与用户频繁互动的通道，拓展了企业服务和运营的范畴；同时，OTA持续升级带来的多项新功能能让用户每隔一段时间就产生一次"惊喜"的情绪价值，有时这比操控或静谧性等传统产品价值更容易让消费者买单。

（2）对用户：对用户而言，可以通过远程升级将自己车辆的性能一直保持在理想状态；另外，在为用户修复软件故障时，可以大幅缩短中间步骤所需的时间,使用户快速获得修复后的软件,减少汽车生产制造厂商和用户的成本;同时,二手车保值率也会大大提升。

(3)对汽车:通过预置标准操作规程(Standard Operating Procedure,SOP)之外的高端硬件,使得这些硬件的功能和价值通过 OTA 得以逐步实现或增强,具体来说,通过 OTA 升级,可以在一定程度上增加电动汽车的最大续航里程,调整汽车电池的使用状态。

4.1.2 OTA 发展现状

有个很有意思的故事,国内某头部主机厂之前有两款车型,在规划自动驾驶方案时,为了控制成本而选用了小算力平台,结果发现,无法进行 OTA 升级。但现在 OTA 技术市场应用率已经逐步提高,消费者体验得到了快速提升。

据相关统计数据,2020 年中国乘用车 OTA 前装装配量为 444.86 万台,同比增长 15.4%,装配率为 22.1%。到了 2021 年,OTA 装配量一举达到 764.63 万台,同比大增约 71.9%,装配率也大幅提升至 37.5%。进入 2022 年,OTA 势头更猛,仅在第一季度,OTA 装配量就冲到了 212.89 万台,同比增长 36.1%,装配率高达 44.7%。中国乘用车 OTA 从 2020 年到 2022 年的前装装配情况如图 4-1 所示。

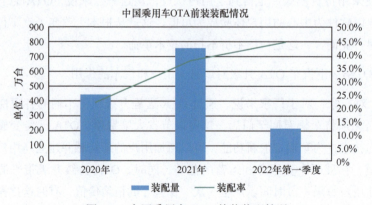

图 4-1 中国乘用车 OTA 前装装配情况

很明显,OTA 技术的引入正值快速上升期,行业内各厂家都已经明确意识到 OTA 对提升产品和用户使用价值的重要作用。但是,时至今日,汽车 OTA 并非完全成熟化的功能,很多企业甚至是新势力车企将 OTA 能力视为企业的战略威慑能力,成立人数众多的专门部门来管理和运营。OTA仍有以下痛点和难点需要进一步解决。

(1)**OTA技术本身的鲁棒性仍然不足**。用户肯定希望不管在什么样的情形下,像雨雪天气、地下车库及车辆行驶过程中,OTA升级都能够平稳进行,不受干扰,每次都100%成功。但实际上,汽车OTA升级过程中会遇到各类复杂的环境问题。因为使用的是无线传输信道,所以不可避免地会遇到信号衰减和弱网信号等问题,车辆本身也会遇到电池余量不足、高压上电失败等问题,使得OTA升级条件并不充分具备。从技术保障角度,鲁棒性确实意味着要实现极高的OTA升级成功率,同时,即使升级失败,也应该有备份措施,防止汽车"变砖"。

(2)**OTA升级要有很强的兼容性保障**。目前,很多车企在生产不同的纯电动或混合动力新能源车型,初创期车型配置较少,管理起来比较容易,但随着在生产和上市车型的逐渐增多,管理复杂度会骤然增加。汽车不同型号和不同配置往往对应不同的硬件和软件版本,这就会非常考验OTA的兼容性。如果车企未来要对几十款车型同步进行升级,其难度将呈指数级上升。在软件配置管理方面,厂家需要有一套管理方案,确保电子控制器内部软件、单车车辆配置、云端服务器和OTA通信信道的兼容。做过手机App的人都知道,真正大规模App升级的难点在于与旧版本的兼容性,如果每次升级都要考虑与旧版本的兼容,升级就会变得异常复杂,OTA升级也是这样的,OTA能够前向滚动升级的保障就是尽量少地考虑与历史版本的兼容性。但是,考虑到老用户的口碑,对于在旧车型上的OTA升级,让"老树开新花"将直接决定用户的品牌忠诚度。以上两方面本身就存在矛盾,需要尽可能平衡才能保证统一。

(3)**网络信息安全**。它是汽车OTA中一个很重要的考量点。软件升级过程中的任何漏洞或缺陷都可能危害车辆及乘客的安全。因此OTA必须是安全可靠、防篡改的,以防止黑客访问敏感数据或者干扰对车辆的操作。此外,现在很多车辆的智能驾驶系统采用"硬件预埋+软件后付费"订阅的方式销售,其价格动辄上万元,如果被一套简单的"逆向工程"工具篡改盗用,则对车企来说是一笔巨大的损失。当然在保障安全的同时,也必须保障体验,让用户能够高效地进行OTA,而不是一味地确认和验证。

(4)**高效便捷性**。相信大家都记得早年某车辆OTA过程中停在繁忙路段动弹不得而导致交通堵塞的新闻。汽车毕竟是一个交通工具,如何让OTA过程快速高效，尽量不打扰驾驶员对车辆的操作，就显得尤为重要。

汽车 OTA 升级仍面临上述诸多痛点和难点，但布局 OTA 又是每一家新能源车企必须做的事情，相较于自行开发 OTA 平台，许多车企似乎更多选择采用第三方 OTA 方案。车企这么做的原因，主要有以下 4 点。

（1）多数车企过往在 OTA 领域缺少经验，无法反向输出服务能力给各个零部件供应商。

（2）车企注重可靠性，但缺乏大规模可靠性验证的基础，缺乏测试用例和测试工具方法。

（3）车企注重成本，若采用第三方 OTA 供应商，可大大节省自研投入。

（4）基于对效率的注重，车企更青睐整合完备的供应商，以加速整车研发的落地。

中国汽车 OTA 的主要代表企业有蔚来、小鹏、艾拉比及哈曼国际，哈曼国际就是那家著名的音响供应商，同时也是 OTA 的第三方供应商。

4.1.3　OTA 升级的分类

OTA 升级分为软件 OTA（Software-OTA，SOTA）升级、远程诊断 OTA（Diagnostic-OTA，DOTA）升级、固件 OTA（Firmware-OTA，FOTA）升级三种。

简单来说，SOTA 升级就是应用程序升级，属于应用层软件更新，例如在手机上升级微信就属于 SOTA 升级。SOTA 升级一般用于人机交互系统，例如车机，也称作信息娱乐中控单元（Infotainment Head Unit，IHU）中的导航软件更新、座舱控制器的仪表界面更新等。SOTA 升级更新范围处于应用层，基本不会影响车辆控制，而且更新所需时间较短，所以对更新时的车辆状态要求较低，例如整车 FOTA 升级要求检查蓄电池电压、挡位、车速、高压等，而 SOTA 升级可能只需蓄电池电压值适宜，甚至可以边开车边升级。

DOTA 升级目前主要有两种方式，一种是基于服务器/客户端的响应式远程诊断，厂商售后服务人员可以借助这项功能实时诊断车辆故障。例如在行驶中用户发现底盘异响，可以通过无线网络向厂家服务端提出远程诊断请求，由厂家客

4.1 OTA 基本概念

服人员或者远程诊断系统通过无线网络远程对车载故障诊断系统进行整车状态和故障代码的查询，识别故障，如果可以通过软件更新解决，则推送更新数据进行远程更新；如果需修复硬件，则提示并安排用户到店维修。另一种是系统自主周期性地采集车辆行驶数据，利用大数据后台分析和监测故障，甚至在故障未造成后果前就诊断出偏差，并远程推送数据来修复，或者提示并安排用户到店进行维护和处理。

FOTA 升级是由车辆电子控制器控制软件的更新，类似于目前手机的刷机，例如整车控制器、电机控制器、电池管理系统（BMS）等的更新都属于 FOTA 升级范畴。举例来说，特斯拉在 2015 年通过 FOTA 升级推送了辅助驾驶（Autopilot）功能，包括自动泊车、辅助变道等，这就是典型 FOTA 升级的应用案例。

由于 FOTA 升级影响整个控制器功能，因此 FOTA 升级条件比较严苛，如前所述，升级时系统要检查蓄电池电压、挡位、车速、动力电池荷电状态（State of Charge，SOC）等。一般需要在停车状态下专门安排一定的时间进行升级，升级时车辆很多控制功能不会有响应。

典型的 OTA 车辆端系统一般包括如下 5 个模块。

（1）**OTA 客户端**。负责与 OTA 云端服务器交互，获取升级信息和升级包；负责与 OTA 升级主程序进行交互，提供车云通信服务。

（2）**OTA 升级主程序**。车端升级控制主程序，负责解析安装策略，执行安装流程。

（3）**软件安装**（App Install）。负责各单元模块的软件升级。

（4）**诊断管理**（Diagnostic Management，DM）。为 OTA 升级主程序提供诊断刷写服务。DM 分为诊断通信管理（Diagnostic Communication Management，DCM）、诊断事件管理（Diagnostic Event Management，DEM）两个模块，其中 DCM 负责无线通信，DEM 负责车载故障诊断平台内部事件的处理。

（5）**升级代理**（Update Agent）：为 OTA 升级主程序提供"还原差分文件"服务。

OTA 对象包括所有支持 OTA 功能的车内控制器，主要有智能驾驶控制器、智能座舱控制器、域控制器以及各功能 ECU 等。为了支持 OTA 功能，控制器必须具有软件备份功能,也就是 A/B 分区,简单来说,控制器会保存两份软件,一份为当前更新版,另一份为上一版软件。当更新异常或者更新失败时,可以回滚到上一版软件进行控制操作,以保证控制器不会卡死。

4.2 OTA 升级

OTA 升级是一个极为复杂的过程。本节旨在详细阐述 OTA 云端服务器及其升级流程。

4.2.1 OTA 云端服务器

OTA 云端服务器应具备如下接口和功能:OTA 升级包存储、版本管理、升级通知、升级任务管理、升级包下载管理、升级进度管理、升级结果汇报等。OTA 云端的架构如图 4-2 所示,主要包括 5 个部分:OTA 管理平台、OTA 升级服务、任务调度、文件服务、任务管理。

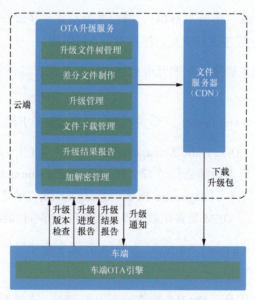

图 4-2 OTA 云端的架构

在安全性方面，支持多种安全加密和解密算法，例如常用的对称加密算法，包括数据加密标准（Data Encryption Standard，DES）、高级加密标准（Advanced Encryption Standard，AES）等，以及非对称加密算法，包括 RSA（Rivest-Shamir-Adleman，RSA）算法、数字签名算法（Digital Signature Algorithm，DSA）。

4.2.2　OTA 升级流程

在车辆出厂之前，主机厂需要将车型和车辆信息录入 OTA 云端的车辆信息管理系统。车辆交付用户后，车辆 OTA 终端会先在 OTA 云端进行注册，然后激活。OTA 终端上传自身 SN 及车辆识别编号（Vehicle Identification Number，VIN），向 OTA 云端服务器申请证书，VIN 及 SN 验证通过后（SN 在激活列表中），后台下发证书，修改车辆状态为已激活，从而建立终端与云端的通信链路。

软件需要修补或控制器有功能更新时，先由相应技术部门提供全量软件升级包，在整车厂内部完成测试、验证和签名发布流程后，再在 OTA 云端服务器生成差分包，进入待升级软件列表。

然后由 OTA 云端根据用户车型和配置信息生成升级计划，并分批下发通知到对应的用户车辆。

用户根据中控屏上的提示，选择合适的下载和升级时间，OTA 终端从云端将软件包下载并进行升级。这里有两种情况，如果本地没有当前版本软件的备份，则申请下载更新版本的全量包；如果有，则下载更新版本的差分包。

> **差分原理是什么？**
>
> 差分原理是通过差分算法（常用的有 Xdelta 算法、Vcdiff 算法、Bsdiff 算法），在 OTA 云端对比新软件包与旧软件包的差别，然后生成一个差分包，将差分包下载到 OTA 终端后，再利用本地旧文件加上差分包还原成全量包。使用差分包可以显著减小软件升级包，减小数据传输量，提高 OTA 升级的效率。
>
> 差分算法大致可以分为两种类型：块级或字节级。块级算法将固件映像分

第 4 章 保驾护航，OTA 助推软件定义汽车

> 割成固定大小的块，以块为单位来对比新旧两个版本软件映像，对于一致部分在差分包中只记录其在旧软件映像中的起点和终点字节位，还原成全量包时从前一版本软件中执行复制操作。对于不一致部分则整个复制到差分包中，最后对差分包本身进行数据压缩。
>
> 　　差分包本身的数据压缩其实可以视为前一版本软件包大小为零的差分计算，其差分比对是在同一数据包内部的数据块之间进行的。块级算法最终的数据压缩率受块大小的影响很大。而字节级算法可以使用可变长度的块找到两个固件版本的不一致部分，所以字节级算法有更高的数据压缩率。而块级算法的优势在于生成差分包时较少的时间和内存占用。
>
> 　　车级控制器的 OTA 升级全量包通常有很大的体量（以 GB 为单位），生成差分包时在时间和内存上会占用较多，但同时汽车厂商使用的云端服务器通常性能比较强，可以用整个计算集群来生成差分包。所以对这两方面要综合考虑，选择合适的差分算法。

　　在 OTA 终端成功下载、校验并验证新软件包的签名后，若满足特定电子控制单元（ECU）的更新条件，包括但不限于车辆的蓄电池电压、挡位、车速、动力电池荷电状态以及 ECU 的当前状态（是否已具备最新 OTA 版本或上次升级是否已成功完成），则对 ECU 执行软件升级操作。

　　这里还有一种预约升级场景，例如预约凌晨 2 点进行升级。在这种情况下，车辆的无线通信模块 T-BOX 需要具备定时唤醒功能，在预约时间内 T-BOX 被唤醒，然后唤醒 BCM 给整车上电，同时，升级过程中 BCM 还需禁止车内大功率用电负荷（空调、前大灯等）工作，避免蓄电池电量消耗过多。在确认车辆各项条件均符合规定后，启动升级程序对 ECU 进行升级。在升级过程中，OTA 终端要把 ECU 升级进度及时上传给 OTA 管理服务器，升级完成后汇报升级结果。

4.3　安全与法规

　　在 OTA 升级过程中，系统容易遭受多种攻击。本节将重点阐述 OTA 受攻击及其安全框架，并探讨 OTA 相关的法律法规如何保障用户权益。

4.3.1 OTA 安全机制

OTA 系统和其他车联网业务相似,同样由三个部分构成。易受攻击点包括云端的整个链路:服务平台端、车云通信通道、车内总线通信、车内控制单元本身。攻击方式包括数据篡改、反向还原、重放攻击、拒绝服务攻击、回滚攻击等。目前各主机厂的 OTA 信息安全方案一般采用公钥基础设施(PKI)的方案,PKI 可以保证车云通信中的身份认证,通过对升级包的加密保证升级包的机密性、完整性、真实性。

当然,盾与矛是在演进中不断升级的,不存在绝对的网络安全,特别在涉及汽车控制器这种事关生命安全的领域,持续关注领域内技术的最新进展并将最新安全技术成果应用于自己的产品中是非常有必要的,在这个过程中,即使对技术能力很强的整车厂软件团队来说,开源的安全框架也是一个很好的观察与学习盾与矛演进的资源。

下面大致介绍一个目前主流的 OTA 开源安全框架——Uptane 汽车 OTA 安全框架。

Uptane 诞生于 2017 年 1 月,是美国科研人员开发的一个免费的、通用的、开源的汽车 OTA 安全框架,是面向汽车行业的提供软件在线更新的安全体系框架。目前最新的 Uptane 2.0 版本在 2022 年 3 月发布,其抵御机制如表 4-2 所示。

表 4-2 Uptane 抵御机制

攻击方法	抵御措施
服务端入侵	(1)仓库分离设计,分为 ImageRepo/DirectorRepo,元数据和升级包数据分离,仅破解其中一个库无法实现攻击 (2)不同的元数据由不同角色签名
重放攻击	(1)对元数据设置过期时间 (2)TimeServer 提供 ECU 当前时间来验证过期时间 (3)设置 A/B 分区
捆绑攻击	升级完成后 Primary 上报最新的版本清单
回滚攻击	(1)ECU 端检测,上报 (2)不选择旧的升级包或元数据
升级包篡改	(1)升级前验证,多签名验证 (2)升级后验证,更新版本上报和恢复机制

Uptane 的架构和升级流程如图 4-3 所示。主要模块为云端的 DirectorRepo（升级管理服务）、ImageRepo（升级包制作服务）、TimeServer（时间服务器）、车端的 Primary（升级主控）和各 ECU。

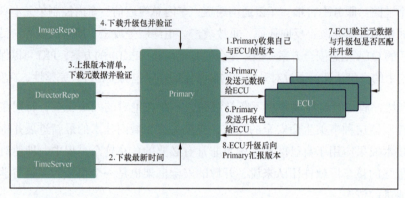

图 4-3　Uptane 的架构和升级流程

DirectorRepo 为每个升级包生成一个元数据集合，同时包含车辆和升级 ECU 信息。ImageRepo 用于上传升级包和制作全量/差分包。TimeServer 用于对齐车端 ECU 的时间戳，防止被攻击。ECU 验证时，需要根据 TimeServer 提供的时间验证当前升级任务是否过期。

车载 ECU 分为 Primary 和 Secondary。Primary 向 DirectorRepo 上传版本清单，从 DirectorRepo 和 ImageRepo 分别下载升级包的元数据和加密过的升级包本身并验证，最后分发给 Secondary。Secondary 从 Primary 下载 TimeServer 提供的最新时间以及元数据和升级包，验证成功后进行升级。

4.3.2　国内汽车行业 OTA 升级法规

在汽车行业刚引入 OTA 时，由于没有监管法规以及统一的标准，各主机厂按照自己的理解开展 OTA 推送，有些主机厂对本应进行召回的硬件故障也通过软件的方法来进行遮掩。例如有厂商对其电池因三元材料配比、制备、包覆、掺杂工艺不成熟导致的自燃率高等问题，通过修改软件来降低充电 SOC 上限进行遮掩，损害了用户利益，也不利于行业良性竞争和整体技术的进步。

为了使 OTA 技术在汽车行业良性发展，相关的法规以及行业指南也在慢慢完善。2020 年 11 月 25 日，国家市场监督管理总局出台了《关于进一步加强汽车远程升级（OTA）技术召回监管的通知》，目的是通过有效的手段和方法辨识召回与升级的差别，以避免 OEM 通过 OTA 方式掩盖缺陷，回避本应召回的行为。

主机厂在采用 OTA 方式对已售车辆开展技术服务活动的，应根据《缺陷汽车产品召回管理条例》及《缺陷汽车产品召回管理条例实施办法》要求，向国家市场监督管理总局质量发展局备案。如果发现生产者存在未按规定备案有关信息或召回计划、不配合缺陷调查、隐瞒缺陷或未按照已备案的召回计划实施召回等违法行为的，将依法严格处理。

2022 年 4 月 15 日，工业和信息化部装备工业发展中心发布了《关于开展汽车软件在线升级备案的通知》，主要从备案范围、备案要求、备案工作流程、实施安排和企业责任五个方面来规范主机厂 OTA 升级，例如明确了备案范围，即 OTA 升级应进行备案，并且申请主体应是汽车整车生产企业。

2022 年 6 月，工业和信息化部装备工业一司组织全国汽车标准化技术委员会开展了对《汽车软件升级通用技术要求》强制性国家标准的修订，已形成征求意见稿并下发行业展开讨论。此意见稿对软件升级的各个方面进行了规范，软件升级的通用技术要求如图 4-4 所示。

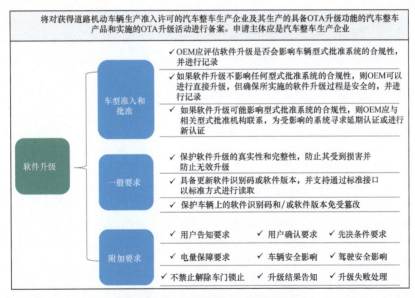

图 4-4　软件升级的通用技术要求

4.4 小结

汽车 OTA 升级就像智能手机系统升级一样，在必要的时候下载汽车厂商发布的升级包，就可以根据系统更新优化车辆的性能，提升软件加载和运行的速度，增加更多的功能，或者修复一些系统安全漏洞。在正常情况下，OTA 升级只存在于电动汽车或搭载互联网系统的车型中。"故不积跬步，无以至千里"，OTA 以一种持续更新和迭代的手段和精神使软件可以定义汽车，主机厂和用户均可从中受益，汽车也自此从机电设备终端转型为智能化的、可升级的移动终端。

OTA 技术虽然好，但仍并非非常成熟的技术，各家厂商也都在通过每一次的 OTA 升级不断磨砺和完善自己的升级技术，深化 OTA 技术实践，统一 OTA 运营框架，规范 OTA 升级流程。同时，由于数据安全合规的需要，厂商也在进一步加强管控，持续创新。

未来，"车端－云端－手机 App 端"三端联合部署和统一协调的运营管理体系将会形成，用户的用车体验将会得到极大提升，届时流畅的软件和固件的功能投递将会使用户惊喜不已，而汽车也将最终"进化"成在云端不断升级 OTA，而购车用户可以根据自己的长短期需求来下载具备不同功能的、"私人订制"的智能交通工具。

第 2 部分 核心篇

第 5 章　摩拳擦掌，智能汽车操作系统的抢位战

第 6 章　为谁辛劳，繁忙的汽车中间件

第 7 章　粉墨登场，座舱智能化正当时

第 8 章　芝麻开门，聪明的数字钥匙

第 9 章　命比纸薄，智能驾驶蓄势待发

第 10 章　万车互联，软件定义的车联网

第 5 章
摩拳擦掌，智能汽车操作系统的抢位战

> 智能操作系统赋予汽车灵魂和思想。

在充斥着新能源和软件定义汽车等诸多概念的市场上，也许是从众心理在起作用，智能汽车已经被广泛认为是继智能手机之后下一个最大的智能终端市场。在这背后，操作系统号称智能汽车软硬件架构的底层平台，其上连接和统一管理着汽车的软硬件设备和装置，并充当着联结用户与汽车的核心枢纽，从一定程度上说，它决定了车辆的智能化水平以及基于智能化带来的安全性、舒适度和整体性能，已经被定位成整个汽车智能化发展的灵魂，这也许还是一种心理效应。

因此，过去几年，智能汽车操作系统已经成为特斯拉、丰田汽车、大众、奔驰、长城、吉利、蔚来、小米等国内外大型车企以及谷歌、百度、腾讯、阿里等互联网企业的必争市场，竞争甚至蔓延到了 Tier-1 供应商这一侧。

然而，智能汽车操作系统的开发难度如此之大，超乎想象。在目前的主流市场上，汽车操作系统仍然以 QNX（微内核，其内核内存不大于 30 KB）、Linux（宏内核）和 Android（宏内核）为主。汽车底层操作系统格局如表 5-1 所示。

目前，无论智能驾驶操作系统还是智能座舱操作系统基本都会采用 QNX+Android 或 QNX+Linux 的开发组合，而 Linux 在其中大多会基于 Linux 内核长期支持（Long Term Support，LTS）版本来进行相应的裁剪和配置。因为与汽车的动力系统相关，所以仪表域的操作系统大多采用 QNX 来支持开发，中控、副驾、汽车娱乐通信系统往往采用 Android 操作系统。因此，我们可以看到，一辆所谓的智能汽车上往往会安装多套不同的操作系统，这就是现状。

表 5-1 汽车底层操作系统格局

操作系统	市场份额	优势	劣势	合作厂商与供应商
QNX	约 50%	微内核代码空间小、模块化程度高，安全性、实时性和稳定性极高，不易受病毒攻击，符合车规级要求，在仪表系统中经常使用	商业软件，需要授权费用，只应用在较高端车型上	通用汽车、克莱斯勒、凯迪拉克、雪佛兰、雷克萨斯、路虎、保时捷、奥迪、宝马、大陆集团、博世等
Linux	约 20%	基于 POSIX 和 UNIX 的多任务操作系统；开源、免费、灵活，宏内核架构，代码空间庞大，需要裁剪	应用生态不完善，技术支持差	丰田汽车、日产汽车、特斯拉
Android	目前较低	开源，基于 Linux 开发，系统复杂，功能强大；有丰富的移动生态和庞大的手机用户基数，应用商店的 App 比较多，多用于信息娱乐系统的开发；易于主机厂自研	安全性和稳定性较差，无法适配仪表盘等安全性要求高的部件	奥迪、通用汽车、蔚来、小鹏、吉利、岚图、比亚迪、英伟达、博泰等
Windows CE	约 16%，逐年下降	微软 32 位多任务抢占式嵌入式操作系统，Windows 应用开发者容易入手	高度模块化的开发流程，开发者和应用都非常匮乏，退出历史舞台只是时间问题	福特汽车 SYNC 1、SYNC 2 等
华为鸿蒙系统	目前较低	微内核、底层自主深度定制、开源开放；华为采用强推手段，国内非车市场份额较高	2021 年 6 月推出，相对较新，华为应用商店的应用很少	北汽、长安、问界
AliOS	目前较低	Linux 内核、高效连接、高可扩展性、开源	娱乐功能不丰富，技术储备稍显不足	上汽、东风雪铁龙、福特汽车等

于是，在多屏互动、仪表盘和中控之间进行联动以及画面切换时，需要在应用层之间协调，将不同操作系统下的同一应用面向场景进行拼接和接力，这就会

带来多操作系统产生的一些固有的用户体验割裂的问题。国内的华为鸿蒙系统、AliOS 目前仅有少量车企搭载，但是华为鸿蒙系统助力问界 M5/ M7/ M9 实现了销量爆发式增长，也展现了华为鸿蒙系统搭载华为麒麟 990A 芯片的强大能力，其流畅度、语音交互的精确度、生态丰富性已不容小觑。

有一种说法，软件定义汽车、智能汽车、智能座舱、智能驾驶这些热点词汇的背后只有两个核心：一是第 2 章讲到的电子电气架构，二是本章讲解的智能汽车操作系统。与电子电气架构一样，智能汽车操作系统同样包罗万象，对其完整阐述需要整本书的篇幅。本章拟向读者展示高层视角下的智能汽车操作系统，由于篇幅所限，对于细节内容本章并不涉及，感兴趣的读者可查阅其他相关图书来获取答案。

5.1 基本概念

国内外主机厂正纷纷投入巨额资金布局智能汽车操作系统，尽管他们的方向和方法存在诸多差异。这些企业的加入已经显著地改变了整个行业，整车操作系统和标准化正成为行业新的发展趋势。

操作系统（Operating System，OS）是一组管理并控制计算机操作、运用和运行软硬件资源以及提供公共服务来组织与用户交互的相互关联的系统软件程序，是硬件资源管理的核心及软件应用的运行平台，也是用户与计算机交互的接口。根据运行环境不同，操作系统可以分为桌面操作系统、手机操作系统、服务器操作系统、嵌入式操作系统和汽车操作系统（Vehicle Operating System，VOS）等。Eylenburg 总结了常见 Linux 操作系统发行版的详细对比，如图 5-1 所示，同时还总结了 1130 个操作系统的时间线和家族树，智能汽车操作系统同样也是由其他操作系统演化而来的。

智能汽车是继智能手机后又一划时代的颠覆性民用消费级产品，智能手机以两种操作系统为主，一种是原谷歌所主导的操作系统，另一种是苹果 iOS，然而智能汽车操作系统的情况更复杂一些。智能汽车整车集成了众多 Tier-1 和 Tier-2 厂商的硬件，所以是异构的，而智能汽车操作系统作为运行在整车异构分布式硬件架构上的实时安全平台软件，为上层智能座舱、智能驾驶以及车机软件屏蔽了底层异构硬件的差异和复杂性，成为汽车智能计算平台的重要基础和核心支撑。

第 5 章　摩拳擦掌，智能汽车操作系统的抢位战

一言以蔽之，汽车操作系统是整个汽车软件栈承上启下的关键，是汽车软件化的起点和基础。

图 5-1　Eylenburg 总结的 Linux 操作系统发行版对比

我们平常所说的操作系统往往指的是狭义的操作系统，即操作系统内核，内核需要直接与硬件打交道，并提供设备管理、内存管理、文件管理、CPU 调度管理、输入输出管理等功能。内核的开发非常困难，需要在性能、可靠性、可扩展性等方面进行长期的测试和验证，而且需要建设广泛的应用生态，投入巨大，因此行业内的操作系统内核开发厂商较少。

与内核相关的一个概念是板级支持包（Board Support Package，BSP），它经常被看作内核的一部分。BSP 包括加载操作系统的引导程序 Bootloader、硬件抽象层（Hardware Abstraction Layer，HAL）、驱动程序和配置文档等，是操作系统内核与硬件之间的接口层，目的是为操作系统提供虚拟硬件平台，使其具有硬件无关性，从而可以在多平台上移植。简单地说，BSP 的存在可以让操作系统更好地在硬件主板上运行。行业内经常说的汽车系统软件往往会包括硬件抽象层、操作系统内核以及第 6 章里会讲到的中间件。

而当我们谈到垄断 PC 的操作系统 Windows 和垄断智能手机的 Android、iOS 等操作系统的相关话题时，实际上谈的是更为广泛意义上的操作系统，是面向用户使用的、面向应用开发的操作系统。广义和狭义概念上的智能汽车操作系统如图 5-2 所示，广义和宏观概念上的汽车操作系统，是在狭义的汽车操作系统的基

础之上增加了中间件和虚拟化的功能，提供统一的通信接口、通信能力及基础服务，同时增加了支持智能座舱、智能驾驶的功能软件层，以便应用开发者能在平台上完成开发工作。广义的汽车操作系统处于上层应用软件和底层硬件之间，一般采用分层的方法和结构由底层向上构建，以此来实现软硬件解耦，从而将软件功能的更新与车型的更新分开。

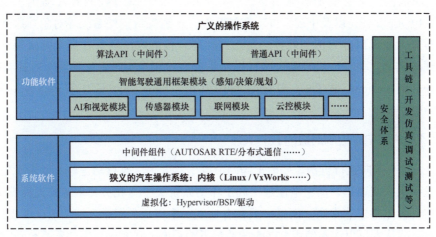

图 5-2　广义和狭义概念上的智能汽车操作系统

围绕着广义的汽车操作系统的应用生态一旦形成，在市场中的活跃度就会很高，会有很多车企来支持和使用这个生态。随着使用的广泛，狭义的汽车操作系统就会被屏蔽，甚至由于一些原因会被替换和改造，这样就会产生非常大的影响。

可以预见的是，未来智能汽车中传统硬件和智能化硬件都将逐步走向模块化和标准化，软件和操作系统将成为未来智能汽车商业价值和商业模式的重要载体，不管是狭义概念上的操作系统还是广义概念上的操作系统，都将成为整台智能汽车的"灵魂"。正如 2023 年第五期 CCF 秀湖会议"软件定义汽车：智能与可信"的总结报告所述，在这个智能汽车时代，软件已经成为价值差异化的关键，而操作系统则作为一种重要的新型数字化零部件和软件基础设施，成为构建产业新生态的核心。

5.2　操作系统的分类

按照不同的分类标准，智能汽车操作系统有多种分类方法，本节重点探讨不

第 5 章 摩拳擦掌，智能汽车操作系统的抢位战

同分类维度下智能汽车操作系统的分类。

5.2.1 实时操作系统与分时操作系统

现代汽车本身就是机电结合的装置，由上百个 ECU 控制着发动机、变速箱、电机、ESP，以及中控大屏、车机系统、车道保持辅助系统等对象。这些受控对象大概可以分为两类硬件，这两类硬件设备的应用场景有很大的区别，按不同的实时性要求，通常需要两种操作系统，分别是实时操作系统（Real-Time Operating System，RTOS）和分时操作系统（Time-Sharing Operating System，TSOS）。

1. 汽车电子控制对应的 RTOS

通过直接向执行机构（如电子阀门、继电器开关、执行马达等）发送指令控制发动机、变速箱、动力电池等协同工作的系统关乎驾驶员和乘客的人身安全，对实时性的要求非常高，而且一般会有功能安全等级的需求，需要 RTOS 支持。虽然有些技术可以在不使用 RTOS 的情况下编写嵌入式软件，但随着系统和方案越来越复杂，使用 RTOS 的优势会凸显出来，RTOS 的优势如图 5-3 所示。

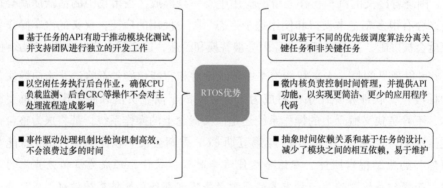

图 5-3　RTOS 的优势

RTOS 是指当外部事件或数据产生时能够接受并以足够快的速度予以处理，其处理的结果又能在规定的时间内控制生产过程，或者对处理系统做出快速响应，并控制所有实时任务协调一致运行的操作系统。RTOS 需要符合 ISO 26262 ASIL-D 安全等级开发设定，常见的 RTOS 有基于 Linux 的 OS、QNX、VxWorks、

MontaVista 等。微内核实现的 QNX 和 VxWorks 只实现最基本的内存管理、进程调度，而设备驱动程序、文件系统和 TCP/IP 栈都是在用户态实现的，这种做法的优点是实现稳定、漏洞比较少、灵活性高、可剪裁。汽车领域主流的 RTOS 如表 5-2 所示。

表 5-2 汽车领域主流的 RTOS

操作系统	特点	合作厂商与供应商
黑莓 QNX Neutrino	黑莓 QNX 系统绝对垄断，和 Linux 一样脱胎于 UNIX；安全、稳定、实时；授权费高，定制成本高	奥迪、宝马、福特汽车、通用汽车、本田、现代、捷豹路虎、起亚、玛莎拉蒂、奔驰、保时捷、丰田汽车和大众等
Green Hills INTEGRITY	军工、飞机等背景	客户多为汽车 Tier-1/Tier-2 供应商，如英伟达、高通、英特尔等
WindRiver VxWorks	军工、飞机等背景；RTOS 由 400 多个独立短小的模块组成，用户可以裁剪和配置；授权费高，定制成本高	博世、宝马、福特汽车、大众等
NVIDIA DRIVE OS	智能驾驶 OS，该平台包含主动安全、自动驾驶、泊车以及 AI 座舱功能，可将自动驾驶等级从 L2+ 扩展至 L5	小鹏
Mentor Nucleus OS	西门子子公司 Mentor 提供的一系列服务，可帮助汽车制造商和 OEM 集成 ADAS，满足驾驶员信息娱乐需求日益增长的趋势	—

QNX 实时操作系统是什么？

QNX 是一款微内核、非开源、嵌入式、安全实时的操作系统。其内核内存不大于 30 KB，QNX 的驱动程序、协议栈、文件系统、应用程序都运行在内核之外，并受内存保护的空间内，这样就可实现组件间相互独立，避免了因程序指针错误造成的内核故障。

QNX 内核小，运行速度快，是一种独特的微内核架构，其安全性和稳定性极高，不易受到病毒的破坏，也是全球首款通过 ISO 26262 ASIL-D 安全认证的实时操作系统。但 QNX 为"半封闭"非开源系统，开发难度较大、

> 应用生态较弱、商业收费高。所谓半封闭指的是，用户不能修改 QNX 内核，但是可以在 QNX 上开发中间件和上层的应用软件。

2. 车载电子设备对应的 TSOS

仪表盘、中控、抬头显示（Head-Up Display，HUD）设备、流媒体后视镜等系统一般与用户体验相关，不直接参与汽车行驶的控制决策，对车辆行驶性能和安全影响较小。

TSOS 是一种联机的多用户交互式操作系统。一般采用时间片轮转的方式使一台计算机为多个终端服务，对每个用户都能保证足够快的响应，并提供交互会话能力。常见的 TSOS 有 Windows、iOS、Android 等。主流 TSOS 如表 5-3 所示。

表 5-3 主流 TSOS

操作系统	特点	合作厂商与供应商
AGL	协作性开源项目，以 Linux 为核心	丰田汽车、大众、梅赛德斯 - 奔驰、现代、马自达、本田、三菱、斯巴鲁、日产、上汽等
GENIVI	GENIVI Alliance 成立于 2009 年，已成功完成了提供基于 Linux 的开放式车载信息娱乐系统（IVI）平台的初始任务，并扩大了范围，以帮助汽车制造商及其供应商开发标准方法	梅赛德斯 - 奔驰、博世、江淮等

5.2.2 安全车载操作系统、智能座舱操作系统和智能驾驶操作系统

上面是从受控对象的实时性要求来划分的智能汽车操作系统，而从功能性的角度，会有另一种常见分类：安全车载操作系统、智能座舱操作系统和智能驾驶操作系统，这也是多数智能汽车会搭载的几套操作系统。这三套操作系统分别对应跨域集中式电子电气架构下的车辆控制域、智能座舱域和智能驾驶域。

1. 安全车载操作系统

安全车载操作系统是从传统汽车上演变而来的以嵌入式为主面向 ECU 的控

制系统,主要控制动力域系统、底盘域系统和车身域系统,这类操作系统对实时性和可靠性的要求非常高,要求毫秒级或者微秒级实时响应和动作,这就需要系统在规定时间内完成资源分配、任务同步等指定动作,相应就需要 RTOS 来支撑。

主流的安全车载操作系统都兼容汽车电子类开放系统和对应接口标准(OSEK)/汽车分布式执行标准(Vehicle Distributed eXecutive,VDX)和 Classic AUTOSAR 这两类汽车电子软件标准,OSEK/VDX 和 Classic AUTOSAR 软件架构如图 5-4 所示。

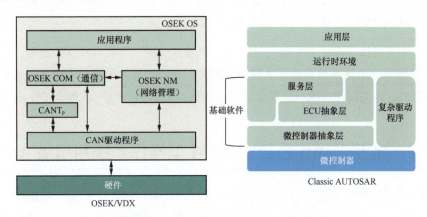

图 5-4　OSEK/VDX 和 Classic AUTOSAR 软件架构

> **🚗 OSEK/VDX 是什么?**
>
> OSEK/VDX 是应用在模块和静态 RTOS 上的标准,由主要的汽车制造商和供应商、研究机构及软件开发商发起,旨在提供一种统一、可互操作的软件架构,以简化嵌入式系统开发和集成。VDX 最初是由法国标致和雷诺两家公司独自发起的,后来加入了 OSEK 团体。

2. 智能座舱操作系统

主流车型的智能座舱操作系统主要包括 QNX、Linux、Android 等。早先智能座舱操作系统中 QNX 占据了绝大部分份额,随着座舱的娱乐属性越来越强,Android 系统越来越受到众多主机厂的青睐。目前国内自主研发的智能座舱操作系统基本是基于 Android 系统增值开发的,完全从头开发这类操作系统的难度比开发嵌入式操作系统（如 FreeRTOS、μC/OS）高数倍，而且开发基础操作系统的时代窗口也已经关闭了。

3. 智能驾驶操作系统

智能驾驶需要操作系统的支持，以提供智能汽车感知融合、决策规划和控制执行功能，同时可以通过优质算力和大型存储能力支持智能驾驶所需的多模态场景和数据。安全车载操作系统所依赖的 OSEK/VDX 和 Classic AUTOSAR 软件架构已经不再适用，面向更复杂的域控制器和中央计算平台的集中式电子电气架构的 Adaptive AUTOSAR 平台才是未来的发展方向。

智能驾驶操作系统主要面向智能驾驶领域，应用于智能驾驶域控制器，该类操作系统对安全性和可靠性要求较高，同时对性能和算力的要求也较高，通常采用 RTOS。该类操作系统目前在全世界范围内日趋成熟，但生态尚未完善。

5.2.3 定制型操作系统、ROM 型操作系统和超级 App

汽车底层操作系统如 QNX、Linux、Android 等，包含所有的底层组件，如系统内核、底层驱动程序等，有的还包含虚拟机，也就是图 5-5 所示的基础型操作系统。根据汽车操作系统对基础型操作系统改造程度的不同，可以分为定制型操作系统、ROM 型操作系统和超级 App，如图 5-5 所示。

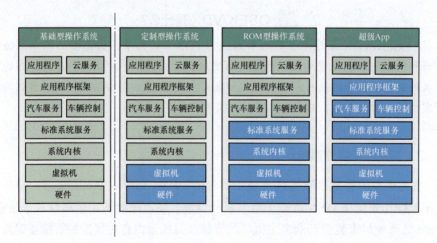

图 5-5　定制型、ROM 型操作系统和超级 App

1. 定制型操作系统

定制型操作系统是指基于基础型操作系统，从系统内核到应用程序层进行深度定制化开发，将硬件资源进行整合和优化，如修改内核、硬件驱动程序、运行时环境（如图5-4所示）。提供定制型操作系统的有AliOS/华为鸿蒙系统。

2. ROM型操作系统

只读存储器（Read-Only Memory，ROM）型操作系统基于成熟的基础型操作系统（如Linux或Android）进行有限优化或定制化，但一般不涉及系统内核的更改，只涉及更新操作系统自带的应用程序等。最新的车载芯片通常支持QNX、Linux、Android这三套操作系统，绝大多数自主品牌公布的基本上是优先基于这些基础型操作系统产品组合开发的ROM型操作系统。表5-4列举了采用ROM型操作系统的国内外主机厂和第三方解决方案供应商。可以看出，由于国内Android应用生态更好，国内自主品牌和新势力车企大多基于Android定制ROM型操作系统。

表5-4 各个品牌与其基础型操作系统

类别	品牌	ROM型操作系统	基础型操作系统
国外传统车企	奔驰	MBUX	QNX
	宝马	iDrive	QNX
	奥迪	MMI	QNX
	福特汽车	Sync3	QNX
	大众	MIB	QNX
	沃尔沃	Sensus	QNX
	丰田汽车	G-Book	Linux
	凯迪拉克	CUE	Linux
	本田	Honda Connect	Android
	雪佛兰	MyLink	Android
国内传统车企	比亚迪	DiLink	Android
	吉利	GKUI	Android
	长城	Hi-Life	小度车载OS
	上汽荣威	斑马网络	AliOS

续表

类别	品牌	ROM 型操作系统	基础型操作系统
国内新势力车企	蔚来	NIO OS	Android
	理想	Li OS	—
	小鹏	Xmart OS	Android
	威马	Living Engine	Android
互联网公司	百度	小度车载 OS	Android
第三方解决方案服务商	亿咖通	GKUI	Android
	仙豆智能	Fun-Life	Android
	梧桐车联	TINNOVE	Android
	斑马网络	VENUS	AliOS

3. 超级 App

超级 App 又称为手机映射系统，它并不是完整意义上的智能汽车操作系统，而是借助手机的丰富功能映射到汽车中控，它只在应用层调用系统已有接口相关功能，其余层级则完全沿用已有系统架构。超级 App 通过把地图、音乐、社交、语音等功能整合为一体，来满足车主对娱乐的需求。提供超级 App 的有小度车载 OS、腾讯车联 TAI 和百度 CarLife。

5.3 操作系统的挑战、现状与发展

开发智能汽车操作系统面临诸多挑战。对于操作系统这个最重要的基础软件，国内外的主机厂持续投入巨额资金，进行战略性布局。尽管如此，他们在发展路径和实施策略上存在显著差异。这些企业进入市场后，对整个行业产生了深远的影响，整车操作系统和标准化逐渐成为行业发展的新趋势和新焦点。

5.3.1 智能汽车操作系统的难题

狭义的操作系统一直被认为只提供内核能力，但对智能汽车来说，这种能力是远远不够的。真正意义上的整车智能操作系统还没有出现，谷歌、苹果在入局

几年之后,都未能"一统江湖",国内外主机厂都在这个领域内摩拳擦掌、暗暗较劲,妄图独霸新能源市场。智能汽车操作系统需要解决除内核和中间件之外的一系列难题。

(1)从技术难度上看,首先,虽然智能汽车操作系统不需要处理高并发这类技术问题,但其对实时性、安全性要求极高,如果在微内核部分出了问题,汽车会在驾驶过程中或者座舱域出现失灵,这时需要厂商拥有深厚的技术积淀才能解决,只是在Android系统上进行简单的修改,无法根治Android系统安全性差、稳定性差和系统漏洞多等问题。其次,汽车智能化也需要支持高算力、高数据处理能力,这也是以往传统操作系统研发中没有涉及的新研发内容。再次,硬件适配能力,即能否广泛适配车载硬件,包括MCU/SoC等计算芯片、CAN/以太网/LIN等通信接口,同时还要顺应域控制器集中化的发展趋势,对智能汽车操作系统的研发来说是个挑战。

(2)智能汽车操作系统向下管理车载硬件,向上为车载应用提供接口,面向用户提供统一的交互方式。不同于一般应用层软件,大型系统软件的相关开发方法并不成熟和体系化,开发效率也没有应用层软件那么高。本质上,智能汽车操作系统的开发方法和开发效率不能拿一般的应用软件来对标。同时,智能汽车操作系统需要面对多ECU对操作系统的不同需求以及不断出现的新的ECU需求。

(3)智能汽车操作系统很多时候需要去集成第三方软件,集成软件的难度要远大于集成汽车硬件。可以说传统汽车厂商就是汽车集成商,但是汽车硬件的标准化程度很高,而汽车软件则缺乏标准化,造成软件集成的复杂度很高。另外,提供第三方软件的厂商往往不是一家,多家厂商因技术保密、隐私、合规等问题,也会使得集成变得很困难。

(4)智能汽车操作系统需要解决跨车型适配和车型升级问题,即使是车企自主研发操作系统,也需要操作系统能适用于不同车型,毕竟无论是开发智能座舱操作系统还是智能驾驶操作系统,投入都会很大。研发智能汽车操作系统的Tier-1供应商则有相同的诉求,为一家车企定制研发操作系统只是初期不得已的选择,如何通过更多的车企分摊边际成本是每家供应商都面临的一大课题。研发智能汽车操作系统的软件厂商要思考如何利用市场盈利解决投资回报问题,如何解决研发周期太长的问题。

(5)从一辆智能汽车的角度看,座舱域、驾驶域与车身控制域都需要独特的操作系统来满足对安全等级和使用功能的不同需求,这就意味着下层需要动态的资源分配,例如如果直接拿QNX的基线加上高通的基线根本没办法使用,这里需要定制和系统优化的工作。同时,当两个操作系统工作负载不一样且在高负载的情况下,会出现延迟和抖动(jittering),这种方案产生的割裂感明显,难以实现智能座舱多屏互动时的沉浸式体验。以车型为单位的多操作系统融合是一项艰巨的任务。

(6)智能汽车操作系统的创新也是困难的,如何建立一套广义上的智能汽车操作系统并形成繁荣的智能汽车操作系统生态,构建更加开放创新的、标准化的计算平台,突破"创新者"的窘境,是整个汽车行业面临的重大课题。

(7)更加困难的是,车用操作系统已经形成国外厂商QNX(黑莓)、Linux(开源)、Android(谷歌)三分天下的局面,它们是底层操作系统的核心厂商,三大阵营相对稳定。新的智能汽车操作系统产品要想打破这个局面并建立新的车载生态,挑战极大,目前智能座舱操作系统自主率尚不足5%,进入时机和必要性都是大型软件厂商需要考虑的。

5.3.2 智能汽车操作系统的安全认证

开发安全的智能汽车操作系统需要进行功能安全认证,即ISO 26262汽车安全完整性等级(Automotive Safety Integrity Level,ASIL)认证。

而ISO 26262从2005年起正式开始制定,历时约6年,于2011年正式颁布第一版,第二版于2018年正式颁布,现在已经成为国际标准,ISO 26262系列标准概况如图5-6所示。

ISO 26262《道路车辆功能安全》国际标准脱胎于IEC 61508《电气/电子/可编程电子安全系统的功能安全》相关标准,主要定位在汽车行业(包含乘用车、商用车、卡车、特殊车辆、摩托车等)中特定的电子器件、电子设备等专门用于汽车领域的部件,目的是提高汽车中的电子、电气产品的安全性。

ASIL是由ISO 26262定义的风险分类系统,用于公路车辆的功能安全,ASIL中功能安全被定义为"不存在由于电子/电气系统的功能异常表现引起的危险而导致的不合理风险"。该系统确定了4种等级:ASIL-A、B、C和D,ASIL-A代表最低的安全等级,ASIL-D代表最高的安全等级。安全气囊、防抱装置和动力转向系统需要 ASIL-D 等级认证，而尾灯仅需要 ASIL-A 等级认证。智能汽车各模块需要遵循的 ASIL 如图 5-7 所示。

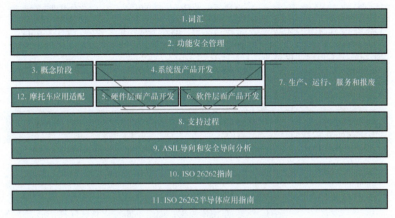

图 5-6　ISO 26262 系列标准概况

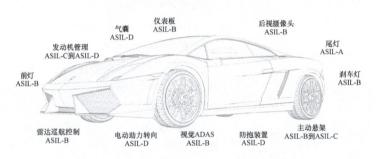

图 5-7　智能汽车各模块需要遵循的 ASIL

ASIL 的定义通常通过如下方式获得。

- 通常在项目早期阶段进行，对系统/功能进行危害分析和风险评估（Hazard Analysis and Risk Assessment，HARA）。
- 每一个危险事件都被分配一个 ASIL（从 ASIL-A 到 ASIL-D 或 QM）；
- 质量管理（Quality Management，QM）不是一个功能安全等级，它意味着没有特殊的安全要求，遵循质量管理流程即可。
- ASIL 的选择基于可控性（C）、严重程度（S）和暴露时间（E），即 C+S+E = ASIL。

5.3.3 智能汽车操作系统的应用布局

由于智能汽车操作系统对于汽车智能化的重要性，其已经成为企业竞争的焦点，同时投资也在不断加码，智能汽车操作系统市场进入激烈竞争的时代。表 5-5 列举了国内外知名车企的智能汽车操作系统及其特点。

表 5-5 智能汽车操作系统及其特点

类别	品牌	操作系统	团队	特点
国外车企	特斯拉	Tesla.OS	自研	操作系统基于底层 Linux 自研； 功能软件方面支持 PyTorch 深度学习编程框架； 自动驾驶功能核心算法自研，并自建数据中心，收集用户使用数据，用于不断优化算法软件，形成类苹果的闭环开发模式
	大众	VW.OS	自研	高性能处理器、高速网络； Linux + Adaptive AUTOSAR 操作系统； 应用软件和 I/O 功能解耦； 高效、快速开发用户功能； 减少整个系统的复杂性和应用之间的依赖性； 采用面向服务的通信
	丰田汽车	Arene	与 Apex.AI 公司合作	集成工具开发环境； 硬实时支持； 集成机器人开发和调试工具
	奔驰	MB.OS	自研	整车操作系统； 高性能、续航久、高能效的架构； 集中控制所有车辆域及其用户界面； 底层和中间件自研，未来 MB.OS 或将与其他终端操作系统进行互联； MB.OS 硬件和软件的垂直集成将进一步降低运行的复杂性，通过整合内部软件和硬件，可明确各应用功能的不同层级，协调云数据和物联网的功能

续表

类别	品牌	操作系统	团队	特点
国内新势力车企	小鹏	XPilot	自研	英伟达 Xavier SoC； NVIDIA DRIVE 平台中的底层操作系统和中间件； L3 级自动驾驶
	理想	Li.OS	自研	车辆控制和自动驾驶功能； 实时操作系统，垂直整合的一体化软硬件资源
	蔚来	SkyOS	自研	1+4+N 技术集群，涵盖车控、智驾、座舱、移动互联等多个域； "1"指"SkyOS-H"，即管理程序，支持座舱、自动驾驶域多操作系统需求，并提供安全基座； 技术集群中的"4"包括基于微内核构建的高安全、高可靠、高实时性操作系统"天枢 SkyOS-M"；轻量化、高可靠、高实时性操作系统"天枢 SkyOS-L"；面向复杂、丰富的应用场景构建的高性能操作系统"天枢 SkyOS-R"；基于 Android 深度定制的操作系统"天枢 SkyOS-C"； "N"则是指"SkyOS–核心中间件自研"，采用 SOA、应用框架、OTA、DCL、Diagnosis（诊断模块）、PowerManager（能源管理模块）、双安全、分布式处理引擎等
	极氪	ZEEKR OS	自研	SOA，支持功能持续迭代升级； 管理整车服务，高度整合车辆控制，智能座舱、智能驾驶和网关，提供基础平台； 一份代码，多端部署； 完善的开发工具链，开放平台赋能开发者入驻
国内传统车企	广汽	普赛 OS	自研	基于广汽星灵电子电气架构； 全车跨域操作系统； 高效协同、极简复用、车云统一
	比亚迪	BYD OS	自研	分层式架构包括硬件驱动层、操作系统层、服务层、应用层； 操作系统层分为负责车身电子元器件的 BEOS 和管理车载信息娱乐的 BUOS

续表

类别	品牌	操作系统	团队	特点
国内传统车企	长城	GEEP	自研+合作	采用 AUTOSAR CP、AP 混合架构，分层设计，MCU 内核采用 AUTOSAR CP，HPC 内核采用 Linux 和 AUTOSAR AP 中间件； 大数据、云诊断、信息安全等软件系统融合，实现功能集成； 支持 FOTA，规划部分舒适性功能支持 SOA
	一汽红旗	FAW.OS-旗智	自研	采用从操作系统内核、隔离引擎到 AUTOSAR AP 中间件的全栈式解决方案，自主掌控操作系统集成开发核心技术； 采用国产操作系统内核，功能安全等级达到 ASIL-D，形成国产化操作系统技术方案，一汽自主应用开发及集成

目前，一些大厂已经开始布局自研操作系统，车企自研的方式基本分为自建技术团队和与互联网公司合作两类。

(1) 自建技术团队

绝大多数外企车厂、零部件供应商（如奔驰、宝马、博世等）和国内新势力车企（如小鹏、蔚来等）选择自建技术团队，在底层操作系统的基础上进行定制化开发，形成自己独有的车载系统。

- 奔驰预计将于 2024 年发布自研的汽车操作系统完整版。
- 大众集团计划到 2025 年将自研车载软件比例提升至 60%。
- 2023 年年初，丰田汽车宣布计划将于 2025 年推出自研的 Arene 操作系统。
- 2023 年 9 月，蔚来正式发布整车全域操作系统天枢 SkyOS，号称国内首个智能电动汽车操作系统。
- 国内车企长城、比亚迪、埃安等也宣布了自研操作系统的规划。

(2) 与互联网公司合作

部分国内主机厂（如上汽荣威）选择和互联网公司合作，开放一定的权限，直接搭载合作伙伴所开发的车载系统。

- 荣威 i5 汽车搭载了支持自动驾驶辅助功能的斑马 Venus2.0 系统。

- 恒大汽车联手腾讯建立合资公司，研发车载智能操作系统。

此外，国内能提供定制专属操作系统的上市企业包括中科创达、国汽智控、东软集团、诚迈科技、四维图新等。

5.4 发展趋势

智能汽车操作系统的发展趋势不仅体现在技术进步上，还体现在政策支持、法规标准的完善以及产业界的合作与创新上。整个发展进程不仅迈向了更高级别的自动化和信息交换处理，而且整个行业的标准化程度越来越高。

5.4.1 整车操作系统

很多汽车操作系统厂商是从车机操作系统入局的，秉持的技术演进路径为：从车机操作系统到座舱操作系统，再到整车操作系统。斑马智行就是其中一个典型的汽车操作系统厂商。2020 年，斑马智行提出 AliOS 演进三部曲路线，即智能车机操作系统（IVI 操作系统）、智能座舱操作系统（Cockpit 操作系统）、智能整车操作系统（Vehicle 操作系统），AliOS 战略三部曲如图 5-8 所示。

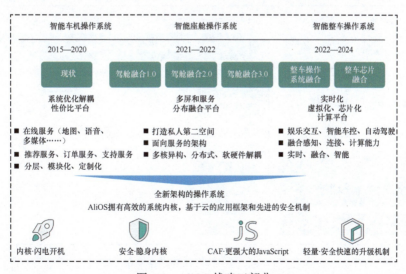

图 5-8　AliOS 战略三部曲

第 5 章 摩拳擦掌，智能汽车操作系统的抢位战

市场广泛预计 2024 年以后会迈向整车操作系统阶段。与车机操作系统和座舱操作系统最大的区别是，整车操作系统是一种典型的跨域融合软件，即跨动力总成域、底盘域、车身域、智能座舱域和自动驾驶域等不同的功能域，将各域的功能全部挂载到一套操作系统或同一套编程接口之上，基于标准化接口快速响应新功能需求。为了整体实现跨域的整车操作系统，一方面要完成中央集中式电子电气架构和高性能芯片作为硬件基础，另一方面要实现面向服务的软件架构（SOA）作为跨域功能整合和调度的软件基础。应用 SOA 可以实现上层应用软件、中层整车操作系统以及底层硬件之间的解耦，这也是软件定义汽车的精髓之一。

5.4.2 标准化

有一种假设和论断，智能汽车操作系统会像手机操作系统一样生态化，进而会促进标准的形成，以便让更多的人参与开发设计，满足不同用户的需求。图 5-9 是 KPMG research 绘制的关于汽车软件栈和操作系统的示例，清晰地表明了国外各大主流主机厂在研发汽车操作系统时从闭源 QNX 和 Windows 向开源 Android 和 Linux 的演进过程，说明智能汽车操作系统正在走向生态化和标准化。

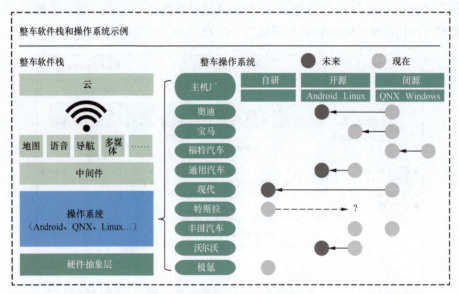

图 5-9　汽车软件栈和操作系统

此外，随着 SOA 成为实现整车操作系统的最佳方法论，SOA 的分层化和模块化体系设计也为下层基础软件带来了接口标准化、相互独立、松耦合的特点。

5.5　小结

在软件定义汽车和汽车新四化背景下，汽车操作系统已经成为汽车生态发展过程中的灵魂，它在一定程度上决定了车辆的性能水平、智能化水平、安全水平，并在一定程度上决定了用户体验的发展上限。而在中国智能汽车产业的发展过程中，汽车操作系统是必须攻克的一座桥头堡，以解决汽车行业"缺芯少魂"问题。行业"缺芯"已被重视，而"少魂"易被忽视，随着智能座舱和智能驾驶的不断深入发展，汽车操作系统实现的复杂性进一步提升，面临着巨大的挑战。正如全国政协经济委员会副主任、工业和信息化部原部长苗圩在 2022 全球新能源与智能汽车供应链创新大会上所说，"手机操作系统的缺失，使我们深深地认识到，在功能产品向智能产品的转换过程中，如果没有操作系统，芯片再强，汽车做得再好，都是在沙滩上起高楼。"

目前，全球智能汽车发展格局尚未确定，留给国内自主智能汽车操作系统的研发窗口期仍有 3 年到 5 年。近期国内自主操作系统技术和商业化进展迅速，已经具备与国外产品同台竞技的能力，在操作系统性能、安全性、兼容性、工具链开发、服务稳定性等方面也已经形成了非常好的自主方案。然而，道阻且长，我辈智能汽车研发人员仍需潜心研发，摆脱"缺芯少魂"的行业困境。

第 6 章
为谁辛劳，繁忙的汽车中间件

> 汽车中间件是软件定义汽车的桥梁，用于连接硬件和软件。

在软件定义汽车的大潮下，安装在汽车上的传统硬件和智能化硬件都将逐步走向标准化和模块化，软件终将成为未来汽车商业价值和运营模式的重要载体，智能汽车操作系统也将作为一种特殊的软件融入智能汽车。与汽车操作系统类似，汽车中间件也是这样一类车用基础软件（车用基础软件包含操作系统内核、虚拟机管理程序、中间件、功能软件等层次），是构建汽车产业软件生态体系的关键组成部分。

黑莓（BlackBerry）QNX 的 Alagappan 曾说过："所谓软件定义汽车，其实是由底层硬件、硬件抽象层、操作系统和中间件、上层应用等多套软硬件组成的'三明治'。"中间件名为中间件，但不是中间派，不是两不管，而是两头忙，向上要承载上层应用，向下要对接操作系统，负责各类应用软件模块间的通信以及对系统资源的调度。汽车中间件使架构、应用接口和开发方法规范化，其存在的价值是让相同产品在不同车型之间可以复用，或是让不同供应商的产品相互兼容。因此，可以说，汽车中间件在软硬件解耦的趋势中扮演了非常重要的角色，是解决解耦难题的核心所在，汽车中间件化也促进了主机厂、Tier-1 和 Tier-2 供应商的分工。

此外，从开发者的角度，汽车中间件使开发者无须考虑底层操作系统的内核，也无须考虑硬件环境，通过这种隔离和屏蔽，不仅实现了应用软件与操作系统的解耦，也实现了应用软件与硬件的解耦；而接口的标准化则能确保数据可以安全实时地传输，资源可以进行合理化的调度。这样，研发人员就能各司其职，数据工程师、通信工程师专注于数据和通信中间件的开发,而智能驾驶工程师则关注自动泊车、前向碰撞预警、车道居中控制(LCC)等场景的算法和业务逻辑的开发,开发的复杂性在这个过程中得到了极大的降低。

本章将从汽车中间件的基本概念开始讲解,随后对 AUTOSAR、SOME/IP、DDS、ROS2 等一些常见汽车中间件的背景知识进行全面的介绍,希望读者在阅读本章内容之后,就能对汽车中间件有清晰的认知,进而对更深一步的学习和工作有所帮助和裨益。

6.1 基本概念

中间件(middleware)其实是从计算机行业诞生而来的术语,最早出现在 1968 年德国举办的北大西洋公约组织(North Atlantic Treaty Organization,NATO)软件工程大会结束后发表的一份报告中。"中间件"一词非常形象地表明中间件是介于应用软件和系统软件之间的一类软件,它向下使用成熟的、经过反复验证的系统软件所提供的基础服务或功能,通过网络衔接上层应用系统的各个部分或者串联不同的应用,从而达到资源共享和功能共享的目的。以前在国内也有过中间件公司大行其道的时代。

上面所述的系统软件往往特指操作系统,因此,中间件其实更多指的是位于操作系统内核和具体应用系统之间的软件。中间件向下能够适配不同公司、不同用途的操作系统内核,向上能够为外部应用提供统一的标准化接口,而中间件自身则要更多地负责各类应用软件模块之间的通信以及对底层系统资源的调度,从而保证性能和安全。没有中间件的话,应用层软件就需要直接调用操作系统的接口,后期如果操作系统被更换,应用层的代码和算法就可能要被推倒重来。这是计算机行业对中间件达成的普遍共识。当然,也有一些专家认为,"中间"一词是相对的,当有多层堆叠的时候,每一层都是其上下两层的中间层,而非特指操作系统和应用软件之间的中间层。ZooKeeper、Redis、RocketMQ、Nacos 等分布式软件系统经常被看作中间件。

建立中间件的核心思想是"统一标准、分散实现、集中配置",即各个厂商遵循相同的标准,层次化、模块化、分散化地实现各软件系统模块,再整合系统配置信息进行集中配置。在软件定义汽车的时代大背景下,中间件的作用越来越重要。

第 6 章 为谁辛劳,繁忙的汽车中间件

德勤认为以下三类软件及其供应商将在汽车产业向软件定义汽车转型的过程中扮演关键角色:第一,操作系统;第二,处于应用软件和操作系统之间的中间件;第三,虚拟机管理程序。在智能汽车软件体系中,这三类软件都位于基础软件层,而中间件的位置在操作系统和虚拟机管理程序之上,中间件在各种流行系统中的位置如图 6-1 所示。

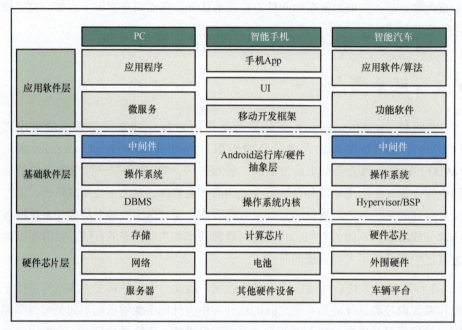

图 6-1 中间件在各种流行系统中的位置

汽车中间件现在和智能汽车操作系统一样,成为跟风炒作的对象,但各家说法都不相同,各成一派。汽车中间件有很多种,主要包括汽车开放系统架构（AUTomotive Open System Architecture,AUTOSAR）、基于 IP 的可扩展的面向服务的中间件（Scalable Service-Oriented MiddlewarE over IP,SOME/IP）、数据分发服务（Data Distribution Service,DDS）、机器人操作系统（Robot Operating System,ROS）,很多是通过对计算平台、传感器等资源进行抽象,对算法、子系统、功能采取模块化管理,并提供统一的标准化接口,让开发人员能够专注于信息娱乐、智能座舱、智能驾驶等各业务层面的开发,无须了解底层的复杂细节,即"为上层屏蔽底层的复杂性"。AUTOSAR 是 AUTOSAR 联盟组织制定

的汽车开放式系统架构标准,是最著名也是最重要的汽车中间件;SOME/IP 和 DDS 是两种闭源的通信中间件,分别由 Vector 公司和 RTI 公司提供支持;ROS2 是一套用于智能汽车的机器人编程框架。

6.2 第一汽车中间件 AUTOSAR

汽车中间件林林总总,不一而足,但 AUTOSAR 是最出名的。AUTOSAR 首先是一个全球性的行业联盟,参与者众多。这些参与者成立 AUTOSAR 的初衷是致力于开发和推广一个开放的、标准化的汽车嵌入式系统软件架构,以应对日益复杂的汽车软件和研发流程。在整个汽车行业向软件定义汽车的转型过程中,AUTOSAR 的地位变得更加重要。

6.2.1 何为 AUTOSAR

随着汽车电子系统的飞速发展,汽车的电子化、电气化程度逐步提高,新的挑战层出不穷:硬件平台多样化、ECU 数量大幅增加、车载网络复杂度提升、软件占比升高、软件开发周期缩短。主机厂和供应商是多对多的关系,面对这些挑战,只有复用产品,才能分摊研发成本。AUTOSAR 的出现标志着业界形成共识,希望通过提升主机厂和供应商之间软件模块的可复用性和可互换性来改进对复杂汽车电子电气架构的管理。

全球汽车制造商、部件供应商及其他电子、半导体和软件系统公司联合建立了 AUTOSAR 联盟,联盟成员之间通过合作伙伴关系共同致力于制定汽车电子软件标准。自 2003 年起,核心成员共 9 家,分别是宝马、博世、大陆集团、福特汽车、通用汽车、梅赛德斯 - 奔驰、Stellantis、丰田汽车、大众汽车。注意,到目前为止,特斯拉仍然没有加入 AUTOSAR 联盟,致力于为汽车工业开发一个开放的、标准化的软件架构。2023 年 AUTOSAR 成立二十周年。需要了解的是,2022 年 4 月,AUTOSAR 中国中心(China Hub)正式成立,这是除日本和美国以外的第三个区域中心(Regional Hub),是原先欧洲作为重点区域的辅助。AUTOSAR 的优点如表 6-1 所示。

表 6-1 AUTOSAR 的优点

对主机厂	对供应商	对工具供应商	对新入市场者
• 将汽车系统的基础软件标准化为一个跨主机厂的标准栈 • 通过增加设计上的灵活性来提升创新功能 • 硬件和软件彼此独立,简化软件和系统集成 • 可以通过水平层将开发分离,降低总体软件开发成本 • 复用性可以覆盖整个网络节点,甚至跨不同主机厂	• 供应商可以分布式开发,跨主机厂复用软件模块 • 集成不同供应商生产的功能模块,以适用于不同的车辆及不同的车型 • 启用更有效的变体处理 • 复用软件可提高质量和应用程序开发效率 • 创新商业模式	• 通过对基础软件层(Basic SoftWare,BSW)的标准化,提高了代码质量 • 支持与开发流程交互 • 将工具嵌入整个工具环境	• 通过标准化接口启用新的业务模型 • 轻松了解汽车软件的开发方式

然而,AUTOSAR 本身也存在以下 3 个缺点。

- **使用成本高**。购买成本高,针对不同的域控制器、不同的芯片需要"重复收费";学习难度很大,学习成本也非常高。

- **使用效率低**。配置繁多,代码复杂度高,维护困难。

- **智能网联支持差**。由于云端跟车端所使用的操作系统不一样,AUTOSAR 只能负责车内的通信,不能支持车端到云端的通信,因而无法支持车路协同场景,车端跟云端的通信是通过消息队列遥测传输(Message Queuing Telemetry Transport,MQTT)协议、Kafka 等中间件实现的。此外,AUTOSAR 能否兼容车辆网联化中需要用到的数据平台、通信平台和地图平台,也存在很大的疑虑。

AUTOSAR 产业链参与者包括主机厂、中间件供应商、Tier-1 及芯片厂商和服务外包商等,AUTOSAR 产业链如图 6-2 所示。

在典型模式下,OEM 提供整车设计,芯片厂商提供芯片及驱动软件,ECU 供应商则进一步针对每个子系统进行 ECU 的设计,服务外包商则据此进行软件组件的开发。中间件供应商则提供相应工具,是汽车软件开发中的重要角色。

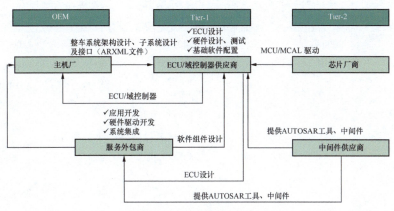

图 6-2　AUTOSAR 产业链

在 AUTOSAR 下,偏底层的微控制器抽象层(Micro Controller Abstraction Layer,MCAL)包含各类驱动,作为上层软件与 MCU 寄存器的过渡层,由 MCU 厂商提供;ECU 抽象层和 ECU 硬件相关,其复杂驱动让应用可直接访问特殊设备,涉及严格的时序问题,抽象难度大,运行时环境层(Runtime Environment,RTE)用于抽象 ECU 之间的通信,此部分主要由 OEM 或 Tier-1 提供;服务层软件通常由第三方服务外包商提供,但部分 OEM 及 Tier-1 也进行了服务层模块的自研开发。

虽然缺乏动态适配性,但可以说 AUTOSAR 是最早体现"软件定义汽车"思想的中间件,编译器读取由汽车信号、硬件环境等配置信息组成的配置文件自动编译生成 MCAL,与硬件支持模块、RTE 和 App 一起链接生成 ECU 固件(firmware)。

中间件软件的商业模式主要是收取 IP 授权许可费用,以 AUTOSAR 为例,AUTOSAR 针对不同类型组织推出不同的订阅模式。AUTOSAR 参与者分为多个层级,不同层级的组织对应不同的订阅模式,各模式的管理费用、开放权限、服务内容及职责存在一定差异。

此外,AUTOSAR 授权价格也不同,根据不同的限制 Tier-1、限制 OEM、开发 ECU 产品数量、量产使用、限制芯片类型等条件进行区分。除了软件成本,还需投入开发成本、人力投入及硬件成本等。这也为很多 OEM 和供应商提供了灵活的采购方式,满足差异化的需求。AUTOSAR 的收费模式如表 6-2 所示。

表 6-2　AUTOSAR 的收费模式

组织层级	订阅者	参与者	合作者	发展伙伴	高级发展伙伴
年度会费	3000 欧元	0	15000 欧元	6000 欧元	21000 欧元
内容	对符合条件的公众开放	协作制定 AUTOSAR 标准	使用 AUTOSAR 标准	设计和使用 AUTOSAR 标准	设计和使用 AUTOSAR 标准
对象	个人	大学及非政府组织	为追随者提供持续更新的机会	小公司及初创企业	市场领导者，推动标准创新
商业使用权			√	√	√
工作组协作		√		√	√
年度贡献		按独立协议	0	0.5FTE	1.5FTE

6.2.2　AUTOSAR CP 与 AUTOSAR AP

2003 年 AUTOSAR 联盟刚成立的时候，只有一个 AUTOSAR 标准，没有 CP（Classic Platform）与 AP（Adaptive Platform）之分。2017 年，AUTOSAR 联盟推出了第一个 AUTOSAR AP 版本 R1703，这是外界第一次看到 AUTOSAR AP，也是从这个时候起 AUTOSAR 被分为 AP 与 CP。简单来说，CP 和 AP 分别对应于传统控制类车辆电子系统和智能驾驶的高性能车载电子系统。

> **MCU 与 MPU 的区别**
>
> 随着处理器技术的不断发展，中央处理器（Central Processing Unit，CPU）的发展逐渐出现三个分支：微控制器单元（Micro Controller Unit，MCU）、微处理器单元（Micro Processor Unit，MPU）和数字信号处理器（Digital Signal Processor，DSP）。MCU 就是通常说的单片机，比较常见的是意法半导体（ST）的芯片，如 STM32；MPU 可被认为 MCU 的升级版，它的处理性能比 MCU 强，典型的如 ARM 公司的 Cortex-A 系列芯片；DSP 的优势是有浮点运算内核，特别是在进行大量浮点运算的时候会展现出比 MCU 更大的优势，DSP 目前常用的是德州仪器（Texas Instruments，TI）的芯片。

AUTOSAR CP 主要用于 8 位、16 位、32 位的 MCU，对应传统的车身控制、底盘控制、动力系统等功能，如果涉及自动驾驶，AUTOSAR CP 可能无法实现；而 AUTOSAR AP 主要用于 64 位以上的高性能 MPU/SoC 上，对应自动驾驶的高性能电子系统。

AUTOSAR CP 的架构如图 6-3 所示。

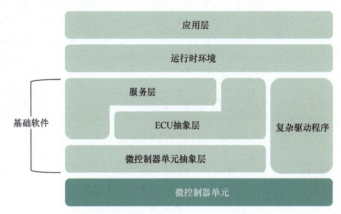

图 6-3　AUTOSAR CP 的架构

很多资料显示，AUTOSAR CP 已经不是简单意义上的中间件了，而是基于"操作系统内核 + 中间件"的一套完整的"操作系统"，很多芯片厂商的 MCU 的底层其实就是 AUTOSAR CP，由于分布式架构下的芯片主要是 MCU，因此便有了"AUTOSAR CP 主要跑在 MCU 上"的说法。随着电子电气架构从分布式向集中式演进、芯片由 MCU 向 SoC 演进，计算量及通信量呈数量级上升，另外，多核处理器、GPU、FPGA、专用加速器的需求以及 OTA 等都超出了 AUTOSAR CP 的支持范围。

汽车采用车载以太网通信以提供给 ECU 更高的带宽，但是 AUTOSAR CP 设计时采用 CAN 总线，所以对车载以太网的兼容性不够。又因为智能汽车对算力要求越来越高，AUTOSAR CP 虽然支持多核技术，但是仍然无法满足智能汽车对 ECU 处理能力的要求，异构计算和多核并行处理已然超过了 AUTOSAR CP 的支持范围。为了更好地满足集中式架构 +SoC 时代对智能驾驶中间件的需求，AUTOSAR 联盟推出了通信能力更强、软件可配置性更灵活、安全机制要求更高的 AUTOSAR AP。AUTOSAR AP 的架构如图 6-4 所示。

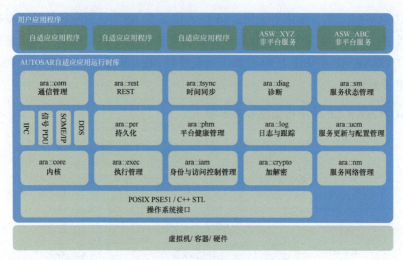

图 6-4　AUTOSAR AP 的架构

AUTOSAR CP 与 AUTOSAR AP 的对比如表 6-3 所示。

表 6-3　AUTOSAR CP 与 AUTOSAR AP 的对比

架构	AUTOSAR CP	AUTOSAR AP
优势	实时性、安全性	强计算能力、高度灵活性、可编程性
使用语言	C	C++
软件架构	面向功能的架构（Function-Oriented Architecture，FOA）	面向服务的架构（Service-Oriented Architecture，SOA）
硬件环境	运行在 MCU	运行在 SoC + MPU
通信方式	基于信号的静态配置通信方式（LIN、CAN……）	基于服务的 SOA 动态通信方式（SOME/IP）
连接关系	硬件资源连接受限于线束	硬件资源虚拟化后不受限于线束
地址空间	应用共享地址空间	应用独享虚拟地址空间
运行方式	任务（ROM 上）	进程（RAM 上）
实时性	硬实时	软实时
适用场景	车身控制领域，如引擎控制、制动系统	自动驾驶、高级驾驶辅助、车载信息娱乐系统
功能升级	一般 ECU 开发后比较固定	可通过 FOTA 灵活在线升级

续表

架构	AUTOSAR CP	AUTOSAR AP
功能安全等级	最高到 ASIL-D	最低 ASIL-B（最高到 ASIL-D）
操作系统	OSEK OS	POSIX OS（QNX、Linux 等）
AUTOSAR 支持	规范	规范和实例代码

6.2.3　AUTOSAR 的发展

AUTOSAR 正处于发展过程中，还存在供应商对 AUTOSAR 规范理解不太一致、规范更新升级缓慢、AUTOSAR 的软件价格昂贵等问题，但在软件、硬件标准化的需求越来越迫切的今天，我们相信 AUTOSAR 终将成熟。

但是，在今后相当长的一段时间内，因为 AUTOSAR CP 和 AUTOSAR AP 两者的应用领域不同，所以 AUTOSAR AP 不可能取代 AUTOSAR CP 而独立存在。AUTOSAR AP 确实相对于 CP 有一定的优势，例如支持高通信带宽，算力更强，ECU 更智能、更敏捷、更易物联，但是在某些方面，AUTOSAR AP 与 AUTOSAR CP 相比是有一些"劣势"的，例如，AUTOSAR CP 的时延可低至微秒级、功能安全等级达到了 ASIL-D，硬实时；而 AUTOSAR AP 的时延则在毫秒级，功能安全等级为 ASIL-B，实时性为软实时。

因此，Aptiv、ZF、大陆集团这些公司提供的方案仍然采用基于 AUTOSAR CP 标准的接口。事实上，越来越多的主机厂不太想完全应用 AUTOSAR 去解决智能驾驶操作系统的问题。不仅特斯拉没有用 AUTOSAR AP，国内的几大新势力车企也没有用，他们用的是 AUTOSAR CP+DDS，甚至连一些正在转型的传统车企也没打算用 AUTOSAR AP。

6.3　其他汽车中间件

除了最著名的中间件 AUTOSAR，汽车行业还广泛应用了 SOME/IP、DDS 等中间件，这些中间件名气不如 AUTOSAR 那么大，但也在各自领域中得到了诸多开发人员的青睐。

6.3.1 通信中间件 SOME/IP

随着汽车通信总线及整车电子电气架构的不断发展，传感器的数量越来越多，数据来源越来越多、规模也越来越大，基于 CAN 总线的面向信号的通信模式已不能满足智能汽车 SOA 的发展要求。多源异构数据如何在芯片之间、各个任务进程之间高效、稳定地传递，确保"在正确的时间传递正确的数据，并确保数据抵达正确的地点"呢？整车通信场景如图 6-5 所示。

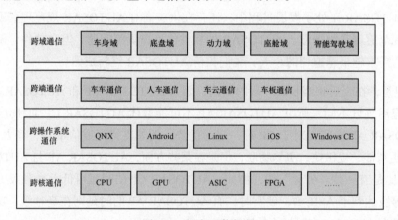

图 6-5　整车通信场景

这些问题都需要通过"通信中间件"来解决。基于 IP 的可扩展的面向服务的中间件（SOME/IP）作为一种面向服务的车载以太网通信协议，是当前汽车通信实现 SOA 最核心的通信协议之一，广泛应用于智能驾驶域控制、座舱域控制、车身域控制等通信数据量大、对通信带宽要求高的车载以太网控制器中。例如，通过使用 SOME/IP，可以实现对功能的灵活重组，这有效解决了在以功能需求为核心的传统架构中，因单一功能的增加、减少或变更而导致相关系统都必须进行修改的问题。

此外，SOME/IP 的使用还可以降低 OTA 系统升级的复杂性。当前，全球最大的商用 SOME/IP 产品供应商是 Vector。开源版的 SOME/IP 则是由 Genivi 协会来维护的。

SOME/IP 的名字里就有中间件这个字眼，可见当初其设计者宝马集团的 Lars Völker 博士在 2011 年设计时对其的初始定位。SOME/IP 位于 TCP/IP 七层协议的传输控制协议（Transmission Control Protocol，TCP）和用户数据报协议（User Datagram Protocol，UDP）之上，SOME/IP 协议分层体系如图 6-6 所示，兼容当前国际共同探讨的基础软件开发平台，2013 年已被收录到 AUTOSAR 4.1 规范中。

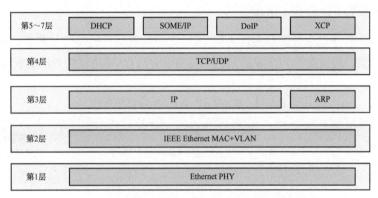

图 6-6　SOME/IP 协议分层体系

SOME/IP 采用的是客户端/服务器（Client/Server，C/S）通信架构，其中 Server 是服务提供者，Client 是服务消费者。根据服务接口类型，使用远程过程调用（Remote Procedure Call，RPC）机制，通过数据序列化和反序列化（Serialization/Deserialization，SerDe）使数据得以在网络中传输。通过可用的服务发现（Service Discovery，SD）机制来实现服务的动态配置。SOME/IP 的通信功能主要包含以下 5 项。

- **序列化和反序列化**：服务通信数据与二进制数据流之间的双向转换。
- **服务发现**：管理服务状态，发现和提供服务，动态配置 SOME/IP 报文发送。
- **服务发布与订阅**（Publish/Subscribe，P/S）：管理服务的发布与订阅关系。
- **远程过程调用**：实现控制器（客户端）使用网络内其他控制器（服务器端）提供的服务。
- **读写进程信息**（Getter 和 Setter）：获取和设置服务进程内的当前值。

SOME/IP 以服务元素为单位管理数据信息，服务元素可分为 Event、

Method、Field 三种类型,数据信息可由零个或多个服务元素类型组合而成。

- Event 是一种单向的数据传输方式,由 Server 向其订阅者发布服务事件。
- Method 是一种远程函数调用的通信方式。
- Field 类似于 Event 和 Method 的结合体,允许客户端获取/设置/订阅服务器端事件的状态信息。

SOME/IP 通过服务接口实现不同 ECU 之间数据信息的传输与共享,支持复杂的汽车功能,扮演着极为重要的角色。SOME/IP 与 CAN 协议的对比如表 6-4 所示。

表 6-4 SOME/IP 与 CAN 协议的对比

协议	通信负荷	通信速度	通信方式
CAN	8 字节	512 kbit/s ~ 1 Mbit/s	面向信号
CAN FD	64 字节	2Mbit/s ~ 8 Mbit/s	面向信号
SOME/IP	最大 1500 字节	1000 Mbit/s	面向服务

通信问题是车内信息传输的一个基本问题,所以很多汽车中间件都是通信类中间件,又称作消息中间件,如本节探讨的 SOME/IP 以及后面的 DDS、ROS2、CyberRT 等,它们所解决的 80% 以上的问题都是通信问题。典型的通信中间件包含与平台无关的数据类型规范语言、低时延的消息传递系统、用以开发和调试任务的日志/回放工具和实时分析工具等。

而衡量一款通信中间件好坏的标准则包括接口易用性、稳定性、安全性、传输速度、吞吐量和时延,例如针对 SOME/IP,传输的数据量一旦变大,很多通信信号可能会采集不到,出现丢失现象,稳定性没有那么好。另外,时间和地点对通信数据传输的稳定性和传输带宽都有影响,例如高速公路上和节假日期间,带宽负荷会比较大,中间件的传输压力就会增大。

6.3.2 数据分发中间件 DDS

数据分发服务(Data Distribution Service,DDS)也是在汽车领域里经常使用的通信中间件,最早应用于美国海军,用于解决舰船复杂网络环境中大量软件升级的兼容性问题。除了在汽车和舰船上使用，DDS 还针对更广泛的工业物联网领域，被规模化应用于关键系统中，包括大型基础设施（如水电站）、金融系统、空间系统、航空系统等。DDS 包括由对象管理组（Object Management Group，OMG）发布的一系列开放标准。

很多资料显示，DDS 是 SOME/IP 最强劲的对手，AUTOSAR AP 从 18.03 版本开始，已经把 DDS 纳入通信管理标准。全球范围内，DDS 市场份额最大的供应商（占 80% 左右）是成立于 1991 年的美国 RTI（Real-Time Innovations）公司。RTI 作为 OMG 董事会成员，主导了 DDS 标准的制定，从 2004 年开始负责主持 DDS 工作组的工作，目前已经成为这个行业的领导者。RTI 开发的 DDS 品牌名为 Connext，又称为 Connext DDS。表 6-5 简单对比了 SOME/IP 与 DDS 之间的差异。

表 6-5 SOME/IP 与 DDS 对比

通信中间件	类型	通信模式	通信容量	通信方式	适用场景	QoS	耦合性	当前适用领域
SOME/IP	面向服务	发布/订阅	最高 1400 字节	基于 IP	RPC、事件通知	1	较低	整车
DDS	面向数据	发布/订阅	理论上无限	基于 IP、共享内存	多节点大数据交互	RTI DDS ≥ 50 开源 DDS ≥ 20	低	自动驾驶域

由表 6-5 可知，虽然 DDS 和 SOME/IP 均已被 AUTOSAR 所收录，但它们在以下层面是有差异的。

- **通信模式**。DDS 可实现透明的一对一或一对多通信，无须对代码进行任何修改，也就是说，DDS 的动态性比 SOME/IP 强。
- **功能数量**。DDS 包含的功能多于 SOME/IP，体量更大，除通信协议之外，还有很多其他可用的功能，具体使用的时候，经常需要裁剪。
- **应用程序接口**（Application Program Interface，API）。DDS 具有适用于多种语言的标准 API，SOME/IP 没有定义标准 API，实现中通常提供 C++ API，但它们不具有可移植性。
- **网络传输**。DDS 支持实时发布/订阅（Realtime Publish/Subscribe，RTPS）协议子集，实现了与传输无关的可靠性和分段协议，该协议可运行在任何传输方式之上,包括处理大数据和可靠数据的多播 UDP,SOME/IP 却无法做到这一点。DDS 还允许自定义传输 SDK,而不会牺牲任何功能和服务质量(Quality of Service,QoS)。

- **信息安全**。DDS 的安全性与传输无关,因此它可以与任何传输方式一起使用,包括共享内存、多播或自定义应用程序定义的传输。SOME/IP 需要在传输层安全协议(Transport Layer Security,TLS)或数据报传输层安全性协议(Datagram Transport Layer Security,DTLS)上运行。
- **服务质量**。DDS 提供了许多 QoS 策略,使用户能够以声明方式指定发布者和订阅者之间如何交换信息。我们开发的 SOA 中,通常 DDS 重点用于传输数据(如传感器数据),SOME/IP 更多是传输控制类信号(如加减速控制信号、车门车窗控制信号)。

同时,虽然 DDS 和 SOME/IP 有竞争和功能上的重叠,但短期内不会出现大规模替换,原因如下。

- SOME/IP 一开始就是给整车设计使用的协议,而 DDS 是从航天、工业、机器人领域开始迁移到汽车领域的,这里存在针对应用场景的裁剪、适配的过程。
- SOME/IP 存在时间已经很长,DDS 短期替换它的代价非常大。而且,虽然 DDS 看起来功能更完善,但功能完善不代表工程化程度高。在汽车领域,严格遵守车规是至关重要的,这背后蕴含着大量需要长期积累的经验与知识。因此,多数车企往往不敢贸然行动。
- 未来很长一段时间,汽车会存在各类 ECU,ECU 可能基于 AP,也可能基于 CP,这个时候 SOME/IP 比 DDS 的应用成本低。
- DDS 功能丰富,资源占用多,而在车载 MCU 领域,资源占用是一个敏感话题,在 MCU 中运行 DDS 需要手动对项目进行裁剪,很难做到跨项目的产品化和功能复用。
- DDS 当前还无法无缝接入现有的车载电子电气设计、开发、测试工具链中。一些厂商已经着手在设计(PREEvision)、测试(CANoe)中支持 DDS,但这方面的工作才刚刚开始,双方的工具都需要不断测试和磨合,短期内做不到无缝兼容。

DDS 能够实现低时延、高可靠、高实时性的数据融合服务，从根本上降低软件的耦合性、复杂性，提高软件的模块化程度。高等级自动驾驶现在基本上都在探索依靠 DDS 来应对异构通信、低时延等 AUTOSAR CP 无法应对的挑战。融合了 DDS 的汽车软件能够更好地运行在下一代汽车体系架构中，降低开发成本、缩短研发时间，更快地将产品推向市场。

6.3.3 机器人编程框架 ROS2

ROS（Robot Operating System）于 2007 年由美国斯坦福大学 AI 实验室开发，后来由 Willow Garage 公司负责，现由开源机器人基金会（Open Source Robotics Foundation，OSRF）接管，ROS 可以说是目前机器人开源社区中最流行的项目之一。作为一个易用且完备的机器人编程框架，ROS 在机器人应用和计算机操作系统之间提供了通用的中间层框架和常用软件模块，机器人工业领域的开发者借助 ROS，能够快速开发系统原型并进行测试和验证，海量的机器人开源项目（涵盖感知、规划、控制、定位、SLAM 和建图、可视化等几乎所有机器人领域）均以 ROS 为基础。

ROS 可看作中间件 + 工具链，其中中间件包括一些通信模块和通信底层软件，如 TF（Transform）或比较重要的核心库，ROS 作为中间件连接了操作系统和用户开发的 ROS 应用程序；工具链是工程管理的一个工具，例如其中的可视化工具可以快速完成 logging、回放和调试。

ROS1 于 2007 年起源于斯坦福大学的 AI 项目，以自动驾驶汽车为代表的新的机器人应用场景在实时性、可靠性、可伸缩性、跨平台可移植性等方面对中间层和开发框架提出了大量新的需求。ROS2 是在 ROS1 不完善且发现了较多已知不可修复的问题的情况下从底层重新开发的新一代机器人操作系统。ROS1 与 ROS2 的对比如表 6-6 所示。

表 6-6 ROS1 与 ROS2 的对比

对比项	ROS1 的缺陷	ROS2 的改进
机器人数量	原生的 ROS，仅支持单机器人	支持多机器人
实时性	无	支持实时控制，包括进程间和机器间通信的实时性

续表

对比项	ROS1 的缺陷	ROS2 的改进
嵌入式设备	不友好	对小型嵌入式设备和 MCU 的支持
网络通信	对于网络通信的重依赖（需要高带宽且稳定的网络连接）	支持非理想网络环境，在低质量高时延等网络环境下系统仍然能够工作
实用性	多用于学术应用	具有对产品环境的支持能力
编程模式	超强的灵活性带来的不规范的编程模式	规范的编程模式支持基于 ROS 的大规模构建、开发和部署

理论上 ROS 和 AUTOSAR AP 都属于中间件，为自动驾驶软件提供服务。ROS2 目前具有较多优异特性，例如对更多系统生态和编程语言的支持、DDS 稳定高效的通信支持等，但仍缺乏量产所需的安全支持和技术成熟度，以及在实时域方面的不足。若能补齐相应的功能，ROS2 将能够用于自动驾驶量产车。ROS2 与 AUTOSAR AP 的对比如表 6-7 所示。

表 6-7 ROS2 与 AUTOSAR AP 的对比

对比项	ROS2	AUTOSAR AP
操作系统	支持多操作系统，Linux/Windows/macOS/RTOS	POSIX OS（QNX、Linux 等）
硬件基础	SoC	64 位高性能 MPU / SoC
通信技术	DDS	基于服务的 SOA 动态通信方式（SOME/IP）
编程语言	C++ / Python / Java / LISP	C++
功能安全等级	不兼容 ASIL	最低 ASIL-B（最高到 ASIL-D）
实时性	非实时	软实时
应用场景	高等级自动驾驶	自动驾驶、高级驾驶辅助、车载信息娱乐系统
产品案例	Apex.OS、Apex.Middleware、Autoware.auto	EB Corbos、KSAR Adaptive、RTA-VRTE AP

ROS 的本质是采用分布式、低耦合的通信机制，快速实现 demo、高兼容性的、模块化的一种开发工具，极大地提高了机器人领域的代码复用率。ROS 有

庞大的使用人群和维护人群，所以它的核心库有非常强的质量保证，软件协议比较友好，核心模块都是 BSD，可以直接商用。但是，我们需要知道的是，虽然在自动驾驶系统层面，过去大部分公司基于开源的 ROS 开发，但这套系统并不能满足汽车行业前装量产的严格车规级要求，只能帮助企业快速开发 demo，因此真正交付量产时仍然存在很多问题，这也是众多新能源主机厂最后纷纷要自研自动驾驶操作系统的原因之一。

例如，丰田汽车正式宣布，正在整合一款名为 Apex.OS 的操作系统，用于处理量产自动驾驶的关键安全性应用，同时加快自动驾驶应用软件的开发，并最终交付前装量产。这款操作系统由两位来自博世的资深系统工程师开发，在过去的四年完成了 ROS 的重写，目标是为车企提供一个通用的抽象层或 SDK 包，可以提供车辆中几乎所有的安全关键功能，通过重写底层代码库，Apex.OS 实现了操作系统跨不同硬件平台的一致性和可靠性。Apex.OS 还刚刚获得了 TÜV NORD 车规级安全认证，取得了前装量产准入资格。Apex.OS 自动驾驶操作系统体系架构如图 6-7 所示。

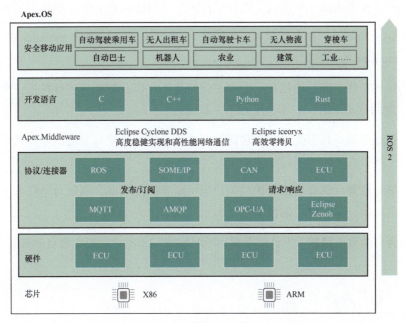

图 6-7 Apex.OS 自动驾驶操作系统体系架构

6.3.4　运行时框架 CyberRT

CyberRT 是百度 Apollo 开发的中间件，在 Apollo 3.5 中正式发布，CyberRT 具有轻量级、与平台无关等特点。从底层组件看，其底层使用了开源的 DDS，并在此基础上进行了改进。CyberRT 专为无人驾驶设计，基于无人驾驶业务现状深度定制，目前百度已将 CyberRT 开源，供自动驾驶团队使用。ROS2 和 CyberRT 的底层都使用了开源的 DDS，将 DDS 作为最重要的通信机制。与此相对应的是，Xaver、Orin 等面向自动驾驶的 SoC 上也都预留了 DDS 接口。

CyberRT 可以粗略分为以下几个大的模块。

- **消息队列**：提供节点之间发送、接收消息的能力，涉及消息的发布、订阅、服务发现、消息缓冲区等重要功能。
- **任务调度**：提供实时调度任务的能力，保证算法功能模块可以实时接收并处理消息。
- **用户开发接口**：提供相关接口，将算法模块接入 CyberRT 的框架之内。
- **Log+Tool**：提供高效的日志打印功能，包括 cyber_recorder、cyber_monitor 等基础工具。

CyberRT 从通信功能优化、去中心化网络拓扑以及数据兼容性扩展三个方面进行了定制化的改进，它带来了如下一些优势。

- **加速开发**：具有数据融合功能的定义明确的任务接口，提供了一系列开发工具、大量的传感器驱动程序。
- **简化部署**：具有资源意识的用户级可配置调度程序、高效自适应的消息通信机制，可移植、依赖少。
- **为自动驾驶赋能**：默认的开源运行时框架，如搭积木般实现自动驾驶方案。

6.4　中间件厂商布局

汽车中间件经过多年发展，中间件厂商、算法公司、芯片厂商和主机厂等很

6.4 中间件厂商布局

多类型的厂商参与其中,细分了市场,形成了独特的生态体系。通过上述介绍,我们知道,中间件的功能和质量对开发的影响很大,并且市场没有形成统一的标准,许多主机厂开始自研,以寻求成本的高度可控以及对于底层硬件替换所带来的潜在风险的对冲。但是这个事情本身还是有一定难度的,即使是特斯拉这样的实力派厂商在起步阶段也不得不依靠供应商 Green Hills 提供中间件,毕竟术业有专攻,短期内打破中间件厂商长久形成的生态布局的可能性也不是特别大,而且必要性也没有那么强。

在汽车中间件这个领域,主机厂、传统 Tier-1 供应商、平台供应商、第三方软件供应商均有所布局。值得注意的是,第三方软件供应商会同时受到 OEM 和 Tier-1 的青睐,以 TTTech 为例,Aptiv 与奥迪、三星电子、英飞凌都是 TTTech Auto 的蓝筹股股东,与此同时,TTTech Auto 还拿下了大众、宝马、梅赛德斯-奔驰、现代等 OEM 及大陆集团、瑞萨等公司的量产订单,已经实现全球范围内 200 万辆新车的前装量产。

汽车中间件厂商布局如图 6-8 所示。

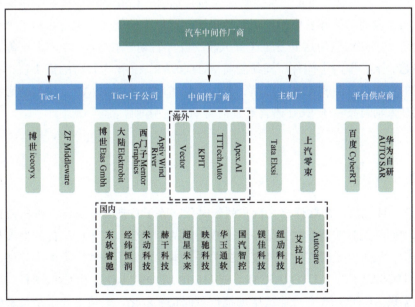

图 6-8 汽车中间件厂商布局

第 6 章　为谁辛劳，繁忙的汽车中间件

TTTech 是较早发布汽车中间件产品的厂商之一。2012 年，TTTech 参与奥迪 zFAS 项目并担任硬件设计及中间件开发的角色，其后于 2017 年正式发布中间件产品 MotionWise，搭载于奥迪 A8 车型，此后，各大厂商相继布局汽车中间件领域。

2019 年，Elektrobit 为大众 ID.3 纯电动汽车提供基于 AUTOSAR AP 的中间件。2020 年，博世发布开源自动驾驶中间件 iceoryx，其采用宽松的 Apache-2.0 许可证，允许任何个人或开发团队将 iceoryx 用于商业领域而不必公开其衍生产品的源代码。并且，iceoryx 还实现了真正的零拷贝，其过程中无须创建任何数据副本。除博世外，ZF 也于 2020 年发布了中间件产品 ZF Middleware。

在汽车中间件市场，多年的耕耘让海外 Tier-1 及第三方软件供应商一直占据主导地位，但是海外厂商在国内基本处于撤退的态势，另外海外厂商一般喜欢做"交钥匙"工程，但国内主机厂喜欢的是随叫随到的定制服务。同时，缺乏灵活的付费模式也使得主机厂不是那么满意。基于上述因素，国内中间件解决方案提供商面临着前所未有的市场机遇。

由于中间件研发难度较大，对于主机厂而言，由软件供应商提供中间件方案或与供应商共同开发中间件更具性价比，这样他们就可以把更多精力聚焦在消费者可感知的应用层开发上（如人机交互、自动驾驶等）。在汽车智能化的发展趋势下，国内中间件厂商纷纷将 AUTOSAR AP 作为转型的重头戏，推出相应的中间件产品和工具链产品，其中包括东软睿驰 NeuSAR、华为越影操作系统、未动科技基于 Rust 语言开发的自动驾驶中间件。

6.5　小结

有一种说法，在软件定义汽车的新时代，除了自动驾驶算法，汽车操作系统和中间件是目前整车软件架构中最核心的两个部分。汽车中间件的发展与车内通信、汽车电子架构的发展变化强关联，本章讲解了一些常见的中间件，包括 AUTOSAR CP、AUTOSAR AP、SOME/IP、DDS、ROS2 和 CyberRT，其中，虽然据说 AUTOSAR 在产业链中的地位可能正在弱化，但最重要也是最基础的中间件还是由 AUTOSAR 联盟制定的汽车开放系统架构标准，也是其他所有中

间件研发的根基和参照标准。结合这些中间件所提供的各项能力，我们就能降低开发成本、缩短车型研发时间，更快地将新的车型产品推向市场，赢得市场先机。

  虽然汽车中间件可以助力缩短开发周期、减少开发人员、降低测试要求，但是也会使汽车软件行业的从业者"能力退化"，退化成"工具人"。另外，本来中间件发展的初衷是解耦软硬件开发，使上层应用软件开发更聚集于算法设计和业务流程，但是，现实却转向了另一面，汽车中间件出现了高度定制化开发的趋势，同时，许多主机厂也开始绕过中间件供应商自研中间件，流程简化、工作量减少、标准统一都变成了泡影，导致中间件发展呈现出两面性。汽车中间件的发展过程中不可避免地会遇到各种各样的问题，主机厂、芯片厂商、算法厂商、操作系统厂商、自动驾驶供应商中究竟谁将会是汽车中间件的破局者和集大成者，我们拭目以待。

第 7 章
粉墨登场，座舱智能化正当时

> 智能座舱是软件定义汽车最大的实验场，它让驾驶变成和谐的交响乐章。

随着智能时代的来临，消费者对智能座舱（Intelligent/Smart Cabin/Cockpit）和构筑于智能座舱之上的智能化体验的需求不断攀升，智能座舱俨然已经变成了消费者在购买与使用智能汽车和新能源汽车时的必选项而非加分项。

从技术的角度来说，汽车智能座舱是一个由多套复杂子系统组成的体系，它集成了 AI、VR、AR、云计算、物联网等多种领先技术，旨在打造全新的车内外一体化数字平台，为驾驶员和乘客提供汽车驾乘过程中愉悦的智能化体验，并强化行车过程中的人身安全。学术界和工业界对于智能座舱有很多研究和实践，例如在车辆的 A 柱、B 柱及后视镜处安装摄像头，提供情绪识别、年龄检测、遗留物检测、安全带检测等功能，甚至有些车型还实现了透明 A 柱和透明 B 柱。

从车内看，智能座舱是座舱内饰、汽车电子电控产品的连接器，是汽车驾乘智能技术创新、升级和联动的重要发力点。同时，智能座舱也将与智能手机、智能手表建立连接关系，将汽车从单一的驾驶、乘坐工具升级为以消费者为中心的"智能移动空间"，这个空间号称住宅、办公之外的集信息、娱乐、互联等多功能于一体的"第三生活空间"。

从车外看，智能座舱与车联网、云计算、5G 等基础设施的连接是实现"万物互联"的关键环节。智能座舱比以往更多关注人机交互，新增搭载尺寸更大的中控屏、中控娱乐系统、液晶仪表盘、抬头显示（HUD）等，能够实现多模态交互、地图导航服务、丰富的车机娱乐内容和生活服务信息等功能。

本章重点讲解汽车新四化中智能化双子星之一——智能座舱。希望在阅读本章内容后，读者能够快速了解智能座舱的基本概念及其关键技术。由于智能驾驶受限于技术、成本、道路条件等因素，发展不如智能座舱那么快，而智能座舱是各大厂商最容易发力以及用户最容易感知的领域，未来很长一段时间将是新能源汽车的重要发展方向。相较于智能驾驶，智能座舱技术的难度没有那么大，但它整合的技术庞杂，限于篇幅，我们也只能关注其中核心的几个方向，第8章将要讲述的数字钥匙也属于智能座舱的范畴，但相对独立，所以单独成章。

7.1 概念由来

1913年，福特汽车推出第一条流水生产线，汽车实现批量化生产，成为消费者买得起的商品。在此之前，道路上的主要驾乘工具是马车，汽车诞生的时候也和马车一样，拥有的是开放式轿厢。后来，一些豪华汽车演变设计成司机开放、乘客封闭的车厢形式。封闭式车厢真正成为主流则是在20世纪20年代，车身制造商在这个时期熟练地掌握了制造全封闭式座舱的金属锻造及玻璃熔制工艺。图7-1简单展示了汽车座舱的发展简史。

图7-1 汽车座舱发展简史

第 7 章 粉墨登场，座舱智能化正当时

20 世纪 30 年代，摩托罗拉提供的移动通话器、无线收音机开始加装到汽车座舱内，以陪伴驾驶员和乘客度过漫漫出行时光。同时，车内的各式装备越来越多，操控界面自然向司机周围集中，以便操作。

1945 年前，汽车座舱除装饰风格略有变化外，新装备并没有出现爆发式增长。这时候，座舱里基本都是物理按键、指针式机械仪表盘和车钥匙插孔，为驾驶员提供的只有车速、发动机转速、水温、油耗等基本信息。也是在这个过程中，乙炔灯开始逐步被电子照明系统所取代，汽车进入电气化时代。

20 世纪 80 年代后，随着电子时代的来临，机械式座舱开始演变为电子化座舱，这时装置仍以机械仪表为主，但少数小尺寸中控液晶显示屏开始使用，中控台上的按钮数量也急剧增多，更多娱乐功能引入座舱。最经典的例子是 1978 年博世推出的防抱装置（ABS），凭借在电子元件领域的多项专业知识，该系统成为汽车技术工程领域的标准化技术。

20 世纪 80 年代，Alfa Romeo Eagle、Citroen Karin 到处充满了赛博朋克风格，这时上市的新车型加入了电子导航、影音、HUD 等功能。

座舱控制按钮的急剧增多造成了驾驶员操作起来烦琐复杂，例如 Saab 9-5 的汽车座舱布满了各类按钮，如图 7-2 所示。

图 7-2　Saab 9-5 的座舱布满按钮

20 世纪 90 年代后期，许多汽车制造商已经意识到这一点，开始准备在中控台做减法，否则后面更先进的电子设备将无处安放。实际上，这种加料堆料的行为到现在也是很多车企一直在做的。

宝马作为数码车机系统的开拓者，在 2001 年推出了 iDrive 智能驾驶控制系统。该系统旨在通过有限的按键和旋钮，结合嵌入式计算机技术，替代原先中控台上的信息娱乐控制装置。然而，相较于同期智能手机的迅猛发展，传统汽车制

造商在这一领域的尝试显得较为谨慎且成效有限。

2012年，特斯拉推出标配17英寸智能互联中控大屏的Model S，大家这才明白正确的玩法是怎样的，即大算力SoC+HMI（人机界面），这时智能座舱概念开始出现。

2013年，苹果CarPlay等车载软件系统开始引入座舱，驾驶员和副驾可以通过中控屏来实现播放音乐、路况查询，以及通过蓝牙连接实现车内拨打和接听电话的功能。

2014年，旧金山的一家初创公司Navdy发布集导航显示、语音交互、手势操作等功能于一身的后装HUD产品。当年发布苹果CarPlay和Android Auto，手机与车机实现互联。

可以说，2015年进入智能座舱的初级阶段，相比传统座舱，智能座舱内的实体操作键极少，操控主要经由全液晶触控屏而非传统中控来完成，中控屏与仪表盘一体化的设计方案开始出现。自动空调、空气质量检测、坐姿检测功能的引入，进一步提升了智能座舱的便利性。

2019年，华为发布HUAWEI HiCar，重新定义手机与车机互联。

据J.D. Power发布的"2023中国新车购买意向研究（NVIS）"表明，在中国消费者购车决策的各项参考因素中，智能化的占比由2022年的12%上升至14%，仅排在质量、性能、设计之后，位于第四位，智能化需求仍在不断攀升。消费者也更愿意为智能化体验提升付费，无论是新能源车消费者还是燃油车消费者，都表示愿意为智能化提升而提高预算，并且预算增幅分别为9%和47%。

毫无疑问，智能座舱的概念真正被全面赋能，不只是在舒适性和便利性上加码，更包含了ADAS、大数据、云平台、远程服务、HUD、盲点监测、360度全景影像、车载娱乐、智能车灯、车联网、手机互联、语音识别、手势识别、三维显示、V2V等方面的技术和内容。消费者对于汽车功能的需求不再停留于安全性、舒适性等基础层面，已逐渐转向更高层次的情感与归属，甚至尊重等进阶需求。

据汽车专业调查机构IHS Markit（埃信华迈）的调查数据，2020年智能座舱的新车渗透率达到48.8%，预测2025年智能座舱的新车渗透率可以达到75%，到2030年，全球智能座舱市场规模将达到681亿美元。另据ICV Tank预测，中国智能座舱市场规模将在2025年达到1030亿元，按照目前增长速度来看，中国或将成为全球最大的智能座舱市场。

未来，随着AI、5G、物联网、云计算、虚拟现实（VR）等诸多技术的突破以及自动驾驶时代的到来，汽车座舱或将演变成智能的"移动起居室"，最大限度地减少人类驾驶操控，汽车座舱将摆脱"驾驶"这一单一场景，逐渐进化成集"家居、娱乐、工作、社交"为一体的智能空间。届时，厂商更多关注的将是座舱的环境友好性、可持续发展性，以及高度的安全性和私密性。

7.2 发展驱动力与技术组成

近年来，智能座舱作为新能源汽车行业备受关注和竞争的焦点，其发展在很大程度上得益于政策的支持。此外，智能座舱的发展也得益于社会进步所带来的红利，用户需求显著增长。基于这些实际需求，为实现座舱的网络化、智能化以及安全性应用了众多技术。本节将对这些技术的发展进行简要阐述。

7.2.1 智能座舱的发展驱动力

智能座舱领域快速发展的很大一部分原因来自政策红利的推动。具体来说，智能座舱相较于智能驾驶，技术门槛没有那么高，也没有太多难以解决的政策和伦理问题，商业化落地更加容易，同时一些关联产业像智能网联、5G也是政策赛道，因此，智能座舱已经成为我国国务院及工业和信息化部和交通运输部等相关组成部门密切关注的产业之一，表7-1列举了国内颁布的重要政策文件。

表7-1 国内颁布的重要政策文件

政策文件名称	颁布日期	颁布主体	政策文件要点
《"十四五"交通领域科技创新规划》	2022年4月	交通运输部、科学技术部	从基础设施、交通装备、运输服务三个要素维度和智慧、安全、绿色三个价值维度，布局了六大领域18个重点研发方向

续表

政策文件名称	颁布日期	颁布主体	政策文件要点
《关于加强智能网联汽车生产企业及产品准入管理的意见》	2021年7月	工业和信息化部	企业生产具有在线升级（又称OTA升级）功能的汽车产品的，应当建立与汽车产品及升级活动相适应的管理能力，具有在线升级安全影响评估、测试验证、实施过程保障、信息记录等能力，确保车辆进行在线升级时处于安全状态
《车联网（智能网联汽车）产业发展行动计划》	2018年12月	工业和信息化部	突破关键技术，推动产业化发展，充分利用各种创新资源，加快智能网联汽车关键零部件及系统开发应用，推动构建智能网联汽车决策控制平台，全面构建通信和计算相结合的车联网体系架构
《中国制造2025》	2015年5月	国务院	继续支持电动汽车、燃料电池汽车发展，掌握汽车低碳化、信息化、智能化核心技术，提升动力电池、驱动电机、高效内燃机、先进变速器、轻量化材料、智能控制等核心技术的工程化和产业化能力，形成从关键零部件到整车的完整工业体系和创新体系，推动自主品牌节能与新能源汽车和国际先进水平接轨

除国家层面的政策驱动外，布局智能座舱制造业的各省市通常也会将智能座舱结合智能网联汽车、新能源汽车等共同规划，其中，政策出台比较集中的省份包括江苏、浙江、上海、广东等。例如，浙江省在2021年4月的《浙江省新能源汽车产业发展"十四五"规划》中指出，鼓励整车与互联网企业围绕智能座舱、自动驾驶、数字化营销、数字化新业务及低碳发展等领域开展全方位战略合作。

除了政策的推动，智能座舱的产品普及率迅速增加的另一个原因是需求驱动。在智能汽车的质量安全和续航能力得到了市场验证后，消费者在选购新能源汽车产品时，会逐渐关注智能座舱娱乐化、个性化和舒适性等多方面的智能化能力，这些需求主要体现在以下几个方面。

- 从汽车诞生之日起，降低交通事故率和满足安全性需求始终驱动着汽车整车功能的升级和创新,智能座舱的一大驱动因素是驾驶员和乘客对于安全驾乘的极高要求。

- 随着互联网和智能汽车的发展,消费者个性化配置意愿大幅增强,现代消费者比以往更加注重科技感的个性化体验,愉悦感和情感互动成为用户需求驱动力。
- 智能手机付费场景迁移至智能座舱,消费者付费意愿的培养阶段已提前完成,智能汽车变成了除手机外的第二个智慧伴侣,用户希望自己驾乘的汽车更加拟人化地懂其所想。
- 软件订阅类消费习惯的培育初见成效,消费者为智能座舱 OTA 服务付费的意愿提升。

智能座舱的具体需求,或者说由这些具体需求形成的产业链包含以下诸多方面。

- **数字仪表盘**。数字仪表盘取代了传统的机械仪表盘,用于向驾驶员展示车辆的多种状态信息,包括速度、转向角度、燃油量等。此外,车主还可以根据自己的需求对这些信息进行个性化设置和调整。
- **抬头显示(HUD)**。为用户提供更安全的平视的驾驶辅助和车辆信息,让驾驶者的视线可以更集中在正前方的路面,从而降低事故发生的概率。
- **流媒体后视镜**。从镜面向屏幕升级,能够通过车尾高位刹车灯旁边的摄像头,把后面的画面传递到后视镜上。
- **导航和地图**。提供实时导航、交通信息、地图显示和路线规划,帮助驾驶员和乘客更轻松地到达目的地。
- **信息娱乐系统**。包括触摸屏显示器、音响系统、多媒体播放器、互联网连接和应用程序,以提供给乘客娱乐和信息。通过分析用户行为和偏好,借助算法模型可以自动推荐合适的音乐、电影、游戏等内容,从而提升座舱内的娱乐体验。
- **声控系统**。一般又称"可见即可说",智能系统识别驾驶员和乘客声音的口音、语速等特征,将其转化为语音命令来控制车辆的驾乘、娱乐等功能,如导航、音响、电话等。这种便捷的语音交互方式可以提高驾驶员的行车效率，减少忙乱状况的出现。

- **驾驶员监测系统**（Driver Monitoring System，DMS）。借助算法模型还可以实时监测驾驶员的状态，适时提醒和告警，并且可以自动调整娱乐内容的类型和音量，以确保驾驶员驾驶安全，未来，驾驶员状态的深度监测可以助力L3+级自动驾驶的实现。
- **座舱氛围控制**。控制座舱温度、空气质量、座椅舒适性等，以提供更加舒适的乘坐体验，从而提高乘客的满意度和舒适度。座舱氛围的控制可以有效降低乘客晕车等不适症状的发生率。
- **健康管理**。通过实时监测座舱内各种部件（如空调系统、空气过滤器等）的健康状态，智能座舱可以及时发现潜在的故障和维护需求，从而降低车辆的维护成本并减少停机时间。智能座舱的健康管理有助于减少车辆维护的次数和时间，提高车辆的运营效率。
- **车辆安全系统**。包括车辆监控、碰撞避免系统、盲点监测、自动紧急制动等，以提高车辆的安全性。
- **数据记录和分析**。收集和存储车辆数据，用于分析驾驶行为、性能、维护需求等，以提高交通工具的效率和可靠性。
- **连接性和通信**。允许乘客通过智能设备（如智能手机、平板电脑）连接座舱系统，实现充电、音频/视频传输、网页浏览等功能。
- **数据连接和云服务**。通过云连接将车辆数据上传到云端，实现远程监控、远程升级和诊断。
- **智能空调系统**。场景化、个性化的温度和气味选择，隐藏式出风口。

7.2.2 智能座舱技术组成

要实现汽车座舱的智能化，需要借助硬件平台、系统软件、功能软件、网络领域的一系列不同技术。

- **座舱感知**。座舱感知功能逐渐由舱内感知（In-Cabin Sensing，ICS）向舱外感知发展。舱内感知通过追踪包括五官、年龄、头部朝向、面部表情、视线方向、手势及肢体关键点等人体视觉特征与随身物品,分析驾驶员及乘客的身份信息、行为和意图,致力于提升车内的安全性和座椅记忆等用户体验。因为舱内感知要处理驾驶员监测系统(DMS)、乘客监测系统(Occupant Monitoring System, OMS)、舱内物品检测(In-Cabin Object Detection, IOD)等典型场景,所以发展周期较长,相对比较成熟。舱外感知可以感知车外环境变化,如温度、湿度、气压、空气质量等,以便进行调节和优化,也可以感知驾乘人员的状态,以便做出更贴合场景的提醒。

- **车云协同**。车云协同的目标是实现车的数据和云的数据闭环,以及数据的实时交互和计算,从而让车的业务和云的业务实时协同。车云协同不仅为单车决策提供有效信息,还可以扩展到全路网对所有交通参与者进行控制和引导,提升整体交通效率,有效实现"人-车-路-云"一体化。

- **操作系统**。智能座舱操作系统与设备管理程序、基础服务软件(如协议栈)同属于系统软件层,是实现传统汽车向智能汽车升级的关键。如第5章所述,智能座舱操作系统可以分为底层操作系统(狭义操作系统)和二次开发操作系统。底层操作系统目前形成QNX、Linux、Android三大阵营,其中QNX占据绝对优势。对于二次开发操作系统,国外主机厂多选用Linux,国内目前主要包括阿里基于Linux系统内核开发的AliOS及华为鸿蒙系统(HarmonyOS)。

- **虚拟机**。在汽车电子电气系统中,不同的功能单元需要不同的服务,具备不同的优先级,在计算安全冗余度方面也存在差异。特别是需要将各种计算单元进行整合以实现算力共享,最终通过Hypervisor降低成本。作为汽车安全和控制的核心系统,虚拟机具有保障智能座舱域安全和衔接智能驾驶域的不可替代的作用。

- **芯片技术**。智能汽车芯片目前的进展主要集中在座舱域和自动驾驶域的两大域控制器上。智能座舱芯片提供了座舱域控制器的数据承载能力、数据处理速度及图像渲染能力,能够实现车辆信息的采集、处理和传输,提供车内娱乐、信息及车内环境控制、座椅调节、车门电子锁等功能,决定了整个座舱空间内的智能体验。对座舱来说,决定其功能与性能的关键是主SoC的算力,衡量CPU算力的指标主要是每秒处理的百万级机器语言指令数（Dhrystone Million Instructions Per Second，DMIPS）。基本上 SoC 高于 20,000 DMIPS 才能流畅地运行智能座舱的主要功能，例如 AR 导航或云导航、360 度全景影像、流媒体播放、增强现实抬头显示（Augmented Reality HUD，AR-HUD）、多操作系统虚拟机等。GPU 方面，只需要 100GFLOPS 的算力就可以支持 3 个 720P 屏幕显示。

- **电子电气架构**。随着向电子电气架构（EEA）的演进，智能汽车电子电气设备更多地趋向智能化和网联化，开始进入多域融合阶段，并向中央计算－区域控制阶段发展。传统 ECU 数量在汽车内部的占比越来越低，EEA 更加关注新型智能设备，例如摄像头、大型显示屏、AI 芯片等。同时，EEA 从传统的面向信号架构加速向智能化时代的面向服务架构转变。

- **多模态交互**。模态是指一种信息来源或形态，人类可以通过整合视觉、听觉、触觉、嗅觉、味觉等各种模态信息，从多个角度感知世界。多模态交互消除了单模态交互的弊端，智能座舱不再局限于传统视觉和触觉的交互，声音、手势、肢体动作也成为新的交互方式。多模态交互已经成为智能座舱未来发展最核心的技术之一，其关键技术包括可见即可说、连续对话、音源定位、人声分离、免唤醒、智能降噪的语音交互，涉及二维和三维人脸识别、手势识别，以实现驾驶员、乘客检测的视觉交互、HUD 和全息空中智能显示系统（Aerial Holo Intelligent Display，AID）。图 7-3 呈现了智能座舱中的多模态。

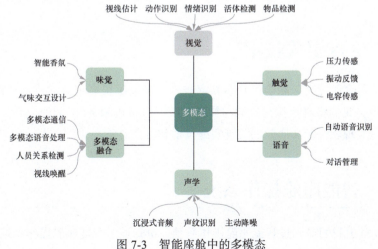

图 7-3 智能座舱中的多模态

- AI。AI 是实现智能座舱的关键核心技术，通过 AI 技术的应用，智能座舱可以实现语音识别和交互、图像识别和监测、智能导航和预测、个性化服务和推荐、智能驾驶和自动驾驶、数据分析和优化等功能。随着 ChatGPT 等 AI 技术的大爆发，未来智能座舱的进化方向也在快速发生着变化。

除了上述技术考量，智能座舱领域还非常关注用户体验，业界一般采用"价值、可采纳性、愿望性、可用性"（Value、Adoptability、Desirability、Usability，VADU）四要素来评估和设计产品的用户体验，用户体验设计四要素如图 7-4 所示。

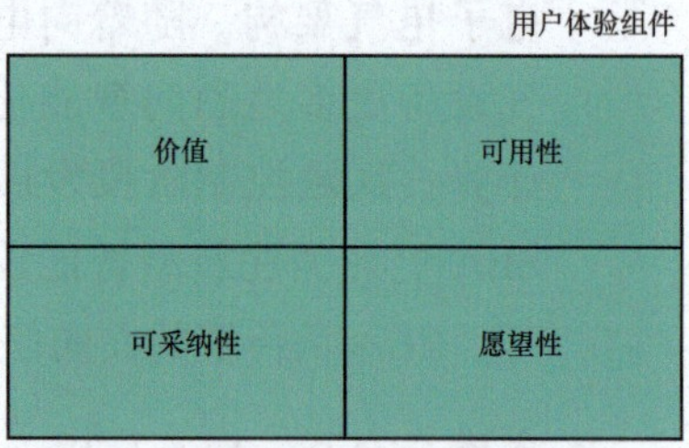

- 价值，指产品或服务对用户的实际价值和意义。
- 可采纳性，指产品的可采纳程度，即用户愿意尝试和采用产品的程度。
- 愿望性，指产品的吸引力和令人向往的程度。
- 可用性，指产品的易用性和用户界面的友好程度。

图 7-4　用户体验设计四要素

VADU 框架提供了一个综合考量用户体验的方法，设计者可以通过关注这四个要素来提升产品的竞争力和用户满意度。只有同时具备好的技术和好的用户体验，才能推出广受用户推崇的座舱产品和功能。

7.3　重点相关技术

智能座舱环境充分融合了众多新兴技术，涵盖了很多细分的技术落地场景。在本节中，我们将着重探讨座舱与操作系统、虚拟机和 AI 之间的关系，这些技术同样是实现软件定义座舱的关键实施技术和研究对象。

7.3.1　智能座舱操作系统

第 5 章中我们提到过智能座舱操作系统，也知道了智能座舱操作系统的大致定位。智能座舱操作系统的定位主要是面向中控、车载信息娱乐系统（IVI）、车内人机交互系统提供的控制平台，对操作系统的实时性与可靠性要求没有安全车载操作系统那么严苛，智能座舱操作系统体系架构如图7-5所示。

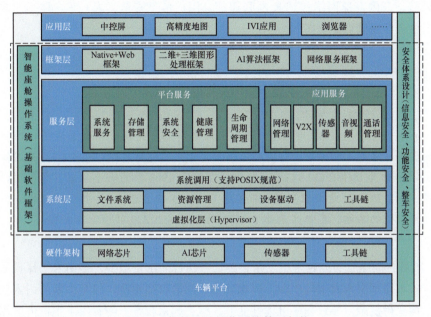

图7-5　智能座舱操作系统体系架构

在智能座舱操作系统体系架构中，作为最基础的支撑，系统层主要包含进程管理、内存管理、地址空间管理、文件系统管理等，这也是我们通常所说的操作系统运行的核心，它们对上可以为服务层提供符合POSIX规范的系统调用接口；服务层包含任务生命周期管理、状态监控、日志管理等功能的系统级服务和CAN总线、以太网等基础通信协议及传感器驱动等功能的车辆应用服务；框架层主要包含应用开发框架、各类库文件和运行时环境等；应用层主要针对各类具体的座舱场景，为应用开发接口，供用户程序直接调用。

随着交互体验需求的深化，智能化算法在座舱操作系统中扮演的角色就变得尤为重要。座舱作为一种典型的多模态交互场景，视听觉技术是多模态交互的基础，其中，视觉基础技术由单帧感知走向时序感知、从平面感知变为立体建模、从单模态变为多模态、从监督学习走向自主学习，而语音交互则从中低识别率向高识别率、从单音区向多音区、从普通立体声向沉浸式音频转变。

第 7 章　粉墨登场，座舱智能化正当时

智能座舱操作系统为人－车信息交互、网联化功能体系提供基础生态集成和应用平台，其向下集成芯片，向上提供开发框架和算法库，支撑用户应用平台的定制开发，在智能网联生态中从用户端为语音和图像识别等多模态人机交互、地图导航、车内高速网络、V2X 网联通信、用户信息安全、人－车－路－云多源数据融合等提供重要支撑。

POSIX 规范是什么？

可移植操作系统接口（Portable Operating System Interface of UNIX，POSIX）规范是 IEEE 为无须修改即可在各种 UNIX 操作系统上运行软件所定义的一系列互相关联的标准的总称，其正式名称为 IEEE Std 1003，而国际标准名称为 ISO/IEC 9945。此标准最早源于 1985 年的一个项目，已被 ISO 所采纳。POSIX 是由理查德·斯托曼（RMS）应 IEEE 的要求而提议的一个易于记忆的名称，其中 X 表示 POSIX 对于 UNIX API 的继承与发展。

随着智能座舱功能越来越复杂，多任务执行需求量增多，早期采用裸机程序的方式不得不引入大量的中断，以保证功能间的自如切换，可是中断的引入使程序结构变得复杂，导致程序可读性变差，维护起来较难。随着娱乐主机内应用和接口数量的增多，座舱软件使用了更为复杂的操作系统，其中 Linux 和 QNX 只集成了学术定义上的操作系统和通信协议栈，而 Ubuntu 则在 Linux 的基础上增加了中间件及桌面环境，Android 系统则在 Linux 的基础上集成了中间件及桌面环境和大量的应用软件。现阶段娱乐主机的主流操作系统主要为 QNX、Linux 和 Android。

随着软件定义汽车的不断发展，行业的盈利模式也将随之改变，由通过新车制造/销售来获取利润向大规模软件＋保有量收费（如客户端/C 端授权及流量收益等）的盈利模式转变，因此，多数 OEM 试图掌握未来智能汽车底层软件和硬件的控制权，同时掌握上层生态环境，在此阶段多数 OEM 倾向于采用中立、免费的操作系统，同时开展多方面的合作，利用丰富的开源软件资源，实现开发周期和开发成本的优化。

7.3.2 智能座舱与虚拟机

在一辆汽车上,众多硬件设备的应用场景不同,对实时性的要求就会不同,因此,往往需要使用多个操作系统来相互配合。为了解决在一套硬件上安装多个操作系统的难题,QNX 推出了一种硬件虚拟化技术,从而满足硬件资源的最大化利用,这种技术叫作 Hypervisor,或者称为虚拟机监视器(Virtual Machine Monitor,VMM),Hypervisor 让多操作系统并行成为现实,如图 7-6 所示。QNX 的 Hypervisor 是唯一在各个车型上量产的应用,也是市场上唯一被认可的安全等级为 ASIL-D 的虚拟化产品。

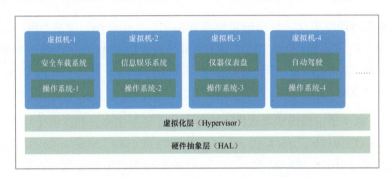

图 7-6　Hypervisor 让多操作系统并行成为现实

Hypervisor 运行在物理硬件与虚拟机之间,用于创建、运行和管理客户操作系统,虚拟机操作系统可以访问(独占或共享)底层硬件资源,包括 CPU、内存和外围设备。也可以说,Hypervisor 在一个完全隔离的环境中虚拟化出一台完整的计算机。虚拟机全部运行在车载主芯片上,在每个虚拟机用户看来,所有已分配的硬件都可用于本机。虚拟机可以使多套异构操作系统运行在同一硬件平台之上,同时提供了故障隔离与高可靠性保障,实现了车载算力整合与算力共享。Hypervisor 还提供硬件设备共享功能,多个虚拟机可共享使用网络、存储和 GPU 外部设备。近年来,Hypervisor 越来越多地应用在数据中心、复杂的嵌入式系统领域,用于提高硬件系统的利用率和软件安全性。Hypervisor 是实现跨平台应用、提高硬件利用率的重要途径之一。

虚拟化的主要类型如下。

(1)应用程序虚拟化。例如 JVM 的本质是对二进制的转换。

（2）**操作系统虚拟化**。例如容器/Docker 技术的本质是对特定进程可用的算力、存储、I/O 资源进行管理，几乎没有额外的系统开销，操作系统虚拟化在云服务中使用较多。

（3）**硬件虚拟化**。例如直接在硬件基础上运行的 Xen、OpenSynergy、QNX、ACRN 等，在完整的操作系统上运行的 KVM（键盘、视频或鼠标）对算力及 I/O 的影响小，额外成本低。QNX 的 Hypervisor 是闭源产品，而 ACRN 是英特尔开源技术中心与 Linux 基金会主导的开源产品，国内很多汽车软件厂商也纷纷加入这两个虚拟机阵营。要实现硬件虚拟化，可以采用全虚拟化（Full Virtualized，FV）、半虚拟化（Para-Virtualized，PV）或透传（Pass Through，PT）的方式。

汽车产品的虚拟化一般指的是硬件虚拟化，开销较小，通常 CPU 负载不超过 2%，DDR（Double Data Rate）SDRAM 占用小于 20MB，eMMC（Embedded Multi Media Card）占用小于 50MB。大多数 Hypervisor 技术的代码量在 3 万行以内，不过 Xen 的代码量较大，达到了 30 万行的量级。

表 7-2 列举了主流虚拟化软件，此外市面上还有很多其他虚拟化软件：Green Hills 的 INTEGRITY、日本的 eSOL、SYSGO 的 Pike、Mentor 的 Nucleus、三星哈曼的 Red Bend、EPAM 的 Xen。虽然种类很多，但目前真正有量产车型的虚拟机只有 QNX 的 Hypervisor，它是目前市场上唯一被认可功能安全等级达到 ASIL-D 级的虚拟机。

随着座舱处理器的性能越来越强，智能座舱涵盖的功能越来越多，虚拟机已经成为智能座舱不可或缺的软件系统。

表 7-2 主流虚拟化软件

种类	QNX	ACRN	Xen	COQOS	L4RF	VOSySmonitor
主导机构	黑莓	英特尔	Mobica	松下	大陆集团	法国 VOSyS
入门费	21 万美元	—	—	15 万美元	—	—
代码行数	2 万	2.5 万	29 万	3 万	3.1 万	10 万
安全等级	ASIL-D	—	—	ASIL-B	—	ASIL-C
量产车型	路虎卫士、广汽 Aion LX	奇瑞星途、长城 F7、红旗	丰田汽车部分低端车型	日产汽车部分高端车型	大众迈腾	—
Tier-1 支持	伟世通、电装、马瑞利	哈曼、东软、LG	—	松下、弗吉尼亚电子	大陆集团	—

续表

种类	QNX	ACRN	Xen	COQOS	L4RF	VOSySmonitor
中国区支持	中科创达、南京诚迈	英特尔中国	—	上海智允信息	—	—

7.3.3 智能座舱与AI

与办公和家居场景不同，座舱作为"用户+汽车+环境"交互的第三生活空间，其空间较小，空间形态相对单一，活动范围也有限，加上各种传感器与智能装备加持，因此成为人车交互智能化场景最为集中的场所和试验田。智能座舱通过融合硬件（仪表盘、显示屏、HUD、智能座椅、空调等）、软件（操作系统、应用软件等）、人机交互（语音识别、人脸识别、手势识别），能够智能地与人、路、车进行交互，智能座舱的主要特点体现在其名字中的"智能"两个字。

无论是中大型的越级空间还是座椅、大屏交互、AR-HUD等顶级配置，超感智能场景体验中，智能座舱在拓展用户用车空间上达到了新高度，成为最懂年轻人的"第三生活空间"。随着人机交互与座舱感知技术的突破，智能座舱也将进入多模态交互、多屏融合、主动式内容服务和万物互联的新阶段，可以说，智能座舱是使汽车从工具演变为伙伴的重要环节和关键节点。

除了大屏化，智能座舱的多屏化发展趋势亦十分明显。车窗、座椅、方向盘、后视镜等位置都加入了屏幕设计。舒适状态既包括身体上肌肉和感知方面的放松，又包括精神上的放松。车主会逐渐释放手眼和注意力资源，更多投入车舱的娱乐操作当中，也会导致在输入输出反馈中更好地利用视觉反馈。在提高用户的舒适感上，行业内智能座舱的硬件升级很快会普遍达到各家都差不多的水平，当然豪华汽车品牌为了拉开差距仍会不计成本地投入以带来细微的提升。

智能座舱中AI技术的作用主要是实现驾驶员和乘客的个性化、智能化，体现在以下方面。

- **语音识别与交互。**通过AI技术的应用，智能座舱可以实现语音识别和交互，使得驾驶员或乘客可以通过语音控制车内各种功能。例如，驾驶员可以通过语音命令来调节座椅温度、播放音乐、操作地图导航等。通过这种语音识别和交互的功能大大减少了驾驶员的手动操作，在一定程度上提高了驾驶安全性。有统计数据表明，通过语音识别技术，用户在驾驶过程中的误操作率甚至可降低 30% 以上。

- **图像识别和监测**。智能座舱结合 AI 技术还可以通过摄像头和传感器等设备实现对驾驶员和乘客的行为识别和监测。通过对驾驶员的面部表情、姿势和眼部活动的追踪，智能座舱可以判断驾驶员是否疲劳驾驶或注意力不集中，并及时发出警示信息。此外，智能座舱还可以通过图像识别技术判断乘客的情绪，并根据乘客的情绪提供相应的个性化服务，例如播放乘客喜欢的音乐或推荐适合的电影。

- **智能导航和预测**。智能座舱利用 AI 技术还可以提供智能导航和预测功能。通过分析路况、交通信息和驾驶员的驾驶习惯，智能座舱可以提供最优的导航建议和预测到达时间。例如，在面临拥堵时，智能座舱可以通过分析交通数据为驾驶员提供更快到达的路径，避免延误时间。这种智能导航和预测功能可以大大提高出行效率。

- **个性化服务和推荐**。通过分析驾驶员和乘客的行为和偏好，智能座舱可以提供个性化的服务和推荐。例如，智能座舱可以根据驾驶员的运动习惯和喜好向其推荐适合的健身计划或运动项目。对于乘客而言，智能座舱可以根据其听过的音乐和电影偏好推荐相似风格的音乐或电影。这种个性化的服务和推荐可以提高驾驶员和乘客的舒适度和满意度。

- **智能驾驶和自动驾驶**。智能座舱结合 AI 技术还可以实现智能驾驶和自动驾驶功能。通过传感器和摄像头等设备，智能座舱可以实现自动驾驶、自动刹车、自动避障等功能。这种智能驾驶和自动驾驶的功能可以大大提高驾驶安全性，减少人为干预，同时也减轻了驾驶员的压力和疲劳程度。

- **数据分析和优化**。智能座舱结合 AI 技术可以应用于数据分析和优化。通过分析车辆的运行数据和环境数据，智能座舱可以提供优化建议和预测维护时间。例如，智能座舱可以分析车辆的油耗、行驶路径和速度等数据，为驾驶员提供节油和优化行驶路线的建议。此外，智能座舱还可以通过分析车辆的故障数据和维修记录预测维护时间，提醒车主及时维修和保养车辆。这种数据分析和优化的功能可以帮助车主降低车辆运营成本和提高车辆维护效率。

此外，无论是近期火热的 AI 大模型还是座舱基于 AI 大模型的探索，都在快速迭代中，也在推动着智能汽车向真正的智能化方向发展。大模型是 AI 发展的重要方向之一，可以说，智能座舱是大模型"上车"的重要应用场景之一。大模型可大幅提升智能座舱语义理解和连贯文本生成的能力，解决指令格式固化、指令理解错误、无法联想理解指令等痛点，提供更加丰富的内容输出，实现更接近用户意图的交互体验。大模型在语音识别、多模态交互、个性化定制服务、安全与合规、智能驾驶辅助、座舱娱乐与信息服务等领域的应用前景十分广阔。

7.4 等级成熟度与发展趋势

在智能座舱领域，专业机构依据人机交互、网络连接服务、应用场景及其扩展性等多个维度，对座舱的成熟度进行了细致的等级划分，从而为座舱技术的发展提供了明确的指导方向。此外，本节还将详尽描述包括沉浸式视听体验、智能语音交互体验以及多模态技术在内的座舱技术发展趋势。

7.4.1 智能座舱等级划分

在业内相关机构的联合牵头下，对智能座舱进行了分级，此分级虽非行业标准，但该举措对于量化智能座舱的功能、统一并提升相关企业的开发水平起到了一定的作用。

按座舱的实现能力对智能座舱进行分级，从人机交互、网联服务、场景应用与拓展三个维度进行划分，将其分为 L0～L4 这五个层级，智能座舱等级划分如图 7-7 所示。

- **L0-功能座舱**。在传统的离线功能型座舱中，驾乘人员必须通过主动操作来控制座舱，而座舱则以被动响应的方式提供服务。所有任务的执行都局限于座舱内部，并且这些服务功能只能覆盖座舱内的部分场景。这种座舱设计常见于电动化和智能化技术出现之前的传统汽车。

- **L1-感知座舱**。智能座舱拥有远程控制功能，能够对座舱内特定的服务（如导航和音乐播放）进行操作。驾乘人员的任务需求仍然仅限于座舱内部,但座舱能够在一些特定场景(如打电话)中感知到驾乘人员的需求,并在获得授权后提供相应的建议和执行任务。这种座舱具备基本的网联功能,但这些功能仅限于预先设定的部分服务。这种类型的智能座舱主要应用于传统汽车以及智能化水平相对较低的新能源汽车。

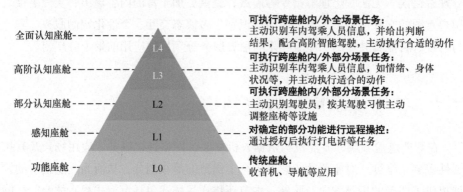

图 7-7　智能座舱等级划分

- **L2-部分认知座舱**。智能座舱能够执行跨座舱内外的多种场景任务。在这一阶段,座舱能够主动完成一些任务,例如自动调节座椅以适应驾驶员的偏好。此外,它还具备网络连接能力,允许对座舱内的某些功能进行实时更新。在当前新能源汽车的发展过程中,这种等级的智能座舱可作为座舱智能化发展的一个重要标志。

- **L3-高阶认知座舱**。在 L2 的基础上,智能座舱进一步扩展了座舱内应用场景,实现了对驾乘人员在座舱内的全场景主动感知能力。同时,通过增强座舱的网络连接功能,为用户提供了更多样化的在线资源。用户可以根据自己的实际需求,在汽车的使用周期内主动下载新的应用程序和服务,确保车辆始终保持最新状态。这一阶段的智能座舱开始实现了虚拟空间与真实物理空间的融合,预示着它将很快成为汽车行业的新趋势。

- **L4-全面认知座舱**。智能座舱在这一阶段可以通过云控平台实现跨座舱内外所有场景的交互,标志着智能座舱发展的最高等级。与高级无人驾驶技术相结合,智能座舱能够主动感知座舱内人员的需求和意图,并自动执行相应的任务,从而实现真正意义上的移动的第三生活空间。

7.4.2 智能座舱发展趋势

2023 年，智能汽车市场依旧硝烟四起，各家车企纷纷使出自己的"杀手锏"，智能座舱领域的创新应用更是层出不穷，据 J.D.Power 发布的"2023 中国汽车智能化体验研究"，智能座舱发展呈现出以下趋势。

沉浸式视听体验成为焦点，成为智能座舱娱乐体验的重要组成部分。在消费升级的趋势下，车载扬声器的数量逐渐增多，声学领域知名品牌和汽车制造商在高保真系统上的合作越来越多，智能车灯、车内氛围灯、座椅震动和超大屏幕及全面升级的音响系统共同打造了身临其境的 5D 影院式环绕体验，持续提升影音体验是必然的趋势。来自信息娱乐系统的变革，使得沉浸式智能座舱交互和娱乐体验被视为下一个赛道。

智能语音交互体验不断升级，车载智能语音助手成为刚需。有效的语音识别技术可以使用户在驾驶过程中的误操作率降低 30% 以上。随着 AI 大模型的进展，智能语音的高识别率已成为标配，分区语音识别及交互逐渐成为主流，领先车型已经能够非常准确地识别语音指令来自车内哪个方位，并且执行相应的操作。自然语义识别已经可以让人与车的交流向人与人之间的自然沟通靠拢，并且具备了持续对话的能力。

智能座舱的交互质量不断提升，形成多维交互方式。通过语音识别、视线识别、手势识别等多维交互方式来检测用户的需求和驾驶环境，满足用户在特定情况下的特殊需求，从而提升用户的舒适度。语音交互更加智能化、个性化和情感化；手机和车机的无缝对接可以让车机获得手机的大部分功能，并且可以将手机内容顺滑流畅地迁移至车机；手势控制的应用范围在不断扩展，识别率不断提高；疲劳监测逐渐普及。

多屏化、大屏化和联屏化成为趋势，界面美观的满意度持续上升。座舱显示屏的数量不断增加，一芯多屏成为部分厂家打造产品竞争力的发力点之一，一机双屏 / 一机三屏 / 一机五屏成为车企的宣传口号。在屏幕数量增加的同时，屏幕尺寸也在不断增加，相关行业数据显示，在新势力车企的相关车型中，大于 12 英寸的仪表盘占比高达 56%，大于 15 英寸的中控屏占比达到了 45%，副驾屏和后排屏的应用进一步丰富了智能座舱的娱乐属性。当然，行业内对此趋势也有一些反面的声音,例如宝马集团董事长齐普策明确表示,汽车制造商过度关注车载大屏,这可能偏离了正确的发展轨道,增加了驾驶干扰和风险,存在安全隐患。

车灯交互推动内外兼修,智能灯光被超半数车主频繁使用。随着车灯技术的不断发展和突破,原本主要承载照明功能的车灯也加入了智能座舱领域,协同其他功能为消费者带来更多体验。大灯的智能化将智能座舱的范围从车内向车外延伸,灯语的出现为车内与车外的交互打开了大门,车灯投影为智能座舱拓展了新的使用场景;氛围灯由车顶、车内底部、车门等位置向全车舱环绕式布局发展,氛围灯的智能化趋势非常明显,逐渐实现语音、手势交互控制,与沉浸式影音娱乐相结合,提供了丰富的灯光效果,给车内驾乘人员带来全方位的感官享受。

AR-HUD 颠覆行车仪表,形成新的交互手段。AR-HUD 拥有更大的视角、更远的成像距离、更大的显示尺寸,可以将虚拟影像和现实路况融合到一起,将导航路况及时显示在挡风玻璃并与路面进行融合,路面上其他车辆的虚拟影像会反映在导航路况上,从而进一步提高车辆的安全性。AR-HUD 可以将传统仪表信息全面复制到挡风玻璃,取消或减小行车仪表成为可能,座舱的设计更加灵活。

舱驾融合。随着技术手段的不断发展,智能座舱和智能驾驶两个原本相互独立的部分越来越向融合的方向发展,汽车智能化短暂经历了"行泊一体"和"舱泊一体"后,开始向"舱驾一体"演进。

Chiplet 开始在智能座舱领域大放异彩。智能驾驶、智能座舱和汽车云对于算力的需求将会持续增长,用传统的单芯片方案已无法满足市场需求,应运而生的芯粒(Chiplet)技术正是一剂良药。

释放自由,与消费者共创。"深度共创"是一些企业在获得极致用户体验方面的尝试,并有可能成为未来的趋势。智能座舱可以让用户根据自身用车场景进行不同功能的调度与组合,不断发掘车机的内在潜能,从用车机到玩车机,然后让车机更好地服务用户,从而提升体验,真正做到"千人千面"和"千人千乘"。

智能座舱成为车企新的盈利增长点。车企通过智能座舱大量获取用户数据,精准了解用户需求,优化产品设计,集成更多创新技术与生态服务,在提升用户体验的同时还可以通过流量变现、付费 OTA 等形式为车企带来额外的收益。

> **Chiplet 是什么？**
>
> Chiplet 通常翻译成芯粒或小芯片，它是一种微型集成电路，专门设计用于与其他类似的 Chiplet 一起工作以形成更大更复杂的芯片。Chiplet 是一种通过在先进制程下提升芯片的集成度，从而在不改变制程的前提下提升算力，并保证芯片制造良品率的一种手段。通用芯粒互联技术（Universal Chiplet Interconnect Express，UCIe）是 Chiplet 标准联盟提出的 Chiplet 高速互联标准，该联盟于 2022 年 3 月成立，有 10 个创始成员，包括 AMD、ARM、ASE、Google Cloud、英特尔、Meta、微软、高通、三星电子和台积电。

7.5 小结

智能电动汽车时代，传统汽车的价值链和汽车生态被打破并重塑，智能座舱开始加速发展，厂商力图在这个领域打造差异化竞争优势，实现重点转型和突破。智能座舱承载的是与驾乘人员直接接触的软硬件系统和生态，一方面容易被消费者感知，另一方面技术门槛没有那么高，前期技术积累又比较成熟，所以目前处于渗透率加速上行的成长期，量产落地已经全面铺开，整个市场非常火热，在场景化和功能化的落地上呈现出"百花齐放"的产业图景。

在智能座舱领域在高速发展的同时也出现了成本、算力等一些难题，英伟达 H800/A800 芯片开始在国内禁售，国产 GPU 短期还达不到英伟达芯片那样的成熟度，因此，积极探索和尝试"舱泊一体""舱驾一体"等新的方案就成为市场的迫切需求。当然，智能座舱产业目前仍然没有统一的标准和要求，存在更多的可能性来引领座舱领域的深度智能化，突破基础的安全与舒适需求将成为车企收益增长的新引擎，甚至引发新一轮的科技革新。

第 8 章
芝麻开门，聪明的数字钥匙

> 数字钥匙用软件充当解锁车辆的魔法钥匙。

约 6000 年前，两河流域的阳光照在文明孕育的古代美索不达米亚平原上，钥匙和木脚锁显得如此质朴，如图 8-1 所示。

我们时常困惑，究竟是谁发明了它们，后又被不断地改良和进化，一直保卫着我们神圣不可侵犯的家庭财产和生命安全。汽车时代来临了，钥匙和锁"拍着胸膛"，信誓旦旦地表示要保护我们的新财产——"汽车"。当然了，我们不仅能用钥匙打开车（开锁）、关上车（关锁/落锁），还能玩点儿新花样，启动汽车（点火）。

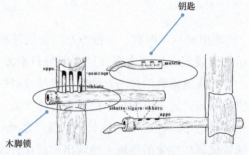

图 8-1　古代美索不达米亚的木脚锁和钥匙

随着科技的不断发展，无钥匙进入和一键启动的功能得以应用，随后这两个步骤被逐渐简化，合二为一。特斯拉的卡片钥匙、福特汽车猛禽的 B 柱密码锁等新的钥匙技术和形态层出不穷，都为软件定义汽车的时代增添了有趣的亮色。

从事过整车设计的人都知道汽车钥匙对于整车交付的重要性。要想将一辆新能源汽车完完整整地转移交付到用户手中，首要底线是保证数字钥匙能开关车门，避免用户用车时傻傻地被罚站、被风吹、被雨淋，而座舱内的其他数字化功能则可以后续通过 OTA 持续集成和交付。

统计数据显示，数字钥匙是各大车主 App 内使用频率最高的车控功能。本章可以说是第 7 章内容的补充，因为数字钥匙也属于智能座舱的范畴，很多厂商把数字钥匙的研发工作放在智能座舱的网联部门。数字钥匙是提升人车交互智能体验的重要技术方向，有望伴随技术升级带来更多新的机遇。

在本章中，读者可以对汽车钥匙发展史以及数字钥匙的概念和技术略有了解，成为小半个数字钥匙领域的专家，或者至少可以在新能源汽车用户圈里吐露心声，展现自我风采。

8.1 汽车钥匙发展简史

虽然大家天天开车用车，但说到和汽车关联最为密切的钥匙发展史，肯定所知甚少。汽车钥匙之所以会演变成今天这样，其实也是经历了漫长岁月的洗礼，一切都可以追溯到最初的起点。汽车钥匙发展简史如图 8-2 所示。

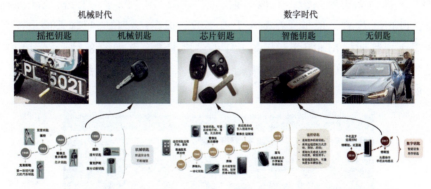

图 8-2　汽车钥匙发展简史（参考：Car And Driver，中金公司研究部）

最早的摇把钥匙其实很多人见过，农忙的时候在田间地头作业的拖拉机上就很常见，不过也许岁月的洗刷已经让我们淡忘了儿时的记忆，其实汽车上也有这种机械式的摇把钥匙，也称作工字形钥匙。使劲儿摇半天就能带动曲轴和飞轮的转动，启动汽车的内燃机，这把钥匙很大，偷起来还挺费劲儿，所以安全性其实挺高的。

机械钥匙是历史上真正意义的第一把汽车钥匙，1949 年克莱斯勒推出了第一款集点火、启动功能于一身的汽车钥匙，开启了现代钥匙演进的序幕。这种钥匙的原理和普通的门锁钥匙是一样的，靠的是机械加工的精度来保证钥匙的安全性。机械钥匙很容易被加工复制,同时由于加工精度的因素,也会有一定的互开率,但是机械结构的稳定性是电子系统不可替代的,因此直到现在,机械钥匙依然会作为备用钥匙广泛地存在。与工字形钥匙相比,机械钥匙小巧得多,但是偷起来也更容易。

芯片钥匙是在钥匙柄上植入芯片,通过钥匙和芯片双重识别才能进行点火和启动,汽车的防盗功能进一步得到增强。后来芯片钥匙又搭配遥控器,通过按键发出信号和命令信息,经汽车控制模块认证后,执行器实现开锁和关闭的动作,节省了开关锁的时间,更加方便快捷。有的时候,芯片钥匙的机械部分可以折叠起来,方便携带,并且更加美观,这种钥匙被称作折叠钥匙。

再到后来就是我们常见的智能钥匙,这时候连掏钥匙这一过程都省略了。智能钥匙采用了最先进的射频识别(RFID)技术,可以自动识别对象并获取相关数据,无须人工干预,也就是说只要钥匙在口袋,车辆感应到了钥匙在设定范围内,不用拿出来就能解锁开门和启动汽车,这就是无钥匙进入和一键启动功能,统称为无钥匙系统,又称为被动进入与启动(Passive Entry and Passive Start,PEPS)模式,最早只在豪车上有搭载,现在已经越来越频繁地出现在家用车型上,特斯拉 Model 3 和极氪 001 的"刷卡进车"如图 8-3 所示。PEPS 主要通过 RFID 技术实现,作用距离一般是 1.5 米(因为低频天线的监测范围一般是 0.8m~1.5m)。

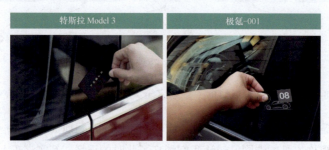

图 8-3 特斯拉 Model 3 和极氪 001 的"刷卡进车"

PEPS 主要实现以下 3 个功能。

- 无钥匙进入。为车主配备一把智能钥匙,当车主携带智能钥匙并用手触碰车门把手上的电容式传感器时,PEPS 控制器将驱动门把手上的低频天线对智能钥匙进行扫描。一旦扫描到智能钥匙并通过身份认证,车门即可自动解锁。

- 无钥匙锁车。当车主关闭车门并触碰车门把手时，PEPS 控制器随即激活，促使车内和车外门把手上的低频天线同步扫描智能钥匙。如果扫描结果显示钥匙位于车内，系统就无法进行锁车操作；反之，如果车内未扫描到钥匙而车外探测到，系统就执行锁车操作。
- 无钥匙启动。当车主与智能钥匙都在车内，按下车内一键启动开关就可以启动车辆发动机。

8.2　汽车钥匙数字化

汽车钥匙数字化就是以智能设备为载体，通过无线通信与汽车连接实现汽车钥匙开关车门、远程操作、多人共享、人车互动等功能，这些智能设备有可能是手机，也可能是智能手表等智能可穿戴设备。数字钥匙承载在我们日常出行必不可少的手机或者手表上，钥匙形态由实体变成虚拟，可以有效解决用户忘带钥匙的困扰。在强调车辆共享功能的 ToB 市场，例如在停车、洗车、加油、充电、租赁等场景，用户可以通过数字钥匙直接远程授权给代驾司机或相关服务人员，无须再像从前那样线下交付车钥匙。根据高工智能汽车研究院统计，2022 年 1～9 月，国内乘用车市场中前装标配数字钥匙的上险量为 308.4 万辆，渗透率从 2020 年的 4.9% 提升至 21.6%，预计到 2025 年前这一数字有望提高到 65%。

2017 年，特斯拉 Model 3 率先取消了实体钥匙，仅配备近场通信（Near Field Communication，NFC）卡片钥匙以及手机蓝牙钥匙，无须点触即可自动感应开关车门，让用户感受到了使用数字钥匙的便捷。同年，以主流车企苹果、三星、LG、松下和小米为主要成员的车联网联盟（Car Connectivity Consortium，CCC）发布 CCC R1 规范，定义了将智能终端变为汽车数字钥匙的连接标准。

2020 年 5 月，CCC 发布了 CCC R2 规范，引入 NFC 技术，使智能手机等兼容的移动设备能够安全地访问车辆。新增了车辆和智能设备之间标准化的身份验证协议，既确保了不同智能设备和车辆之间的互操作性，又可以实现与物理钥匙同等级的安全性和隐私性。

2021 年 7 月，CCC 发布了 CCC R3 规范，将超宽带（Ultra-Wide Band，UWB）和低功耗蓝牙（Bluetooth Low Energy，BLE）技术相结合，并将 UWB 定义为第三

第 8 章 芝麻开门，聪明的数字钥匙

代数字钥匙的核心技术。厘米级的定位精度让很多车企看到了 UWB 数字钥匙的未来，蔚来在 2021 年发布轿车 ET7 时，就曾将搭载 UWB 数字钥匙作为核心宣传点。小小的汽车钥匙在整车之前率先进入了数字化时代。

> **CCC 是什么？**
>
> CCC 成立于 2016 年，致力于行业之间的协作，建立跨智能手机与汽车的统一连接标准。CCC 成员包括手机、汽车、配套技术等多个领域的核心厂商，目前已经超过 200 家，其中 25% 的成员来自中国。目前，CCC 数字钥匙标准已迭代至 R3，NFC、BLE、UWB 被确立为实现"手机 – 汽车"通信的三项主流技术。

除了 CCC，还有一个 FiRa（Fine Ranging）联盟，这是一个非营利组织，旨在利用基于 IEEE 802.15.4 标准的 UWB 推动用户无缝体验，成员包括苹果、谷歌、思科、三星、高通等。FiRa 的全称 Fine Ranging 代表"精确测距"，突出了 UWB 技术在测量距离或确定目标相对位置时所提供的前所未有的精确度。2023 年年底，CCC 和 FiRa 两个重要的数字钥匙行业技术联盟正式宣布成立联合超宽带 MAC 物理层工作组（Joint Ultra-Wide Band MAC PHY Working Group，JUMPWG），以共同开发和进一步推动 UWB 技术规范的标准化和可扩展性。除 CCC 和 FiRa 联盟外，国内有两个组织在推行汽车数字钥匙标准：一个是华为主导的智慧车联产业生态联盟（Intelligent Car Connectivity Industry Ecosystem Alliance，ICCE），使用的是对称密钥体系；另一个是小米、OPPO 和 vivo 主导的仿照 CCC 的智慧车联开放联盟（Intelligent Car Connectivity Open Alliance，ICCOA），使用的是非对称的证书认证体系。与 CCC 类似，ICCOA 的安全性比 ICCE 好，但落地难度会比较大。

除了国内外标准化组织的努力，2024 年世界移动通信大会（MWC）期间，芯片巨头高通率先发力，针对 AI、近距离感知和多设备互联体验的关键连接系统发布新一代 FastConnect 7900，预计 2024 年下半年正式量产交付。高通 FastConnect 7900 系列是行业中首个在单芯片上集成 Wi-Fi 7、蓝牙和 UWB 技术的解决方案，支持汽车数字钥匙等近距离感知应用场景，同时，芯片面积减少 25%，功耗降低 40%。头部智能手机厂商也都陆续宣布将升级 Wi-Fi 7，加上高

通骁龙处理器与FastConnect绑定使用，这意味着，从2024年开始，高通平台的智能手机将全面普及UWB功能。

在技术突破的同时，市场也给出了十分积极的反馈，佐思汽研发布的《2023年中国汽车数字钥匙研究报告》中指出，2022年中国乘用车数字钥匙装配量达457.3万辆，同比增长93.8%，装配率为23.0%，较上年同期增加11.4个百分点，预计到2030年，中国乘用车数字钥匙装配率将超过80%。市场也已形成围绕着数字钥匙解决方案供应商、主机厂、手机厂、NFC & BLE & UWB 芯片供应商在内的上下游产业链，数字钥匙产业链如图8-4所示。

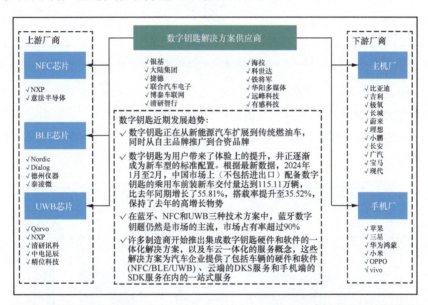

图8-4 数字钥匙产业链（参考：Wind、中金公司研究部、高工智能汽车研究院）

在麦肯锡2021年发布的"释放智能网联汽车数据全生命周期价值潜力"报告中，九大用例集群如图8-5所示。其中，"无缝的车内体验"位居其中，汽车钥匙数字化就是让"无缝的车内体验"变成现实的一个入口。所有的私人用例场景对应着用数字钥匙开关车门和远程控车的操作，而按需出行的用例场景对应着钥匙共享和分发的操作，而对于车队所有的用例场景接下来稍微展开讲述一下。

在车辆管理中，传统的物理车钥匙存在易丢失、归还混乱、钥匙分发不灵活、购买及维护成本较高等诸多管理痛点。目前，数字车钥匙概念已成功引入，实现了远程控制车辆开关锁、智能定位等功能。

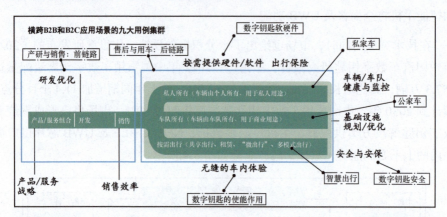

图 8-5 麦肯锡报告中的九大用例集群

不论是公务用车、汽车租赁还是网约车等不同用车场景,用户通过手机端即可实时操作,便捷解锁车辆,数据统计精准,满足无人值守、自助取还车等需求。不管哪种数字钥匙,其技术架构基本是类似的,典型的数字钥匙技术架构如图 8-6 所示。

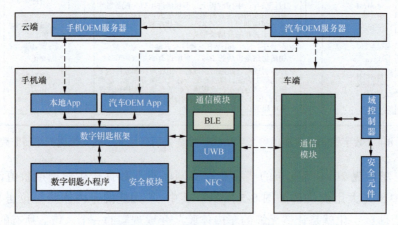

图 8-6 典型的数字钥匙技术架构

从本质来讲,数字钥匙是一个与手机(智能设备)和车辆绑定的证书和密钥,它存储在手机安全元件(Secure Element,SE)芯片中的数字钥匙小程序(Applet)中,小程序包含所有的数字钥匙(Digital Key Structure)和 CA 实例。整个数字钥匙技术架构分为云端、手机端和车端三端。手机 OEM 服务器也称作

App Server，负责手机 App 的日志、状态等存储和计算服务。手机端通过通信信号向车端传递身份信息并验证，车端通过定位技术判断手机是否趋近、远离、进入车辆，从而执行开锁、闭锁、启动操作。

除了车辆开闭锁和启动点火这些基础功能，数字钥匙还能控制车辆、支持钥匙分享、记录车辆轨迹以及实现账号登录、座椅、音乐等个性化设置在内的 C 端功能，此外，还能实现共享汽车运营、车队管理、销售与后市场服务等 B 端功能，数字钥匙的常见功能如图 8-7 所示。可以说，数字钥匙既能进行车辆的个性化配置，又是连接车辆与人的新界面和桥梁，理论上可以实现目前手机 App 控车的所有功能。

图 8-7　数字钥匙的常见功能

8.3　3 种主流形态的数字钥匙

本节将进一步深入讲解 NFC 数字钥匙、蓝牙数字钥匙以及 UWB 数字钥匙的技术原理，并概述它们目前的发展现状。

8.3.1　NFC 数字钥匙

从技术路径来看，汽车数字钥匙的实现主要基于 NFC、BLE、UWB 通信技术，分别被称作第一代、第二代和第三代数字钥匙。接下来，我们将逐一讨论这些技术的发展。

第 8 章　芝麻开门，聪明的数字钥匙

作为一种短距离的高频无线通信技术，NFC 集感应式读卡器、感应式卡片、点对点通信于一体，从而实现无接触的射频识别（Radio Frequency Identification，RFID）技术互联，NFC 基本工作原理如图 8-8 所示。

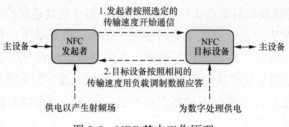

图 8-8　NFC 基本工作原理

NFC 的传输速度有 106kbit/s、212kbit/s、424kbit/s 及 848kbit/s 四种。NFC 接口和协议（Near Field Communication Interface and Protocol，NFCIP）规范要求 NFC 的通信距离在 10 cm 以内、工作频率在 13.56 MHz；NFCIP-1 规范对 NFC 设备的传输速度、编解码方法、调制方案、RF 的帧结构进行了详细的描述，并对 NFC 的传输协议（包括启动、数据交换等）进行了详细的规范。

NFC 的工作方式可分为主动模式、被动模式和双向模式三种。在主动模式下，发起装置和目标装置都要主动地产生射频场，这是一种典型的点对点通信方式，它能达到很高的连接速度。在被动模式下，设备不产生射频场，而是被动接收主设备产生的射频场，NFC 主设备可以检测到非接触式卡或 NFC 目标设备，并与之建立连接。在双向模式下，NFC 主设备和目标设备都会主动产生射频场来建立点对点通信，两个 NFC 设备都处于主动模式。NFC 规范只对通信部分进行了规定，包括"FeliCa""TypeA""TypeB"三种模式。设备端的 NFC 接口应符合监听设备的需求，当电池低电量时，保证 NFC 还可以使用。

手机上搭载的 NFC 与车门把手附近区域搭载的传感器进行通信，相匹配后，后者会检测并接收手机传来的解锁信号，实现解锁或锁车。由于 NFC 不依赖网络，在无网络信号的地库、隧道等场所也可正常解锁车辆。典型的 NFC 汽车钥匙如图 8-9 所示。

NFC 钥匙 CR5（市场占有率前五位公司的总市场份额）约为 96%，其中恩智浦独占全球份额的 74%，另外 4 个公司分别是 Inside Secure、博通、索尼和瑞萨。

图 8-9 典型的 NFC 汽车钥匙

8.3.2 蓝牙数字钥匙

目前来看,蓝牙是最主流的数字钥匙通信技术,低功耗蓝牙(BLE)数字钥匙也被称作第二代数字钥匙,通过蓝牙通信技术和车辆进行连接,实现钥匙定位、无钥匙进入、无钥匙启动、远程控制等功能。根据佐思汽研数据,2021 年 BLE 方案占比达 64%,BLE+NFC 方案占比超过 30%,占据绝对优势。

蓝牙是常用的短距离无线通信技术,最早由爱立信公司于 1994 年提出,4.0 协议中开始引入 BLE 技术,自此蓝牙技术被拆分为经典蓝牙(BT)与低功耗蓝牙(BLE),表 8-1 列举了 BT 与 BLE 典型指标对比。

表 8-1 BT 与 BLE 典型指标对比

指标	BT	BLE
传输速度	1～3 Mbit/s	1 Mbit/s
吞吐量	0.7～2.1 Mbit/s	0.27 Mbit/s
频率	2.4 GHz	2.4 GHz
时延	100 ms	6 ms
时间间隔	100 ms	3 ms
功耗	1 W	0.01～0.5 W
峰值电流损耗	＜30 mA	＜15 mA
安全	56/128 位	Counter Mode CBC-MAC 的 128 位 AES

接收信号强度指示(Received Signal Strength Indicator,RSSI)是无线电信号中的一个重要参数,RSSI 定位技术是蓝牙定位的主要技术之一,它主要利用

了以下两个特性来完成定位。

- 信号强度随距离减弱。一般情况下，当接收端离发射端距离变远时，接收到的信号强度也会随之减弱。如果能够测量到与当前所处位置相邻的若干发射端的信号强度，则可以根据这些信号强度的衰减程度来推断出当前位置。
- 无线信号在无障碍物条件下会呈球形扩散。因此，只要测量到与当前所处位置相邻的若干发射端的信号强度，就可通过求解方程来计算出当前位置。

当数字钥匙进入检测范围后，车端蓝牙模块检测信号源、获取 RSSI 值并汇集至蓝牙主模块处。蓝牙主模块通过内置的定位算法，根据各模块获取的 RSSI 值确定信号源位置。简单来说，数字钥匙会落在以蓝牙模块为圆心、RSSI 值为半径的圆周上，多个蓝牙模块圆周的交点即可判断为数字钥匙位置，车端蓝牙定位 RSSI 技术示意如图 8-10 所示。

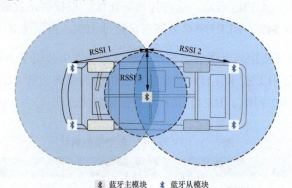

图 8-10　车端蓝牙定位 RSSI 技术（参考：SIG 联盟、中金公司研究部）

RSSI 技术主要依靠静态信号强度进行定位，容易暴露在中继攻击的风险之中（通过中继手段，欺骗车辆，使其以为数字钥匙位于附近）。另外，RSSI 的定位误差比较大，动态定位难以取得理想的结果。所以，从安全性角度来讲，RSSI 技术存在较大的漏洞。

同时，蓝牙信号的强度也会因外部环境变化而快速发生变化，用户背对或正对车辆时蓝牙信号也会不同，如果不对信号做任何处理，就会导致频繁解闭锁。再加上不同型号手机设备的蓝牙性能有所差异，如果不做特殊标定的话，无感蓝牙解闭锁体验是很难实现的。

Nordic 和 Dialog 两家国外大厂占全球 BLE 芯片市场份额的 50%，国内厂商泰凌微在全球 BLE 市场位列第三，市场份额约为 12%。

8.3.3 UWB 数字钥匙

UWB 是基于 IEEE 802.15.4a 和 802.15.4z 标准的无线通信技术，能够通过飞行时间（Time of Flight，ToF）实现厘米级的距离/位置测量。

2021 年 7 月，CCC 发布了 CCC R3 规范，明确了第三代数字钥匙是基于 UWB/BLE+NFC 的互联方案。同时，手机厂商从 2019 年开始相继推出搭载 UWB 技术的手机，最先应用 UWB 的是 2019 年苹果发布的 iPhone 11。由于"CCC R3 规范制定 + 手机 UWB 渗透率提升"的推动，高端车型装配 UWB 数字钥匙逐渐成为趋势，2022 年成为 UWB 数字钥匙应用元年。据市场分析机构 Techno Systems Research 报告显示，2021 年全球 UWB 的出货量达到 2 亿个，预计到 2027 年将超过 12 亿个。

2022 年 1 月上市的宝马 iX M60 和 iX xDrive 40 是全球应用 UWB 数字钥匙的第一款车型，国内首发的 UWB 车型则是 2022 年 3 月开始交付的蔚来 ET7。时至 2023 年 11 月的广州车展，搭载 UWB 技术数字钥匙的车型不过屈指可数，正如手机厂商之间繁杂的快充协议一样，UWB 技术在不同型号的手机上也有着不同的协议桎梏。据高工智能汽车研究院监测数据显示，2023 年 UWB 方案的前装标配交付仅为 30.77 万辆，蔚来、比亚迪、吉利（含极氪）、问界、小鹏是为数不多已经上车的品牌。

UWB 技术测距的核心原理基于 ToF。通过记录两个内置 UWB 芯片的设备之间发射信号与接收信号的时间戳，得到信号在两个设备之间传播所需的时间，进而根据信号传播速度得到两个设备间的距离。

到达时间差（Time Difference of Arrival，TDoA）是市场上使用最广泛的 UWB 定位方案之一。当数字钥匙进入 UWB 探测范围后，车端 UWB 模块先与数字钥匙进行通信，得到两者之间的距离。接着，两个车端 UWB 模块之间同步距离信息，计算距离之差，数字钥匙落在以 UWB 模块为焦点的双曲线上，多条双曲线的交点即可判断为数字钥匙所在的位置，UWB 定位技术原理如图 8-11 所示。

第 8 章 芝麻开门，聪明的数字钥匙

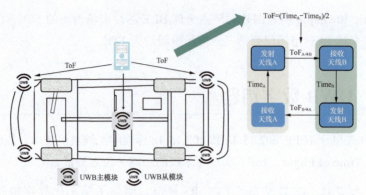

图 8-11　UWB 定位技术原理（参考：NXP 官网、中金公司研究部）

BLE、NFC 和 UWB 三种技术方案均可独立实现基础的车辆解闭锁与启动功能，但都不够完美，所以就像 CCC R3 规范中定义的那样，三种技术集成到一个终端（智能手机、智能穿戴设备等）将成为发展趋势。在集成方案中，BLE、NFC 和 UWB 可实现不同场景下的分工合作：BLE 用于车辆唤醒和传输授权信息，在唤醒以后 UWB 用于精确定位用户位置，NFC 则可作为手机没电的情况下车辆解锁与启动的备用方案。这样，无论是远程、近距离还是网络环境欠佳或者手机关机的状态下，都能顺利解锁车辆。但是，当下 UWB 通常采用 1～5 个不等的锚点加蓝牙远程信息处理控制模块（Bluetooth Telematics Control Module），成本依然很高，行业还处于早期阶段。

除了基于 NFC、BLE、UWB 这三种通信定位技术，还有一些配合的技术方案，例如航位推算法（Dead Reckoning，DR）和计算机视觉技术，其中，DR 是一种利用里程计、陀螺仪、惯性测量单元采集到的现在物体位置及速度推定未来位置及方向的航海技术，现已应用至航空、航海、智能汽车等许多交通定位技术层面，但容易受到误差累积的影响。BLE+NFC+UWB 集成数字钥匙方案如图 8-12 所示。

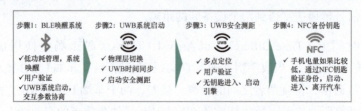

图 8-12　BLE+NFC+UWB 集成数字钥匙方案

NFC、BLE、UWB 技术的对比如表 8-2 所示。

表 8-2　NFC、BLE、UWB 技术的对比

对比项	NFC	BLE	UWB
传输速度	106/212/424kbit/s	1 Mkbit/s	53～480Mkbit/s
通信距离	<10 cm	<10 m	<40 m
定位精度	cm	dm	cm
电流	10 mA	<20 mA	10～50 mA
穿透性	信号不稳定	信号不稳定	穿透性较强
成本	低	低	高
安全性	高	中	高
频率	13.56 GHz	2.4 GHz	3.1～10.6 GHz

全球仅有三家公司拥有 UWB 单芯片技术，分别是苹果、恩智浦（NXP）和 Qorvo，NXP 更是一家独大。国内 UWB 芯片厂商均为初创公司，当前处于密集研发阶段。根据高工智能汽车研究院的榜单，在 UWB 硬件供应商部分，科世达、西安联乘、联合汽车电子（UAES）位居 2023 年国内前装市场份额前三。

目前，对于整车搭载 UWB 功能，通常采用的是 1～5 个不等的锚点+蓝牙远程信息处理控制模块，对于车企来说，系统成本依然较高。但是，正如 NXP 所说，UWB 技术的潜力是巨大的，尤其是借助非常精确的定位和车辆内部及周围的距离精准确定，将实现许多令人兴奋的新应用。

8.4　小结

作为智能汽车终端的一个重要入口，数字钥匙这一块小小的领地正释放出强大的势能，与此同时，越来越多创业者开始盯上了这块"香饽饽"。数字钥匙在智能汽车市场正迎来快速起势阶段，越来越多的车型开始标配数字钥匙，其正逐步成为智能汽车不可或缺的一部分。正如银基 CEO 单宏寅所说，未来数字钥匙不只是作为工具而存在，而是通过数字钥匙连接芯片、主机厂、手机厂商、金融保险机构、投资机构、汽车互联网、汽车出行服务商等生态伙伴，建立智能网联汽车生态圈。数字钥匙作为新的流量入口的作用已经凸显出来，已经超越了物理钥匙的替代或是智能座舱体验的提升。

第 9 章
命比纸薄，智能驾驶蓄势待发

> 智能驾驶是软件定义汽车这座皇冠上的明珠。

人类最早的"驾驶"体验是从骑乘动物开始的，马和牛这些被驯化的动物一直是人类的可靠坐骑，它们拥有自己的环境识别和自主行为能力，人类只需对这些动物加以一定的训练，就可以控制它们的行进方向、速度，它们自己会完成避障、避让行人、对道路环境做出针对性反应等自主行为，从而配合人类完成骑乘过程。而汽车作为一个完全被动接受控制的机器，并不能自主完成驾驶行为，而必须由人来操作，这使得驾驶汽车成为一项专业技能，需要人类对自己加以训练并在实践中不断提高驾驶水平。

很早之前，驾驶员还是一个备受青睐的专业技术工种，是诱人的职业选项之一，需要考试进入技校并经过三年的学习才具备上岗资质。虽然随着汽车技术的发展，驾驶汽车的技能要求逐步降低，但直到今天，汽车驾驶仍然是需要驾驶者全神贯注并全程控制的过程，这对从事公路运输的企业来说是一笔巨大的开销，对个人来说也经常是不愿从事但不得不进行的劳动，而且驾驶者的个人状态经常会对公路交通的安全性产生影响。因此，从发明汽车那一天开始，实现汽车的自动（智能）驾驶就是人类对汽车期望的功能之一。

近十几年来，随着计算机算力的提高，AI 通过深度学习算法在围棋对弈中战胜了人类，并已经能够完成对数字化图像中人类、动物、物体的精准识别，人类发现自己似乎已经完成了让汽车进行完全自动（智能）驾驶的理论上的准备，下一步只需在产业界落地就行了，当然实现"自主驾驶车辆在大街小巷满地跑"这个愿景的过程还是相当艰难而漫长的，需要行业同仁持续不断的努力和巨大的投入。

据 IDTechEx 预测，到 2040 年，自动驾驶汽车市场价值（包括支持自行驾驶的硬件和软件）每年将超过 1700 亿美元，这为整个自动出行生态系统的利益相关者提供了巨大的机会。可以想见，未来 5～10 年汽车市场竞争的热点和制高点就是自动驾驶，AI 则是自动驾驶的核心技术驱动力。本章将重点探讨汽车市场中最重要的这一技术进展，解析为什么这么多的高科技公司、新势力车企、传统汽车厂商都在趋之若鹜地进入自动驾驶这一市场。

9.1 无人驾驶

2023 年业绩发布会后，比亚迪的老总王传福认为目前高级驾驶辅助系统（ADAS）及其算法被过度吹捧，目前驾驶员还要用手扶着方向盘，高级自动驾驶根本就是"心比天高，命比纸薄"。自动驾驶经过近十年的高速发展，传感器、域控制器方面的投资无数，到 2022 年，自动驾驶公司开始纷纷出现裁员、倒闭，怀疑论调不断出现，甚至像王传福这样的行业领袖都对此表示深深的怀疑。

对于自动驾驶前景持怀疑态度的主机厂并非只有比亚迪一家，福特汽车撤回了一项向美国监管机构寻求批准每年部署多达 2500 辆自动驾驶汽车的申请。同时，国内自动驾驶领域内的投资也大幅缩水，据不完全统计，2022 年投资额仅为 200 亿元，比 2021 年的 932 亿元缩水近 80%。成本、安全性、伦理道德、应变机制这些变量尚未得到有效的应对，它们均对高级自动驾驶提出了非常高的要求。

坚挺的声音也是有的。2023 年 3 月，时任小鹏汽车自动驾驶副总裁的吴新宙和小鹏汽车副董事长兼总裁顾宏地先后发声，认为其 XNGP 智能驾驶辅助功能的前景非常乐观，需要 5 年左右的时间就可以实现没有方向盘的终极自动驾驶技术，不过没过多久吴新宙就去了英伟达任职。

同期，在 2023 年中国电动汽车百人会论坛，百度集团资深副总裁、智能驾驶事业群组总裁李震宇表示，2026 年高级智能驾驶的渗透率将超过 15%。实际上，后来比亚迪也非常重视自动驾驶的发展，整个比亚迪自动驾驶团队的规模已经超过 4000 人，比主打自动驾驶技术牌的小鹏汽车的 3000 人自动驾驶团队人数还要多。这些事实实际上体现了企业对于自身认定的发展方向的坚守，守得云开

第9章 命比纸薄，智能驾驶蓄势待发

见月明，静待花开终有时。

2023年1月到3月，乘用车行业L2级及以上自动驾驶技术渗透率为33.4%，同比提升9个百分点，6月L2级渗透率达到42.4%；新势力车企L2级及以上渗透率基本在70%以上，头部自主品牌L2级及以上渗透率在30%以上（渗透率是产品商业化的重要衡量指标，当渗透率超过10%时往往表示这个产品商业化成功）。但因为我国尚未推行L3级自动驾驶的相关法规，一切投入量产的系统都归属L2级，厂商开始集中在"准L3级"（实际仍为L2级）自动驾驶领域内竞争。

临近2022年年末，作为"智能驾驶"向"自动驾驶"进化的一道门槛，城市导航辅助驾驶（Navigate on Autopilot，NOA）突然落地，先前行泊一体方案呼声渐小，小鹏、蔚来、理想成为第一批将其投入使用的车企，华为、百度、福瑞泰克、MiniEye等自动驾驶技术公司也争相涌入NOA赛道，而2022年也成为了高级智能驾驶的爆发年。2023年国内车企推出的城市NOA如表9-1所示。

表9-1　2023年国内车企推出的城市NOA

车企	时间	描述
小鹏	2021年1月	正式推送高速智能导航辅助驾驶（Navigation Guided Pilot，NGP）
	2022年9月	广州首发城市NGP（有高精度地图）
	2023年3月	G9和P7i Max版车型上城市NGP新增广州、深圳、上海三地
	2023年下半年	大部分无图城市（无高精度地图覆盖）具备接近城市NGP的能力
	2024年	实现全场景（高速+城市+泊车）的NOA
蔚来	2020年10月	推送高速NOP（Navigate on Pilot）
	2023年1月	推送NOP+beta，高速NOA体验升级
理想	2021年	标配高速NOA
	2022年	Ad Max视觉整合激光雷达（LiDAR），AD Pro 2.0纯视觉高速NOA
	2023年第二季度	城市NOA（脱高精度）内测
	2023年年底	城市NOA（脱高精度）覆盖100个城市

续表

车企	时间	描述
问界M5智驾版	2023年第二季度	华为城区NCA（Navigation Cruise Assist）落地5个城市（有高精度地图）
	2023年第三季度	华为城区NCA落地15个城市（无高精度地图）
	2023年第四季度	华为城区NCA落地45个城市（无高精度地图）
上汽智己	2023年4月	L7推送5个城市高速NOA，年内推广至全国
	2023年	城市NOA以及替代高精度地图的数据驱动道路环境感知模型公测

作为自适应巡航控制（ACC）、车道居中控制（LCC）和自动变道辅助（ALC）等功能的叠加，从NOA的功能性上来看，它在实际意义上其实已经迈过了L3级的门槛，甚至在一定程度上已经有了L4级的雏形。只不过受限于法规，系统仍然要求驾驶员扶着方向盘而已，以便在真的无法应对时可以及时接管。前段时间，L4级自动驾驶的声音也不绝于耳，这一领域诞生了多个细分场景，无论是无人矿山、智慧园区、无人码头还是Robotaxi都发展火热，开启了常态化运营。

9.2 基本概念

自动驾驶技术的发展道路漫长且充满挑战。在过去的某个时期，业界对于"自动驾驶"这一术语持有极高的警惕性，担忧当时的技术水平无法满足对消费者的承诺，因此开始普遍采用"智能驾驶"这一术语。本节将先阐释无人驾驶、自动驾驶与智能驾驶三者之间的区别与联系，接着介绍在所有自动驾驶相关图书中都会提及的SAE分级标准，为读者理解后续相关知识提供必要的补充信息。

9.2.1 无人驾驶、自动驾驶与智能驾驶

我们经常会看到像维基百科对于自动驾驶汽车的定义："自动驾驶汽车，又称无人驾驶汽车、电脑驾驶车、无人车、机器人车或自驾车，为一种需要驾驶员辅助或者完全不需操控的车辆。"无人驾驶、自动驾驶与智能驾驶这三个我们经常会听到和看到的概念，到底能不能等同呢？

第 9 章 命比纸薄，智能驾驶蓄势待发

从技术维度和产品范畴来讲，这三个概念的区别还是比较大的，每个概念背后所包含的内容也有所不同。目前，业界普遍认为智能驾驶的叫法比无人驾驶和自动驾驶的包容性强，而无人驾驶和自动驾驶会让人感觉要把驾驶行为和人的行为区隔开来。综合各种观点，我们大致可以认为这三者的含义分别如下。

自动驾驶可以看作一种辅助系统，它能帮你完成一些烦琐的驾驶任务，比如保持车距、跟车自动刹车、自动泊车等。自动驾驶就是给驾驶员提供一些额外的帮助，让驾驶更加安全和舒适。

无人驾驶就是让汽车完全不需要驾驶员，其自己能够在道路上独立行驶。无人驾驶需要借助各种高级传感器、AI和大数据分析来感知环境、做出决策并控制车辆。它的目标是完全实现自主驾驶，解放驾驶员的双手和大脑，让乘客能够安心乘车。

智能驾驶更多强调的是智能的概念，即使用智能化技术手段来提升汽车的使用体验。

表9-2用表格的形式从不同维度出发，更直观地描述自动驾驶、无人驾驶、智能驾驶三者的区别。

表9-2 自动驾驶、无人驾驶、智能驾驶三者的区别

类别	自动驾驶	无人驾驶	智能驾驶
目标	辅助驾驶员，让驾驶员更轻松	完全自动驾驶，不需要驾驶员	接棒自动驾驶，迈向无人驾驶的终极目标
技术要求	技术相对成熟	需要实现更高级的感知、决策和控制能力，技术完善度低	需要实现更高级的感知、决策和控制能力，技术完善度低
实现方式	车载设备、传感器	传感器、计算设备	传感器、计算设备
社会接受度	接受度比较高	公众普遍还存在疑虑和不信任感，社会接受度较低	接受度比较高，逐渐成为自动驾驶的代名词
法律规范	需要解决较多的法律、道德等伦理问题	法律定责比自动驾驶和智能驾驶要容易得多	需要解决较多的法律、道德等伦理问题

9.2.2 自动驾驶的分级

为了循序渐进地推动汽车自动驾驶的发展，美国汽车工程师协会（Society of Automotive Engineers，SAE）最早把汽车自动驾驶从 L0 到 L5 分为六个等级，级值越高，意味着自动驾驶的质量指标就越高，这项自动驾驶分级标准亦称作 J3016 标准。

- **L0 属于无自动驾驶**，即没有使用任何自动驾驶技术的人类驾驶，需要驾驶人员掌握车辆所有的物理、机械和电子功能。除 L0 外，其他等级均具备不同程度的自动驾驶功能。

- **L1 属于驾驶辅助系统**，能够持续提供转向、加速和制动控制，但只在限制条件和特定工况下提供，例如车身电子稳定程序（ESP）或防抱装置（ABS）功能，现在的汽车大部分能达到 L1 级的自动驾驶水平。

- **L2 属于半自动驾驶**，也是驾驶辅助系统，能够同时提供持续转向、加速和制动控制，同样也是在限制条件下提供，自适应巡航控制（ACC）和自动紧急制动（AEB）是典型的 L2 功能。

- **L3 属于有条件的自动驾驶**，即在特定条件下，汽车可以自主进行驾驶控制，但整个过程仍需要人来监控，在遇到系统无力处理的时候，驾驶者能随时接管车辆。

- **L4 属于高度自动驾驶**，除特殊情况外，无须人类干预，但仍需驾驶人员在场，在天气条件严苛或道路模糊不清、出现意外等某些极端场合下，车辆会提醒驾驶员接管。

- **L5 属于完全自动驾驶**，无须驾驶人员在场，甚至车辆也不再配备人类驾驶接口。

目前技术创新集中在 L2 和 L3 阶段。出于各种原因，特定场景、特殊环境下的 L4 和 L5 还需要很长时间才能实现。科研人员和技术研究人员正将突破 L3 作为当前的重要目标。但是，自动驾驶等级每升级一次，就需要重新研发一次，难度如同登月计划（Moonshot）。

根据麦肯锡的报告，到 2030 年，全球范围内 45% 的新车自动驾驶等级将达到 L3 水平（见图 9-1），其价值池从 4500 亿美元到 7500 亿美元不等。

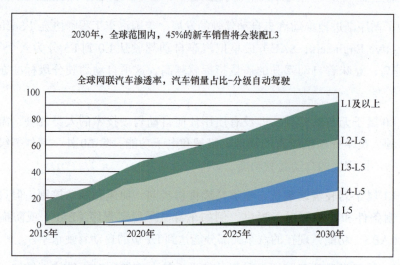

图 9-1 分级自动驾驶逐年占比（资料来源：麦肯锡）

国内针对汽车自动驾驶的分级标准《汽车驾驶自动化分级》（GB/T 40429-2021）也已由工业和信息化部于 2020 年 3 月 9 日报批公示，2022 年 3 月 1 日正式实施。此标准大致沿用了 SAE 的分级，但针对目前智能驾驶的发展，在细节上有些不同，表 9-3 对此分级标准进行了详细介绍。

表 9-3 汽车驾驶自动化分级

驾驶自动化等级	持续执行动态驾驶任务中的车辆横向或纵向运动控制	同时持续执行动态驾驶任务中的车辆横向和纵向运动控制	持续执行动态驾驶任务中的目标和事件探测与响应	执行动态驾驶任务接管	存在设计运行条件限制	驾驶责任	典型功能（非严格区分）
0 级 / L0 级（应急辅助）	否	否	部分执行	否（全程人类驾驶）	是	驾驶员	车道偏离预警、前碰撞预警、自动紧急制动

186

续表

驾驶自动化等级	持续执行动态驾驶任务中的车辆横向或纵向运动控制	同时持续执行动态驾驶任务中的车辆横向和纵向运动控制	持续执行动态驾驶任务中的目标和事件探测与响应	执行动态驾驶任务接管	存在设计运行条件限制	驾驶责任	典型功能（非严格区分）
1级/L1级（部分驾驶辅助）	是	否	部分执行	否（全程人类驾驶）	是	驾驶员	自适应巡航、车道居中保持、自动变道辅助
2级/L2级（组合驾驶辅助）	是	是	是	否（组合驾驶）	是	驾驶员	全速自适应巡航、交通拥堵驾驶辅助
3级/L3级（有条件自动驾驶）	是	是	是	是	是	驾驶员	导航辅助驾驶（高速、城市）
4级/L4级（高度自动驾驶）	是	是	是	是	否（系统发出接管请求时，若乘客无响应，系统具备自动达到最小风险状态的能力）	车辆	自动驾驶
5级/L5级（完全自动驾驶）	是	是	是	是	否	车辆	完全自动驾驶

我们在有些资料中也经常见到一些细分的等级，例如 L2 和 L2+。L2 系统的目标是避免碰撞，遇到可能发生碰撞的情况时就刹车或减速，而 L2+ 系统的目标

是自主驾驶，遇到可能发生碰撞的情况时，通过对周边三维场景的重建找到可行驶空间（freespace）来绕开障碍物，而不是刹车或减速。Mobileye 在 L2 领域占据主导地位，市场占有率超过 70%。

> **L2.9 是什么？**
>
> 和 L2.5 一样，它们都是厂商自己对车型的定义，而非国家标准和国际标准。L2.9 的意思是无限接近 L3，这是因为 L3 是自动驾驶的分水岭，对于 L1 和 L2 等级的自动驾驶，驾驶员要对事故负责，L3 及以上则事故由车企负责，驾驶员只负责监管。

国际上现在较流行的自动驾驶分级方法，除 SAE 分级以外，还有美国国家公路交通安全管理局（National Highway Traffic Safety Administration，NHTSA）制定的分级标准。NHTSA 的自动驾驶分级共有 L0～L4 五个等级，其中 NHTSA L4 对应于 SAE L4 和 L5。与 SAE 一样，NHTSA 的自动驾驶分级仅具有参考性，而非强制性标准。

同时，一些优秀的自动驾驶厂商，如 Mobileye，充分认识到 SAE 分级的两个缺陷，一是不能很好地以用户语言来解释；L3 和 L4 之间的区分没有必要。二是根据最小风险策略（Minimal Risk Maneuver，MRM），L3 和 L4 的要求和人类驾驶员的警惕性水平不同。为此，Mobileye 把自动驾驶重新定义为以下四个等级：

（1）注视前方 / 手握方向盘（Eyes-on/Hands-on）；

（2）注视前方 / 可脱手（Eyes-on/Hands-off）；

（3）解放双眼 / 可脱手（Eyes-off/Hands-off）；

（4）无驾驶员（No Driver）。

> **最小风险策略是什么？**
>
> 最小风险策略是指在驾驶自动化系统或用户无法执行动态驾驶任务及动态驾驶任务接管时，驾驶自动化系统所采取的降低风险的措施，其概念源于

功能安全标准 ISO 26262。对于不同的自动驾驶功能设计,可以采取不同的最小风险策略。

9.3 ADAS 功能介绍

自动驾驶在 L3 以下(包括 L3),基本是依靠超声波雷达、激光雷达、毫米波雷达、摄像头等对周围环境进行感知和识别,结合车速传感器等识别到的车辆行驶状态,使车辆具备特定路况下的辅助驾驶功能,这些功能集合到一起统称为高级驾驶辅助系统(Advanced Driving Assistance System,ADAS),下面对这些功能逐一简要介绍。

9.3.1 行驶功能

ADAS 中的行驶功能通过集成传感器、摄像头、雷达等技术,实时监测车辆周围的环境和驾驶员的操作,以提供辅助和警告,从而提高驾驶的安全性和舒适性。

- **自适应巡航控制**(Adaptive Cruise Control,ACC)。纵向自动控制,通过对道路环境和障碍物的感知,自动控制油门和制动系统,实现车辆在本车道内的自动加减速以及起步、停车等动作。

- **车道居中控制**(Lane Centering Control,LCC)。横向自动控制,通过对车道线的识别和对转向系统的自动控制,解放驾驶员的双手,让车辆自动保持在本车道内居中行驶。

- **自动变道辅助**(Auto Lane Change,ALC)。横纵向自动控制,虽然字面上叫作"自动变道",但目前主流做法是通过转向灯拨杆下达变道指令后,车辆根据目标车道前后车实际情况择机自动变道。

- **交通拥堵驾驶辅助**(Traffic Jam Assist,TJA)。横纵向自动控制,在堵车时,通过自动控制车辆的启停和加减速以及微调行驶方向,实现车辆自动保持在本车道居中跟车或巡航行驶的功能。

- **高速导航辅助驾驶**（Highway Navigate on Autopilot）。在高速公路和高架桥按导航自动驾驶，点到点行驶，自动变道，前车低速时自动超车。
- **城市导航辅助驾驶**（City Navigate on Autopilot）。在城区按导航自动驾驶，点到点行驶，自动变道，前车低速时自动超车。

9.3.2 泊车功能

ADAS 中的泊车功能对应一系列辅助系统，旨在帮助驾驶员更安全、更便捷地完成停车任务。这些泊车辅助功能通过减少驾驶员在停车时需要进行的操作，提高了停车的便利性和安全性。泊车功能主要包括下述 5 个功能。

- **自动泊车辅助**（Auto Parking Assist，APA）。APA 功能开启后，识别出车辆周围可用的车位，并且在驾驶员选定车位后控制车辆的横纵向运动，实现自动泊入和泊出车位。APA 功能需要保持驾驶员在车上，以便随时接管。
- **遥控泊车辅助**（Remote Parking Assist，RPA）。驾驶员下车后，通过手机 App 等遥控方式控制车辆自动泊入和泊出车位，主要用于停车位特别狭窄的情况。
- **智能召唤**（Smart Summon，SS）。智能召唤功能是在车外通过手机 App 的方式发出召唤指令，从而控制车辆自动行驶到指定的位置。这一功能最早由特斯拉推出。
- **记忆泊车辅助**（Home-Zone Parking Assist，HPA）。通过系统自学习，记住车辆在特定区域（家庭或公司停车场）的特定车位及行驶轨迹。HPA 可以控制车辆从停车场入口开始，自动完成寻找车位和泊车的所有动作。小鹏已经实现了 HPA 功能的量产，但其应用范围限定于停车场内部，且驾驶员需要在车内随时准备接管控制。
- **自主代客泊车**（Automated Valet Parking，AVP）。AVP 是真正意义上的全自动驾驶，车辆可以自行进入完全陌生的停车场，无须先行学习，就能完成所有的泊车动作，并且不需要驾驶员在车上。作为 L4 级自动驾驶功能，AVP

目前对软硬件，尤其是算法和安全性要求很高，目前还没有量产的产品。

9.3.3 安全功能

ADAS 中的安全功能是一系列旨在提高车辆安全性和预防事故的技术。以下是 ADAS 中的一些主要的安全功能。

- **前向碰撞预警**（Front Collision Warning，FCW）。前方有碰撞风险时，发出预警。

- **自动紧急制动**（Autonomous Emergency Braking，AEB）。前方有碰撞风险时，自动紧急刹车。

- **前方横穿预警**（Front Crossing Traffic Alert，FCTA）。侧前方有行人、动物、车辆横向穿越时预警，可以有效对所谓"鬼探头"进行警示。

- **前方横穿制动辅助**（Front Crossing Traffic Braking，FCTB）。侧前方有行人、动物、车辆横向穿越时自动紧急制动。

- **车道偏离预警**（Lane Departure Warning，LDW）。车辆偏离车道时预警。

- **车道保持辅助**（Lane Keeping Assist，LKA）。车辆偏离车道时自动纠偏。

- **开车门预警**（Door Open Warning，DOW）。打开车门有可能导致后方行驶车辆碰撞时预警。

- **盲区监测**（Blind Spot Detection，BSD）。对车辆后视镜盲区进行监测，有车辆靠近时发出警告。

- **倒车横穿预警**（Rear Crossing Traffic Alert，RCTA）。倒车时，侧后方有行人、动物、车辆横向穿越时预警。

- **倒车横穿制动辅助**（Rear Crossing Traffic Braking，RCTB）。倒车时，侧后方有行人、动物、车辆横向穿越时自动紧急制动。

- **后向碰撞预警**（Rear Collision Warning，RCW）。后方有碰撞风险时，发出预警。

严格来说，ADAS 主要依靠的是机电一体化的自动控制技术，除智能召唤、记忆泊车辅助和自动泊车辅助外,可以不使用近些年发展起来的图像识别和深度学习算法等 AI 技术,所以一般不把它归入智能驾驶的范畴。除了其基本功能,本书不再多做介绍。还需要特别说明的是,预期功能安全(Safety of the Intended Functionality,SOTIF)是根据自动驾驶功能及其运行设计域的功能要求进行的系统配置。

> **运行设计域是什么?**
>
> 运行设计域(Operational Design Domain,ODD)源自 SAE J3016,指的是特定驾驶自动化系统或其功能中专门设计的运行条件,包括但不限于环境、地理和时间限制和/或某些交通或道路特征的存在或缺失。通俗地讲,ODD 就是可以保证自动驾驶正常工作的工况。工业和信息化部颁布的国标中,把 ODD 和 ODC(Operational Design Condition)分开,ODD 指设计时自动驾驶的自车状态和外部环境,而 ODC 则与 SAE 定义类似。

SOTIF 旨在解决由功能不足或可合理预见的人员误用导致的危害和风险,其危害并非源于功能失效,而源于系统功能不足或合理的人为误用。SOTIF 的关键技术包括自动驾驶安全准则制定技术、安全分析技术、多支柱法测试技术(仿真测试、定场景测试和真实道路测试)、安全论证技术和安全监控技术。

9.4 自动驾驶相关技术

本节将从自动驾驶技术简史入手,着重阐述仿真测试、自动驾驶专用芯片和域控制器等关键技术。然而,鉴于篇幅限制,本节的讲解将比专业的自动驾驶技术图书更为简明。对于希望深入了解自动驾驶技术细节的读者,建议参阅其他专业文献。

9.4.1 自动驾驶简史与主要技术

可公开演示的自动驾驶汽车系统最早可追溯至 20 世纪 20 年代与 30 年代间。

1925年8月，世界首辆自动驾驶汽车出现在纽约街头，这是一辆有意思的无线电操控的汽车，名叫"美国奇迹"，有点儿像现在抖音上卖的遥控玩具车。美国那时候是无线电技术的天堂，很多产品采用无线电思维，和现在计算机视觉和AI算法的思维很不一样，但即便如此，自动驾驶的序幕由此拉开。

真正自动驾驶技术的研究始于1939年美国通用汽车使用哈雷厄尔火鸟Ⅲ车型的Futurama。这辆车的设计初衷就是希望通过无线电控制的电磁场来实现自动驾驶。

第一辆遵循现代机器学习和硬件设备结合架构的汽车是斯坦福大学于1961年设计的Stanford Cart，它能够通过摄像头和早期"学习系统"实现车辆的自动驾驶。这辆汽车的运行速度很慢，20分钟才能移动1米，是一辆能自动行驶但无法上路的实验室汽车。

1977年，第一辆基于摄像头来检测导航信息的自动驾驶汽车诞生在日本的筑波工程研究实验室。这辆车内配备了双摄像头，借助高架轨道的辅助，车速能达到30km/h。

1992年，我国第一辆真正意义上的无人驾驶汽车由国防科技大学成功研制出来，这辆车可谓国产自动驾驶汽车的鼻祖。20世纪90年代末清华大学研发了自动驾驶实验平台和THMR系列无人车，2003年清华大学研制成功了THMR-V无人驾驶车，能够在标识清晰的结构化道路上以超过100 km/h的速度行驶。

我国首辆城市无人驾驶汽车于2005年在上海交通大学研制成功，这标志着自动驾驶产品未来终将会进入城市服务的行列。

2011年7月14日，国防科技大学自研红旗HQ3无人车，首次完成了从长沙到武汉286km的高速全程无人驾驶实验，创造了中国自主研制的无人车在一般交通状况下自主驾驶的新纪录。

2023年和2024年，蔚来和极越分别完成了点到点的城际导航辅助驾驶。现在，自动驾驶已经进入了互联网时代，投身于此的参与者既包括国内外专业的自动驾驶公司Mobileye、Waymo、小马智行，又包括特斯拉、福特汽车、"蔚小理"、博世等主机厂和Tier-1 / Tier-2供应商，还包括谷歌、百度、阿里等互联网巨头。

第 9 章 命比纸薄，智能驾驶蓄势待发

经过近百年的发展，自动驾驶的研发已经从极小规模的政府和军方主导项目发展到了众多公司上阵拼杀的阶段，竞争呈现白热化。自动驾驶的核心技术体系已经形成，目前，自动驾驶的软件技术体系可以基本分为三层：第一层是系统软件，主要由 BSP、操作系统内核以及中间件三部分组成；第二层是功能软件，包含自动驾驶的核心功能模块，如相关算法的编程框架；第三层是应用层软件，实现自动驾驶关键的感知、定位、规划、决策、执行等应用能力，这一层也是我们通常说的比较多的，也是自动驾驶比较特殊的地方。

几乎所有厂商和研究都围绕着"感知、决策、执行"三个环节在进行精细化，这三个环节中要实现的技术和解决的问题有很大的区别，如图 9-2 所示。

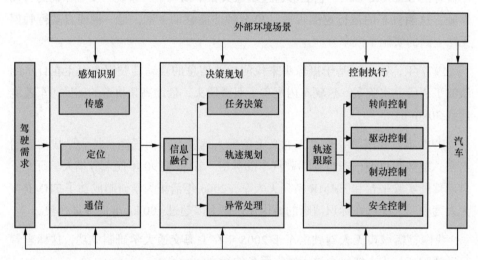

图 9-2　自动驾驶"感知、决策、执行"三个环节

更细化地来说，自动驾驶要关注实现以下能力。

（1）感知（Perception）

- 传感器技术：使用毫米波雷达、激光雷达（LiDAR）、超声波传感器、摄像头等多种传感器来获取车辆周围的环境信息。
- 目标检测与追踪：通过计算机视觉和深度学习技术，识别和追踪道路上的其他车辆、行人、交通标志等目标。

（2）定位与地图（Localization and Mapping）

- 全球定位系统（GPS）：通过卫星定位获取车辆的位置。

- 惯性测量单元（IMU）：使用加速度计和陀螺仪等传感器来估计车辆的运动。
- 地图数据：将高精度地图数据与车辆感知的实际环境进行对比，以提高定位精度。

（3）规划与控制（Planning and Control）

- 路径规划：根据目标和当前环境，规划车辆的行驶路径。
- 运动控制：实施对车辆的加速、刹车、转向等控制操作，以按照规划的路径行驶。

（4）制定决策（Decision-Making）

- 场景理解：对车辆周围的场景进行深入理解，包括其他车辆的行为、交叉口的交通状况、行人的状态等。
- 决策算法：基于感知和规划的信息制定决策，例如超车、变道、避障等。

（5）人机交互与用户体验

- 车内界面：提供直观且安全的人机交互方式，让乘客能够理解车辆的状态和决策。
- 语音交互：车内语音助手用于与乘客进行自然语言交流。

（6）安全与容错（Safety and Fault Tolerance）

- 纠错措施：实施安全策略，确保车辆在出现问题时能够安全停车或采取其他纠正措施。
- 硬件和软件容错：设计系统，使其在发生硬件故障和软件错误的情况下仍然能继续运行并提供服务。

（7）数据安全和隐私

- 数据加密：保护传感器数据以及车辆通信的隐私和安全性。
- 用户隐私保护：采取措施确保车辆搜集和使用用户数据的合规性和隐私保护。

(8)法规与政策

- 自动驾驶法规:遵循相关法规和政策,确保自动驾驶技术的合法性和社会接受性。

这些核心技术相互交织,构成了自动驾驶系统的基础。需要特别解释的是,当前乘用车自动驾驶系统等级整体处于 L3 以下水平,目前正在向 L4 迈进。因为整车的使用周期一般是 5~10 年,且自动驾驶系统均采用"硬件预埋+软件后付费"的交付策略,所以车辆交付时的自动驾驶系统的算力决定了未来 OTA 升级的上限。

自动驾驶芯片和域控制器一般都要预埋大算力计算芯片,从而为后续算法与软件升级提供足够的算力支持。蔚来、理想、小鹏、极氪、长城在交付新能源汽车的时候,自动驾驶芯片的算力一般在 500~1000 TOPS(Tera Operations Per Second)的级别,它们使用的芯片算力更大、更加开放,来自英伟达和地平线等芯片供应商,而非以前的 Mobileye。

9.4.2 自动驾驶仿真测试

行业内的普遍观点是,自动驾驶系统至少需要 100 亿英里(约合 161 亿公里)的试驾数据(美国兰德公司的数据是 110 亿英里),以确保车辆上路的行驶安全,但显然仅凭测试车"没日没夜"地行驶也难以达成这个目标,特斯拉到现在才完成了 20 亿英里。另外,实车路测覆盖的场景工况有限,尤其是对于"corner case",很难复现。而且,对于一些极端的危险场景,道路测试的安全性无法保障。因此,行业内除了使用封闭式场地测试、开放式道路测试,还会大量使用仿真测试。

仿真测试是这样一种技术,它主要是以数学建模的方式将自动驾驶的应用场景进行数字化还原,建立尽可能接近真实世界系统的模型,无须实车,直接通过软件进行测试便可达到对自动驾驶系统及算法进行验证的目的。第 3 章中我们已经提过,仿真测试是自动驾驶研发的重要环节,也是必由之路。总体来说,仿真测试能够为自动驾驶带来如下优势:

- 与道路测试相比,仿真测试的场景配置灵活,场景覆盖率高;
- 测试过程安全,且对于一些"corner case"能够进行复现并测试;

9.4 自动驾驶相关技术

- 可实现自动测试和云端加速仿真测试，有利于提升测试效率和降低测试成本；

- 可对比实车测试与仿真测试方案。

虽然优势明显，但在仿真测试中，也会面临如下四大挑战：

- 场景库覆盖度不足，行业间格式互不兼容；

- 仿真测试所涉里程数大，场景类别多且耗时长；

- 仿真测试与实车道路测试结果的偏差大，置信度低；

- 仿真评价体系不完善，反馈效果差。

自动驾驶仿真测试体系如图 9-3 所示，自动驾驶仿真测试体系由场景库、仿真平台、评价体系三者构成，其中，场景库是基础，仿真平台是核心，评价体系是关键，三者紧密耦合，相互促进：场景库的建设需要仿真平台和评价体系作为指导；仿真平台的发展和进化需要场景库和评价体系作为支撑；而评价体系的建立和完善也需要以现有的场景库和仿真平台作为参考基础。封闭式场地测试、开放式道路测试的被测对象是实车，而仿真测试的被测对象则是 ADS(Autonomous Driving System)。

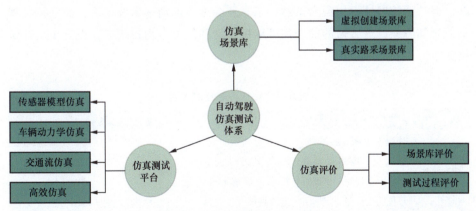

图 9-3　自动驾驶仿真测试体系

9.4.3 自动驾驶芯片和域控制器

自动驾驶涉及的硬件有三大类：第一类是作为自动驾驶感知器官的传感器；第二类是作为自动驾驶大脑的域控制器；第三类是用于人机交互或V2X（Vehicle to Everything）的控制器。这三类硬件共同组成了自动驾驶的硬件平台，与传统汽车芯片不同的是，自动驾驶所使用的芯片不是成熟制程芯片，而是算力更强、智能化更复杂的先进制程芯片。

> **先进制程芯片是什么？**
>
> 先进制程芯片是指制造工艺在7nm及以下且符合可靠性标准（AEC-Q100）、质量管理标准（ISO/TS 16949）、功能安全标准（ISO 26262）等车规认证流程的芯片。量产的7nm先进制程芯片有高通8155、英伟达Orin、Mobileye EyeQ5、特斯拉FSD，量产的5nm先进制程芯片有高通8295。

自动驾驶系统中的感知传感器一般有激光雷达、毫米波雷达、超声波雷达、红外线、摄像头、GNSS/IMU这6类，它们之间的比较如表9-4所示。一般来说，感知系统需要合理选择不同种类的传感器进行搭配，这样才能做到优势互补。但特斯拉坚持不用激光雷达，未来还会逐步取消毫米波雷达，而坚持纯视觉的感知方案，这么做的好处是可以极大地降低整车物料成本，提升车型的价格竞争力。

表9-4 感知传感器的比较

种类	优点	缺点	范围	功能
激光雷达	分辨率极高、精度高、响应快、探测范围较广，可以构建车辆周边环境三维模型	容易受到雨、雪、雾等恶劣天气的影响，技术不够成熟，产品造价高昂	200米以内	障碍物探测识别车道线识别辅助定位地图构建
毫米波雷达	对烟雾、灰尘的穿透能力较强，抗干扰能力强，对相对速度、距离测量的准确度非常高	测量范围相对激光雷达更小，难以辨别物体的大小和形状	200米以内	障碍物探测（中远距离）

续表

种类	优点	缺点	范围	功能
超声波雷达	技术成熟、成本低、受天气干扰小、抗干扰能力强	测量精度低、测量范围小、距离近	3米以内	障碍物探测（近距离）
红外线	成本较低、可以夜间工作	探测范围较小、易受恶劣天气影响	150米以内	障碍物探测（中远距离）
摄像头	可对物体的几何特征、色彩及文字等信息进行识别，可通过算法实现对障碍物距离的探测，技术成熟，成本低廉	受光照变化影响大，容易受到恶劣环境影响	最远探测距离可超过500米	障碍物探测识别车道线识别辅助定位道路信息读取地图构建
GNSS/IMU	通过结合卫星三角定位和惯性导航，实现对车辆的定位	容易受到城市建筑、隧道等障碍物的干扰，使得测量精度大打折扣	广域，高精度定位保持在10米以内	车辆导航、定位

智能汽车典型传感器部署方案如图9-4所示。

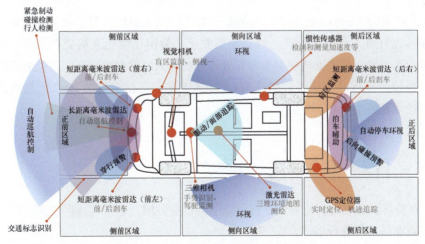

图9-4 智能汽车典型传感器部署方案

域控制器的出现是为了解决基于ECU的电子电气架构的固有问题，而把分离的ECU功能集成并整合到一个比ECU性能更强的处理器平台上，就是域控制器。在域集中式电子电气架构下，域控制器是汽车中每一个功能域的核心，它主要由域主控处理器、操作系统和应用软件以及算法三部分组成。

自动驾驶域控制器（Autonomous Driving Controller，ADC）是整个自动驾驶系统的中枢，也是最复杂的核心零件。ADC 关键芯片有三类：第一类处理来自传感器的大量原始数据，如图片和点云信息，通常采用特殊的图像处理芯片，如 GPU、FPGA 来解决；第二类是快速运行规划、控制算法的芯片，通常采用高性能的 CPU；第三类是满足系统功能安全要求和多通道总线通信要求的芯片，通常采用 MCU 芯片。

> **GNSS 是什么？**
>
> 全球导航卫星系统（Global Navigation Satellite System，GNSS）可以在地球表面或近地空间的任何地点为用户提供全天候的三维坐标、速度及时间信息的空基无线电导航定位系统。GNSS 是所有卫星导航定位系统的总称，凡是可以通过捕获和跟踪其卫星信号实现定位功能的系统，均可纳入 GNSS 的范畴。GNSS 信号是广播式的，其系统包括空间星座部分、地面监控部分、用户设备部分，应用非常广泛。

人机界面（HMI）控制器（包括显示屏）主要承担机器与驾驶员之间的信息沟通。也许有人会问，既然已经自动驾驶了，为何还需要人机交互系统？其实 L0～L3 系统还是需要驾驶员参与驾驶任务的，人机共驾模式下，驾驶模式的切换、故障的提示非常重要。即使是 L4、L5 系统，提供必要的 HMI 信息给乘客也会让乘客更加安心。

9.5 自动驾驶国内外进展

自动驾驶已成为新能源汽车行业竞争的核心领域。本节将从国内和国外两方面对行业的进展进行阐述。

9.5.1 国内自动驾驶进展

2023 年，中国乘用车市场年销量首次突破 3000 万辆，新能源汽车的保有量也突破 2000 万辆。随着乘用车市场和新能源汽车的蓬勃发展和快速渗透，智能驾驶也随之水涨船高，消费者接受度不断提升。行业正处于从低级别辅助驾驶迈向高级别真正自动驾驶的关键时期。与其他国家相比，中国的自动驾驶技术研究其实起步非常早，在国家和地方政府层面也颁布了许多法规和法案。国内主流新能源车企的自动驾驶进展如表 9-5 所示。

表 9-5 国内主流新能源车企的自动驾驶进展

车企	自动驾驶进展
理想	发布汽车智能软件 OTA 5.0，重新构建算法模型，从 AD2.0 升级至 AD3.0； NOA 可实现高速、城市环路、城区道路全覆盖； LCC 可实现基础车道居中保持、响应转向灯指令发起变道等； 智能泊车功能及主动安全功能
小鹏	小鹏 XNGP 已面向全国 243 个城市的用户全量开放，量产版软件城区网络覆盖率行业第一； XNGP 城区智能驾驶月度活跃用户渗透率超过 85%，城区智能驾驶的活跃用户规模、用户体验和里程渗透率行业第一
蔚来	Banyan·榕 2.4.0 版本带来超过 50 项新增功能及优化，包括新增 4D 舒适导航、通用障碍物预警及辅助、全向 AEB、NOMI 全舱记忆、无麦 K 歌、赛道模式等重磅功能； 全域导航辅助方面，覆盖 606 个城市、市区开通里程超过 65 万公里； NIO ET9 正式发布，采用 900V 高性能智能电驱系统，搭载蔚来首颗自研智能驾驶芯片神玑 NX9031
问界	2024 年 1 月 31 日起，问界 M5 和新 M7 智驾版开始陆续进行高阶包 OTA 版本的升级，可在全国范围内实现不依赖高精度地图的城区 NCA 高阶智能驾驶； 问界 M9 采用华为高阶智能驾驶系统 ADS 2.0，可支持高速、城市、城快的辅助驾驶
极氪	2024 年 1 月 10 日，2024 款极氪 X 正式上市，智能驾驶和智能座舱分别搭载英伟达 Orin-X 芯片和高通 8295 平台作为算力支持； 最新一代智能座舱操作系统 ZEEKR 007 OS 6.0 和浩瀚智驾系统也实现了对智能化头部梯队的赶超
小米	定下 2024 年年底将在 100 个城市开通城市 NOA 功能的目标

第 9 章　命比纸薄，智能驾驶蓄势待发

2013 年，我国颁布了《中华人民共和国智能网联汽车道路测试管理办法》，对自动驾驶测试的开展提出了明确要求。

2016 年，《"十三五"国家科技创新规划》和《"十三五"国家战略性新兴产业发展规划》中正式提出发展智能自动驾驶汽车，并将其上升为国家发展战略。

2021 年 4 月，我国正式实施新修订的《中华人民共和国道路交通安全法》规定城市公交车辆以及出租车也必须安装驾驶辅助装置。

2022 年 8 月，交通运输部就《自动驾驶汽车运输安全服务指南（试行）》（征求意见稿）向社会公开征求意见。其中提出，为适应自动驾驶技术发展趋势，鼓励和规范自动驾驶汽车在运输服务领域应用，交通运输部运输服务司在系统梳理、总结自动驾驶汽车试点示范运营情况的基础上，对自动驾驶落地过程中自动驾驶车辆的路权、数据安全、车辆保险等关键问题做出了规定。这标志着我国在自动驾驶领域的相关政策进一步完善，也将进一步丰富自动驾驶落地场景并推动自动驾驶的商业化落地和提高社会的接受度。

2023 年年底，工业和信息化部、公安部、住房和城乡建设部和交通运输部四部门联合发布《关于开展智能网联汽车准入和上路通行试点工作的通知》。这是我国自动驾驶的里程碑式拐点，因为 L3 级和 L4 级自动驾驶汽车可以在试点路段合法上路了，而且是公共开放道路，测试和运营并行，也首次明确了责任划分，责任按照违法、事故类型层层递进，避免了把所有责任归于自动驾驶算法。L2.5、L2.9999 这些过渡期出现的名字很快就会退出历史舞台。

对于自动驾驶产业的支持，各省力度有很大不同，在上万家自动驾驶相关企业中，广东省的自动驾驶企业数量高居第一，江苏、山东分列二三位。

广州市黄埔区、广州高新区面向自动驾驶与车路协同的智慧交通"新基建"项目，是国内智能网联产业建设区域最广、应用场景最丰富的智能网联项目之一。广州市审议在原 187.34 公里测试道路的基础上，进一步扩大测试路段至约 228.279 公里。

苏州市将建成国内首条满足车路协同式自动驾驶等级的全息感知智慧高速公路，依靠车路协同方式，在高速公路上可实现 L4 级自动驾驶。

百度太湖生态岛自动驾驶项目于 2022 年 2 月 7 日正式开工，基础设施已于同年 7 月全部安装完成，未来太湖生态岛将落地自动驾驶巴士、出租以及众多智

慧文旅应用。

山东高速智能网联高速公路测试基地被交通运输部认定为"自动驾驶封闭场地测试基地（济南）"，成为第 8 个国家级自动驾驶测试基地。

北京市也紧随其后，2023 年北京经济技术开发区投资开建 202 个重点项目，总投资超千亿元，其中包含多个自动驾驶项目，例如打通亦庄至机场无人驾驶线路，以及北京东南高速公路智慧物流港项目。

自动驾驶汽车的发展空间越来越大，并且随着该类汽车的渗透，未来汽车市场中无人驾驶汽车的占比会持续增加，"十四五"时期将会是国内自动驾驶市场发展的关键时期。特别是在该领域突破技术瓶颈之后，必然会取代更多的封闭路网地区，无人化港口、货场也将成为主流趋势，景区摆渡车辆将以无人驾驶为最终形态为游客带来更新颖的体验。城市公共建设中，初期自动驾驶公共汽车、出租车、私家车会在道路上混行，后期或将形成自动驾驶车辆独占路权，对于非自动驾驶车辆不允许上路行驶的态势。

9.5.2 国外自动驾驶进展

汽车产业是很多大国的重要支柱产业，作为大国博弈的重要一环，除我国不断出台智能驾驶的相关保护政策外，欧洲、美国、日本等也都在轮流出台政策抢占制高点，以期重塑汽车产业竞争优势，保持和强化全球竞争地位。据不完全统计，目前全球已有 100 多个国家发布了自动驾驶车辆规划路线图与技术路线图。尤其是 2023 年以来，随着全球自动驾驶技术不断取得突破，全球多个国家和地区逐渐加快自动驾驶技术应用的步伐，无论是高阶自动驾驶商业化落地还是低速无人驾驶在港口、矿区、园区等多个场景的规模化应用都取得了一定的突破，无人驾驶的应用价值被广泛认可。

与我国类似，美国是最早开展自动驾驶研究和测试的国家，相关的法律法规比较完善，自动驾驶水平最高的几家公司如特斯拉、谷歌、Waymo（Alphabet 旗下公司）、Cruise 都在美国。美国各州在自动驾驶技术的法规制定上具有多样性。加利福尼亚州、亚利桑那州、密歇根州、佛罗里达州和内华达州等州政府已经制定了较为完善的自动驾驶车辆测试和应用法规，它们与华盛顿哥伦比亚特区

第 9 章　命比纸薄，智能驾驶蓄势待发

都允许在特定条件下进行自动驾驶汽车的路测和商业运营。这些州的法规通常要求自动驾驶车辆在测试和运行期间有安全驾驶员随车，以便在必要时接管控制，而这一点在 2023 年得到了一些突破性进展。

2023 年 8 月，加利福尼亚州公共事业委员会（California Public Utilities Commission CPUC）正式批准 Waymo 和 Cruise 两家自动驾驶公司在旧金山全天候商业运营无人驾驶出租车（车上没有安全驾驶员，完全由算法操纵车辆）。但无人驾驶车辆上路确实太容易引发各种问题，仅仅 2 个月后，Cruise 就因多起事故被加利福尼亚州暂停许可证，引发了关于自动驾驶技术安全性的更多质疑，对美国的自动驾驶行业来说，这无疑是一次重大打击。

美国的自动驾驶卡车发展也没有那么顺利，多家公司陷入"经营危机"。例如，Locomation 裁员近 70% 后，自动驾驶卡车仍然没有商业化运营；Embark Trucks 上市时估值约 50 亿美元，目前已濒临破产；Waymo 旗下的自动驾驶卡车业务 Via 也未见有商业化运营的动作；图森未来曾经号称"自动驾驶第一股"，2023 年退出了美国市场。然而，由于地理特质，美国仍然热衷于自动驾驶卡车赛道，前自动驾驶公司 Argo AI 创始人参与成立的自动驾驶新公司 Stack AV 获得了来自软银集团 10 亿美元的资金支持；自动驾驶卡车上市企业 Aurora 也在 2023 年 7 月宣布公司完成了 8.2 亿美元的融资。

欧洲地区自动驾驶发展主要在英国、法国、德国、瑞典，这些国家在自动驾驶领域有着强大的汽车工业基础、在法规和标准方面也有着先进的制度和框架，尤其是英国政府积极支持自动驾驶技术的发展，曾制定了一系列有利于自动驾驶车辆上路的政策和法规，如《自动驾驶车辆法案》《自动驾驶车辆保险法案》等，为自动驾驶技术提供了清晰的法律框架和保障。

英国最大、最繁忙的集装箱港口，也是欧洲最大的港口之一的菲力斯杜港，在 2023 年 6 月与西井科技签订了新增 100 辆新能源智能无人驾驶卡车的协议，这也是欧洲首个将"无人驾驶卡车"引入混合运输集装箱码头作业的国际港口。瑞典在自动驾驶的核心技术方面具有领先优势，涌现出一些新公司如 Veoneer、Zenuity、AstaZero 等。2023 年 6 月，瑞典自动驾驶卡车企业 Einride 与挪威邮政服务机构 PostNord 签订了合作运营协议，当月部署 6 辆 Einride 卡车，至 2024 年 6 月，已部署 35 辆电动卡车。

日本政府牵头组织成立了跨部门战略创新促进项目（Cross-Ministerial Strategic Innovation Promotion Program，SIP），它是由日本内阁政府推进的日本复兴计划，聚焦于联合产业界、学术界以及政府机构，促进先进技术的研发和应用。SIP中的自动驾驶研究专题被称为SIP-adus（Innovation of Automated Driving for Universal Services），尽管投入的资金相对自动驾驶产业而言不算多，但是SIP-adus主导完成了日本自动驾驶体系的顶层设计。感知方面，SIP-adus提出了动态地图（Dynamic Map）的概念，即道路、交通、车辆、人、自然环境等信息的动态融合。目前，日本国内已经有东京、神奈川县藤泽市、横滨市等超过10个城市允许自动驾驶汽车在特定区域和特定时段内从事出租车、城市公共汽车等商业化试运营。作为一个很特殊的国家，日本明确将卡车编队行驶列入国家规划并推进实施。

中东地区对自动驾驶的接受程度很高，对自动驾驶等科技创新有着浓厚的兴趣。2023年以来，我国自动驾驶领域获得多笔来自中东地区的投资。2023年，蔚来汽车分别获得了来自阿布扎比投资机构CYVN的7.385亿美元和22亿美元的两笔战略性股权投资；宏景智驾在2023年也获得了沙特阿美的第二笔风险投资。

新加坡作为东南亚地区最有活力的市场之一，将自己定位为部署模拟城市试验台和无人驾驶公交车计划的自动驾驶发展中心。2023年以来，新加坡拓展更多自动驾驶应用场景，相关机构也与我国文远知行、九识智能等多家自动驾驶企业达成合作，文远知行于2023年3月正式开启在新加坡的自动驾驶车辆测试及示范运营，并于12月成功获得新加坡T1、M1自动驾驶牌照。

目前看来，海外市场在技术上主要是美国、欧洲领先，而在落地应用上，中东地区（如阿联酋）及东南亚地区（如泰国、新加坡等地）的开放度更高，更易接受其他国家的企业进入。

9.6 小结

有一种说法，新能源汽车的竞争，上半场是电动化，下半场是智能化，而智能化的极致体现就是自动驾驶。10年前，自动驾驶可能还是纸上谈兵，但伴随着汽车新四化趋势的加速，自动驾驶全面商业化的大幕已然拉开。深信科创公

第 9 章 命比纸薄，智能驾驶蓄势待发

司创始人、西安交通大学杨子江教授曾经说过，"可以说自动驾驶是软件里面最复杂的一个系统，从代码量就可以看出来，比如波音 787 有大概一千万行代码，Windows 操作系统大概有四千万行代码，Facebook 有六千万行代码，现在车里面有一亿行代码，未来自动驾驶将有五亿行代码。"

智能驾驶软件系统就是人类有史以来所创造的最复杂的一个软件系统。虽然该系统超级复杂，但对于供应商和从业人员来讲确实是一个巨大的机遇，一个前所未有的智能驾驶新出行时代正在加速到来。发展自动驾驶已成为全球共识，未来几年是自动驾驶加速商业化的关键期，世界各国的比拼或将愈演愈烈，行业破局指日可待。

第 10 章
万车互联，软件定义的车联网

> 车联网编织出车辆与世界相连的网。

时间回到 1939 年，经历了汽车工业的飞速发展和经济大萧条，在新一届纽约世博会上，已经顺利登顶成为全球性公司的通用汽车举办了一场名为"未来奇观"（Futurama）的交通畅想展，"在错综复杂的立体道路上，车辆与车辆在无线电控制下保持车距，井然有序地前行着"，这正是车联网的雏形。

到了 20 世纪 60 年代，当时日本国内已经开始探索车间通信，这是车联网技术发展的早期阶段。

进入 21 世纪后，欧洲和美国也开始积极推动车联网项目，目标是促进车间网联系统的进步。

2007 年，欧洲的六家主要汽车制造商，包括宝马等，成立了 Car2Car 通信联盟，旨在建立一个开放的通信系统标准，实现不同品牌汽车间的相互沟通。

到了 2009 年，日本的道路交通信息和通信系统（Vehicle Information and Communication System，VICS）车机装载率达到了 90%，显示出日本在车联网应用方面的快速发展趋势。

2010 年，美国交通部发布了《智能交通战略研究计划》，详细规划了美国车辆网络技术的发展方向和部署策略。

以上这些举措标志着车联网技术在全球范围内的迅速发展和日益成熟。

我国的车联网自 2009 年才开始起步，最初只涉及基本的导航和救援等有限

第 10 章 万车互联，软件定义的车联网

的功能。

2016 年 9 月，华为联合奥迪、宝马和梅赛德斯－奔驰等企业共同创建了 5G 汽车联盟（5GAA），旨在与汽车经销商和科研机构一起探索和开发车联网的多种应用场景。

在 2017 年年底之前，国家出台了一系列政策，将车联网的发展提升到了国家创新战略的重要地位。

以上这些举措表明了车联网技术在我国国家层面受到重视，以及对其未来发展潜力的认可。通过这些合作和政策支持，车联网技术在我国的发展和应用前景被进一步拓宽。

随着 5G 和云计算技术的不断进步，车联网进入了高速发展期。据 IDC 报告预测，2025 年汽车智能网联系统装配率将达 83%，出货量预计增至 2490 万台（套），年复合增长率或达 16.1%。在 2024 年 3 月中国电动汽车百人会论坛上，曾先后担任工业和信息化部通信科技委主任、中国通信标准化协会理事长等职务的中国工程院院士邬贺铨指出，5G+AI 将成为网联智能驾驶加速的双引擎。

围绕车联网的相关应用，也从最初的导航、道路救援、远程诊断，不断扩大到车内娱乐和定制化服务等领域。接下来，车联网将与 AI、大数据深度融合，车载终端也将和云平台深度融合，实现汽车、云平台和基础设施的全面智能化，助力智能座舱和自动驾驶的成熟商用化，构建完整的智慧出行生态系统。

10.1 车联网基本概念

在软件定义汽车领域，车联网是一个被边缘化或较少提及的概念。尽管软件定义对这一领域的影响尚弱，但可以坚信，随着软件定义单车的深入发展，车联网也会逐渐被软件所定义。

10.1.1 什么是车联网

车联网又称智能网联汽车，是一个融合了汽车、电子、信息通信和道路交通运输等多个行业的新兴产业，是实现"聪明的车、智慧的路、强大的云"的车路

云一体化未来愿景的基础平台。它通过车载信息系统实现智能交通管理、动态信息服务和车辆控制，旨在提升交通效率和驾驶安全性。车联网利用包括传感器、控制器、执行机构在内的信息技术，通过无线通信技术实现车辆与车辆、车辆与基础设施、车辆与行人、车辆与云平台之间的智能信息交换和共享，实现车辆的自动化、智能化和网络化。

车联网的基础首先是车内网，在车联网发展之前，汽车的所有部件，包括发动机（电动机）、变速箱、油箱（电池）、底盘、空调、车窗等之上的传感器和执行器已经通过 LIN/CAN 等车内总线协议连接了起来。这些连接的作用是完成车辆的基本功能，通过传感器监测车辆的运行状态和外部环境，并由控制模块收集这些监测数据并处理后再下发控制指令到执行器。

后来，随着无线通信技术的发展，技术人员开始想到把车内网进一步连接到互联网、云端（TSP 后台服务集群）、用户的手机等，以完成远程车控、定位、导航和信息联网等功能，这是车联网的发端。发展到现在，车联网已经扩展为车与车（V2V）、车与行人（Vehicle to Pedestrian，V2P）、车与基础设施（Vehicle to Infrastructure，V2I）、车与路侧单元（Vehicle to Roadside Unit，V2R）、车与互联网（Vehicle to Network，V2N）等车与万物（V2X）之间进行无线通信和信息交换的大系统，是物联网技术在交通领域的具体应用，车联网基础架构如图 10-1 所示。

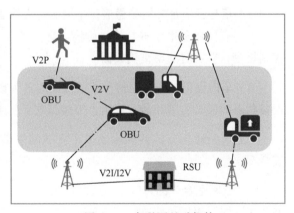

图 10-1　车联网基础架构

在车联网的基础上，能够实现车辆智能化控制、智能动态信息服务、智能交通规划与管理等，这个系统称为车的智能网联系统，也称作智能网联汽车（Intelligent Connected Vehicle，ICV）。智能网联汽车有机结合了车联网与智能车，最终有望可以替代人来全面掌控车的操作，是下一代汽车的形态。

在这套智能网联系统里，车与车、车与人、车与路、车与云平台、车内形成了全方位的网络连接，实现了以车内网、车际网和车载移动互联网为核心载体的"三网融合"。通过三网融合会获得智能信号灯、摄像头、交通标志、路测数据、地图数据与道路上行驶的车辆等大量信息,通过对这些网联数据和单车传感器所采集的数据进行信息融合,能检测到数百米之外甚至更远处的道路状况,从而提前对车辆采取预警措施。自动驾驶的一条重要的发展路线就是单车智能结合 V2X 网联智能来提升自动驾驶系统整体的感知、协作和规划能力。车联网技术涉及多个层面的网络通信,具体包括以下 5 种通信方式。

(1) 车与车之间的通信:车辆之间能够实现信息的交互和共享,这些信息包括位置、速度、加速度等车辆状态,有助于了解道路车流状况。

(2) 车与人之间的通信:用户可以通过 Wi-Fi、蓝牙、蜂窝网络等无线通信方式与车辆进行信息交互,使得用户可以通过移动终端设备远程监测和控制车辆。

(3) 车与路之间的通信:车辆通过地面道路的固定通信设施与道路进行信息交互,这有助于监测道路状况,并指导车辆选择最优行驶路径。

(4) 车与云平台之间的通信:车辆通过无线通信技术,如卫星通信或蜂窝网络,与车联网服务平台进行信息传输(这个平台一般称作云平台),接收平台的控制指令,并实时共享车辆数据。

(5) 车内设备之间的通信:车辆内部的各个设备之间进行信息传输,实现对设备状态的实时监测和运行控制,构建起数字化的车内控制系统。

以上这些通信方式共同构成了车联网的基础,使得车辆运行更加智能化和安全。

在"三网融合"的过程中,车载以太网的应用成为关键,如果车内网与车外网及车际网采用相同的协议,在车内与车外通信时,接口时延会最低。传统车内网通常采用 CAN/LIN/MOST 这些网络协议,接口标准化程度比较低,当需要与外部网络进行数据交换时,就不得不对各种不同系统的通信协议进行转换。然而,在汽车网联化趋势的推动下,车载以太网技术的应用使得这种跨系统的协议转换变得更加经济、成本更低。

车联网能够确保车辆间的安全距离,从而降低碰撞事故发生的风险;同时,它还能协助车主进行实时导航,并通过与其他车辆及网络系统的交互通信提升整体的交通效率。通过这些功能，车联网不仅增强了驾驶的安全性，还优化了交通流，为驾驶者和整个交通系统带来了显著的改善。

10.1.2 车联网的典型应用

以前汽车更多监测的是车内部的健康状况和车辆状态，车联网的出现让汽车"睁开眼"分析周围的世界。我们正进入这样一个时代，除了感知车内发生的情况，还用雷达来检测外部物体的存在，用激光来测量巡航控制的距离，用视频和超声波来检测车后的物体。趋势是通过各种渠道和技术手段实时采集车辆外部关于其他车辆的信息，然后利用这些信息提高安全性。例如，跑在你前面的汽车会让你的汽车了解高速公路上究竟是结了冰，还是发生了什么事故。

车联网技术在多个领域展现了其应用潜力，图 10-2 展示了典型的车联网应用场景。

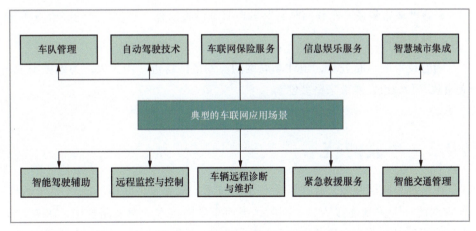

图 10-2 典型的车联网应用场景

- **智能驾驶辅助**：实时交通信息和驾驶建议可以帮助驾驶员做出更安全的决策，如自适应巡航控制和车道保持辅助系统。

- **远程监控与控制**：车主可以使用移动设备远程监控车辆状态，并远程控制车辆的一些功能，例如启动引擎或解锁车门。

- **车辆远程诊断与维护**：通过车联网收集车辆运行数据，预测故障和维护需求，提前通知车主进行维护。

- **紧急救援服务**：在事故发生时，系统自动发送车辆位置和事故信息至紧急服务中心，以加快救援响应速度。
- **智能交通管理**：交通管理部门利用车联网技术监控交通流量，优化信号控制，以减少拥堵。
- **车队管理**：对于商用车辆可以利用车联网进行车队跟踪、调度优化和燃油消耗分析，以提高运营效率。
- **自动驾驶技术**：V2X 通信技术使车辆能够与其他车辆和基础设施通信，实现协同控制。
- **车联网保险服务**：基于车联网数据的个性化保险服务，根据驾驶行为调整保险费用。
- **信息娱乐服务**：提供在线音乐、流媒体等娱乐服务，增强出行体验。
- **智慧城市集成**：车联网与智慧城市基础设施结合，实现高效的城市交通管理和服务。

随着技术的不断进步，预计车联网的应用范围将进一步扩大，为驾驶安全、交通效率和城市发展带来更多创新。

10.2 车联网技术

在传统车联网领域，存在若干典型的技术构成要素，其中 T-BOX 是车辆与车联网的一个关键连接入口。同时，当前车联网技术的发展路径中，DSRC 与 C-V2X 两种技术路线之争尤为突出。本节将重点阐释这些技术要素及其相关争论。

10.2.1 车联网的支撑技术

要实现全方位的网络连接、智能化的管理与服务以及安全的通信机制，车联网需要以下典型的技术支撑，其中最为重要的是无线通信技术，这也是研究最多的一个技术领域。

- **无线通信技术**。车联网所使用的无线通信技术包括 LTE-V2X、5G-V2X 等，用于实现车辆与车辆、基础设施、行人、网络间的信息交互。新的 5G 网络弥补了传统网络带宽和时延上的缺陷，具有高速、低时延、大连接的突出优势，可以有效减少自动驾驶的响应时间，降低对高精度传感器的依赖，提高信息传输的速度和精度。

- **车载传感器技术**。涉及摄像头、雷达、激光雷达等，用于监测车辆周围的交通状况和障碍物。无人驾驶汽车能够执行智能操作的前提是依赖大量数据。这些数据从车辆上的各种传感器收集而来，并最终发送至中央处理器，在那里进行信息的整合、筛选和处理。各类传感器构成了一个庞大的数据采集网络，它们持续地收集车联网所需的各种数据，例如车辆的实时位置、当前的交通状况、存在的障碍物以及环境参数等。这些数据经过计算机的分析和处理后，被用于各项业务的数据支持，为车辆提供高质量的服务。

- **云平台与大数据处理分析技术**。包括云计算、边缘计算和大数据技术，用于处理和分析车联网产生的大量数据。云平台是联网汽车的信息中枢，车联网系统采集的大量数据通过云平台的软硬件设施进行快速传输和实时处理，以实现精确的信息反馈。这一过程能够对突发事件导致的事故进行路线调整和规划，为用户提供更加合理的导航路线。大多数情况下实际的道路状况是动态变化的，而传统的基于静态道路数据分析的导航系统无法满足无人驾驶汽车的需求。相反，基于云计算的"云导航"能够适应并导航动态变化的道路。

- **智能决策与控制技术**。实现自动驾驶、交通管理优化等功能，包括路径规划、碰撞避免、车速控制、交通信号优化、协同驾驶、紧急响应等。在交通流管理中，利用先进的传感器、智能信号灯和 5G 通信技术，可以对车辆位置、交通流量、道路状况进行实时监测和分析，实现交通流的智能化决策与控制，既可以提高驾驶的舒适性和便捷性，又可以减少交通阻塞和车祸的发生。

- **安全技术**。确保数据传输的安全性和隐私保护，防止黑客攻击和数据泄露，涉及加密技术、身份认证等。车联网应用中涉及大量数据传输，其中包括用户和车辆的个人信息，这会带来潜在的安全风险。为了防范这些风险,车联网的安全防护措施包括确保终端设备与通信设备之间信息传递的安全,保护数据和功能的安全,以及云端管理和信息平台的安全防护。此外,还需要重视用户个人隐私的保护,防范网络攻击,确保数据传输的准确性和安全性。

- **高精度定位技术**。通过集成 GPS、北斗等全球导航卫星系统(GNSS)以及其他区域性卫星导航系统和惯性导航系统(Inertial Navigation System,INS),车联网能够实现精确的车辆定位和导航。这些系统通过接收来自地球轨道上的卫星信号计算车辆的地理位置和行驶速度,从而实现精准导航、实时定位、车道级导航、增强现实导航、多模态导航系统、轨迹记录与分析、地理围栏、车辆追踪与管理、自动驾驶辅助等功能。

- **车载软件与操作系统**。运行复杂的软件系统以支持各种服务和应用,这些系统包括实时操作系统、中间件、应用程序框架等。车载操作系统是车辆智能化的基石,而车联网则是车辆连接外部世界的桥梁。两者结合,不仅提升了车辆的智能化水平,也为车辆的未来发展开辟了新的可能性。前面章节已经对各类车载操作系统和汽车中间件做了详细的讲解,不再赘述。

- **标准化与协议**。确保不同车辆和基础设施之间的互操作性是车联网技术发展的关键,它涉及车辆、道路基础设施、行人以及其他交通参与者之间的无缝连接和通信。为了实现这一点,需要遵循一系列标准化的通信协议和数据格式,这些标准化机制包括但不限于通信协议标准化、数据格式统一化、接口兼容性、功能和服务标准化、安全认证机制。通过构建这些标准化机制,车联网技术能够实现更广泛的应用和更快的发展,为智能交通系统和自动驾驶汽车的实现奠定坚实的基础。

- **能源管理技术**。高效的能源管理系统对于提升车辆的性能、延长电池寿命以及提升用户的驾驶体验至关重要。关键管理措施包括电池状态监测、电池健康诊断、智能充电策略、能量回收利用、驾驶行为分析、热管理系统、预测性能源管理、远程监控与控制、充电网络集成、标准化充电接口。通过这些高效的能源管理措施,电动汽车不仅能够提供更长的续航里程,还能确保电池的长期稳定性和可靠性,同时为用户提供更加经济和环保的出行选择。

- **用户界面与体验**。提供直观易用的用户界面,包括触摸屏、语音识别、增强现实等，以提升用户体验。目前，车载导航娱乐终端对于车联网的发展和应用存在局限性，因此需要开发一个开放且智能的车载终端平台，该平台应兼容并支持 Android、iPhone、iPad 等系统的产品终端。此外，人机交互技术，如语音识别和人脸识别等，将被整合进平台中，以便为用户提供更加方便和直观的操作体验。

10.2.2　T-BOX：车端与车联网的连接入口

车联网控制单元 T-BOX（Telematics BOX）也称作远程/车载通信模块，是车联网系统的一个重要组成部分，其核心功能是赋予车辆联网能力。T-BOX 系统主要包括四个部分：主机、车载 T-BOX、手机 App 以及后台系统。主机主要负责车辆内部的音视频娱乐功能以及车辆信息的展示，而车载 T-BOX 则负责与后台系统和手机 App 之间的无线通信（如 Wi-Fi、3G、4G、5G 等），实现通过手机 App 对车速、油耗、车辆位置等车辆信息的查看和控制功能。T-BOX 的典型架构如图 10-3 所示。

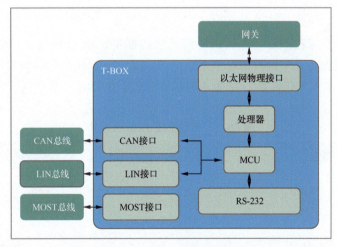

图 10-3　T-BOX 的典型架构

作为无线网关，T-BOX 提供的服务主要有如下 3 类。

- **获取车辆信息**。包括对车辆状态的实时监测，如故障诊断、驾驶行为、驾驶数据、轮胎压力状态以及车门的开闭状态等。

- **车辆遥控**。用户可以远程控制车辆的多项功能，如调整空调设置、控制车窗的开闭、远程启动或关闭发动机、解锁或上锁车门等。
- **安全服务**。提供安全相关的服务，如在车辆被盗的情况下，用户可以利用远程报警和定位跟踪功能来找回车辆。此外，还有紧急情况下的一键救援服务和车辆被拖走的报警通知等。这些服务增强了车辆的安全性，为车主提供了额外的保障。

用户通过手机上的 App 发出控制指令后，TSP（Telematics Service Provider）后台会向 T-BOX 发出监控请求。T-BOX 收到请求后，通过车辆的 CAN 总线发送相应的控制信号，从而实现对车辆的远程控制。控制完成后，操作结果会反馈到用户手机的 App 中。这样的功能可以帮助用户远程执行多种操作，如启动车辆、开启空调、调整座椅等。

T-BOX 的功能不仅限于收集和转发数据，它正在逐步发展为集数据采集、整理、分析、控制以及 OTA 更新等多重功能。此外，T-BOX 还整合了来自多个 ECU 的信息，并对其进行分析和处理。这种集成化的趋势在软硬件方面均变得越来越明显，表明 T-BOX 正成为车辆智能化和网络化的关键组件。

从市场参与者来看，外资供应商仍然占据 T-BOX 市场的主导地位，其中 LGE 几乎占据近几年国内市场 T-BOX 供应商的首位；国内供应商以本土品牌为主，寻求产品多元化发展。表 10-1 列举了市场主流 T-BOX 供应商。

表 10-1 市场主流 T-BOX 玩家

供应商	内资/外资	服务厂商
LGE	外资	大众、通用汽车、现代起亚
电装	外资	丰田汽车、本田
大陆集团	外资	奔驰、凯迪拉克
法雷奥	外资	宝马、长安、长城
东软	内资	一汽红旗、吉利、长城、smart
联友	内资	东风风神、东风风行、东风日产、东风英菲尼迪
高新兴	内资	吉利、长安、几何、睿蓝、丰田汽车、现代摩比斯、广汽

10.2.3　DSRC 与 C-V2X 之争

未来的高级自动驾驶车辆将主要通过以下两种方式感知外部环境。

- **直接感知**。车辆将配备多种感知设备，如车载摄像头、毫米波雷达和激光雷达，这些设备能够直接捕捉车辆周围的物理信息，如障碍物的位置、形状和距离，以及其他车辆和行人的动态信息。
- **无线通信感知**。除了直接感知，自动驾驶车辆还可以通过无线通信技术与外部环境中的其他车辆、基础设施和感知终端进行实时信息交互。这种车联网 V2X 通信允许车辆共享和接收来自其他交通参与者的信息，从而获得更全面的环境感知能力。

这两种感知方式的结合将极大地扩展自动驾驶车辆的感知范围和感知准确性，增强其在复杂交通环境中的适应性和安全性。通过直接感知和无线通信感知的互补，自动驾驶系统能够更有效地识别和响应各种交通情况，为实现完全自动化的驾驶提供坚实的基础。这两项技术的结合可以理解为自动驾驶和智能交通系统中的"视距感知"与"超视距感知"的双重增强。其中，"视距感知"指的是车辆通过车载传感器直接感知周围环境的能力，而"超视距感知"则指的是通过无线通信技术，允许车辆获取超出直接传感器感知范围的信息，从而提高整体的感知能力和交通管理效率。

早在 1992 年，美国材料与试验协会（American Society for Testing and Materials，ASTM）就已经针对 ETC 业务提出了最初的车联网技术原型。在同一时期，IEEE 开始在其 802.11 无线局域网标准系列下着手制定新的车载通信标准，这个标准就是 IEEE 802.11p。到了 2007 年，IEEE 802.11p 标准逐渐成熟稳定。

随后，IEEE 又开始制定 1609.x 系列标准，旨在为 V2X 通信提供安全性框架。大约在同一时间，美国汽车工程师协会（SAE）基于汽车工业的需求，也开始制定有关 V2V 通信的标准，并将其命名为 DSRC。DSRC 采用的通信标准正是 IEEE 802.11p 和 1609.x。如今，人们通常将 DSRC 及其相关的底层标准统称为 DSRC 标准。

国内对车联网技术的研究起步较晚，但通过深入观察和总结 DSRC 技术在欧美的研究和测试结果，我们发现该技术在通信性能、部署成本和业务场景的多样

第 10 章 万车互联，软件定义的车联网

性方面存在不少局限性。大约在 2013 年，大唐高鸿率先提出了 LTE-V 的概念，并与华为、高通和 LG 等公司合作，推动第三代移动通信标准化组织 3GPP（3rd Generation Partnership Project）对 LTE-V 的相关协议进行研究和立项。

到了 2018 年 11 月，我国工业和信息化部正式发布了 5905～5925MHz（20MHz 频段）的车联网直连通信频段规划，这表明我国政府全力支持基于蜂窝网络的 LTE-V2X 技术，即后来的 C-V2X 蜂窝车联网技术。经过几年的发展，我国在 V2X 领域的整个产业链已相对成熟，涵盖了通信芯片、通信模组、终端设备、整车制造、智能道路、测试验证和运营服务等多个环节，同时还包括科研院所、标准制定机构、相关技术产业、投资机构等提供的配套服务，产业链中涉及的企业数量众多。

DSRC 是 Wi-Fi 的变体，支持的通信距离更短，而 C-V2X 技术与基于无线局域网的 DSRC 技术不同，采用了蜂窝通信技术，所以有时被称为"蜂窝车联网"，这种技术与我们日常使用的 3G、4G 或 5G 移动网络是同一类技术。C-V2X 技术与 DSRC 技术最显著的区别在于，C-V2X 同时支持"直连"和"非直连"两种通信模式。直连模式允许车辆之间或其他交通参与者之间直接进行通信，而无须通过中心网络；非直连模式则通过基站等网络设施来传输信息，以实现更广泛的覆盖和更稳定的连接。

3GPP 已经发布了针对 LTE 协议的第 14 版（R14）规范。接下来，3GPP 计划发布针对 5G 和 5G NR（新无线）的第 15 版（R15）和第 16 版（R16）规范，这些新规范将提供更宽的频段和更高的数据传输速率。

与 DSRC 相比，C-V2X 技术提供了更宽的带宽，但与此同时，其通信时延也较高。在需要极低时延的安全性相关应用场景，如碰撞预警系统中，DSRC 的表现优于 C-V2X 技术。

在目前国际车联网领域，DSRC 一直占据着不少的市场份额。在缺少关于性能的统计数据支撑的情况下，DSRC 的拥护者认为，如果从已经得到充分验证且成熟的 DSRC 技术转向全新的 C-V2X 技术，不仅可能会导致高级自动驾驶技术的研究和发展遭重大延误，还可能造成难以估量的资源和成本上的浪费。

我国决定采用 C-V2X 蜂窝车联网技术路径，并在整个产业链上进行核心技术研发。这一决策避免了依赖由少数美国和日本企业主导的 IEEE 802.11p 技术、

标准和芯片的局面，力求将关键的知识产权控制在本国手中。华为、大唐高鸿等通信行业的领军企业率先开展了 C-V2X 国产芯片和模组的研发工作，从而动摇了美国高通公司在中国市场上的垄断地位。

从世界范围来看，DSRC 在欧洲和日本部署广泛，经长期的验证使得 DSRC 平台的接受度相当高，但在美国和中国这些区域，C-V2X 的验证和应用正在飞速发展，尤其是美国联邦通信委员会（Federal Communications Commission，FCC）重新分配了 IEEE 802.11p 的 5.9GHz 频段，标志着美国正式放弃 DSRC 并转向 C-V2X。2023 年年底，我国 5G 基站已经有 300 多万台，约占整体移动通信基站的 1/3，占全球 5G 基站的 60%，同时 5.5G 开始商用，这会推动 C-V2X 走向成熟。

10.3 软件定义的车联网

软件定义的车联网（Software Defined Internet of Vehicles，SD-IoV）是一种结合了软件定义网络（SDN）原理的车联网技术。它通过软件控制车辆网络中的通信和数据处理，目的是提升网络资源的使用效率、服务品质，并优化车辆网络的整体性能。SD-IoV 是一个新兴议题，目前主要出现在图书和论文中，本节将简明扼要地对其进行阐释。

在 SD-IoV 架构中，传统的车辆网络通过软件定义的方法实现更高的灵活性和可编程性。利用中央控制器，可以动态地管理和配置网络，从而提高网络的响应性和适应性。这种架构支持车辆间互联、车辆与基础设施互联以及车辆与云服务互联环境中的高效和智能数据交互。

SD-IoV 的关键特征主要体现在以下 5 点。

- **集中控制**：通过一个 SDN 控制器对网络进行集中管理，以提高网络的响应速度和适应性。

- **网络虚拟化**：允许创建多个虚拟网络，每个虚拟网络可以根据特定的服务质量（QoS）要求和安全策略进行定制。

- **资源优化**：通过智能算法优化网络资源的分配，提升带宽利用率和网络容量。

- **灵活性和可扩展性**：随着车辆数量的增加和网络需求的变化，SD-IoV 能够灵活适应并调整网络配置。
- **安全性和隐私保护**：软件定义的方法使得实施安全策略和隐私保护措施更为简便，可防止未授权的数据访问和网络攻击。

SD-IoV 代表了车联网技术的一个重要发展方向，为智能交通系统、道路安全和效率的提升以及自动驾驶技术的发展提供了有力的支持。此外，在智能汽车实现网络互联之后，其安全性面临诸多挑战，包括但不限于拒绝服务攻击（Denial of Service，DoS）、欺骗行为、木马病毒、女巫攻击、扫描爆破、畸形报文攻击等，因此，必须在软件层面取得重大进展，以确保与以太网防火墙、跳板机等硬件设施协同工作，从而实现对车辆的主动入侵检测与防御系统（Intrusion Detection and Prevention System，IDPS）。

10.4 小结

车联网是物联网技术的典型应用，也是当前汽车与交通技术的重要发展方向之一，汽车产业、软件产业、零部件供应商、平台运营商、智能终端供应商等都属于车联网产业中的关键技术及服务力量。随着 5G 技术的深入演进和商业化部署，未来车联网发展潜力巨大。

但是，车联网的发展还受到众多因素的制约：第一，DSRC 和 C-V2X 标准之争所引发的产品兼容性和互通性的问题；第二，车联网产品和服务在数据安全和用户隐私保护等方面还存在诸多问题；第三，智能交通管理系统等基础设施建设的严重滞后制约了车联网的快速发展；第四，围绕车联网的可盈利商业模式处于早期的探索阶段，发展路径尚不清晰。

面对车联网产业的快速发展所显露出来的上述挑战，需要政府、企业以及社会各界共同努力。有效应对这些挑战，可以促进我国车联网产业的持续健康发展，并为实现更智能、更网络化的交通出行提供优质的服务和强有力的支撑。

第 3 部分 扩展篇

第 11 章　安如磐石，软件定义汽车的安全保障

第 12 章　方兴未艾，新技术撑起的半边天

第 13 章　相时而动，主流厂商的软件定义汽车理念

第 11 章
安如磐石，软件定义汽车的安全保障

> 安全保障是软件定义汽车背后的守护者。

安全是永恒的话题。我们希望智能汽车物理安全、行驶安全、数据安全、用户隐私安全、预期功能安全，一切皆安全。但是现实表明，在支撑新能源汽车高速发展的这场声势浩大的数字化转型浪潮中，安全隐患正在从传统汽车的机械系统、电子电气零部件转向软件，尤其是智能座舱系统和智能驾驶系统等方面，软件质量的安全问题比以往更为频发。

据 2023 年和 2024 年新能源汽车召回案例显示，软件问题成为新能源汽车安全方面的重要关注点，动力电池故障问题占比减少，但电池软件系统故障问题较 2022 年大幅增加。按照国家工业信息安全发展研究中心副总工程师兼信息政策所所长黄鹏的观点，未来智能网联会带来巨大的数据安全风险，主要涉及四个方面：行业的数据安全意识有待提高；数据泄露风险巨大；网络安全漏洞多；可能会威胁国家安全。360 集团工业互联网安全研究院院长张建新表示，汽车的联网化、智能化发展带来了三个方面的安全性问题：一是软件化编程带来的安全风险，二是网联化接入带来的风险，三是数字化应用带来的风险。

特斯拉作为新能源汽车的领军品牌，其召回案例尤其引人关注。2023 年 5 月，根据国家市场监督管理总局的消息，特斯拉发起了大规模召回计划。特斯拉汽车（北京）有限公司和特斯拉（上海）有限公司备案的召回计划涉及进口 Model S、Model X、Model 3 及国产 Model 3、Model Y 车型，共计 1,104,622 辆，召回原因是车辆的能量

第 11 章　安如磐石，软件定义汽车的安全保障

回收制动策略问题，可能会增加误踩加速踏板的概率，从而增加碰撞风险。特斯拉还引发了多次召回事件，问题直指智能驾驶系统的安全性。2023 年 11 月，美国国家公路交通安全管理局（NHTSA）宣布特斯拉在美国召回超过 203 万辆电动汽车，这是特斯拉成立以来最大规模的一次召回。2024 年年初，我国 161 万辆特斯拉汽车因智能驾驶辅助功能而被召回。

新能源汽车安全是一个非常大的课题，本章先探讨新能源汽车安全性考量因素，并对这些因素进行简单的分类，以便读者理解。接下来，就与软件强相关的整车电子安全、智能座舱与安全、智能驾驶与安全、能源安全进行专题讨论。最后阐述典型主机厂的安全理念。除了本章重点讲解的内容外，根据《五部门关于进一步加强新能源汽车企业安全体系建设的指导意见》以及相关国家标准和行业实践，安全这个课题还涉及生产过程质量监控的产品质量安全、监管平台效能、网络安全保障服务能力以及事故响应处理能力。

此外，车企售后服务团队不仅要合理化地完成服务网点选址和建设，还要引导消费者安全用车，培养良好的用车习惯。总之，智能汽车面临的安全问题是一个系统性问题，必须多种技术协同、不同手段互补、从外到内多层次部署，才能满足智能汽车各个层面的安全性需求。

11.1　新能源汽车安全问题

新能源汽车的安全问题时不时成为公众关注的焦点，与传统汽车所使用的技术和硬件条件有很大的不同，新能源汽车采用了新的动力结构和电气结构，由此引发了很多新的安全问题，如极端工况下的电池防高温、防针刺等，都是很难解决的。虽然新能源车企和电池制造商采取了很多手段来保护电池安全，如防泄漏、改进电池材料、改进冷却循环系统，但是各种原因造成的新车自燃现象仍然屡见不鲜。新能源汽车的安全问题正在越来越多地从硬件转向软件，如图 11-1 所示。

新能源汽车安全性考量因素如图 11-2 所示，生产一款新能源汽车时车企需要考虑非常多的安全因素。首先，生产车辆的时候要考虑整车结构安全，整车结构安全是一个全方位的概念，涉及设计、技术、法规遵循和用户教育等多个方面，共同保障车辆的安全性。

11.1 新能源汽车安全问题

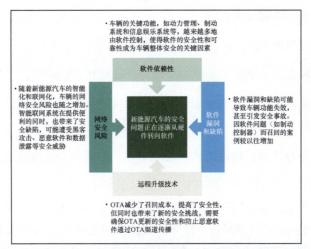

图 11-1 新能源汽车的安全问题正在越来越多地从硬件转向软件

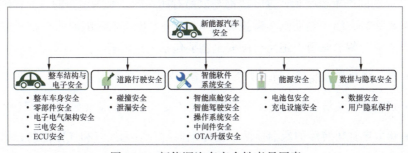

图 11-2 新能源汽车安全性考量因素

以下是整车结构安全的关键内容。

- **车身结构设计**：采用能够吸收和分散碰撞能量的设计方式，使用高强度材料，以及优化车身形状和结构布局，以提高车辆在碰撞时的安全性。

- **被动安全系统**：包括安全气囊、安全带、儿童安全座椅等，这些设备在碰撞时能够减少乘员受伤的风险。

- **主动安全系统**：包括 ABS、ESP、TCS 等，通过控制车辆动力和制动力，帮助驾驶员控制车辆，防止事故发生。

- **车辆稳定性与操控性**：悬挂系统、转向系统和动力系统的设计应确保车辆在各种路况下的稳定性和操控性。

- **防火安全**：电气系统和燃料系统（特别是新能源汽车电池系统）的设计应

防止火灾或限制火灾扩散。

- **紧急响应与逃生**：设计便于乘员快速逃离的出口，如安全门、逃生窗等。
- **维护与检查**：定期检查关键安全部件，确保其正常运作。
- **法规与标准遵循**：遵循国家和国际汽车安全法规和标准，确保车辆设计和生产合规。
- **用户教育与培训**：提供用户手册和培训，教育用户正确使用车辆和在紧急情况下的行动指南。

新能源汽车上路后，因为没有使用燃油汽车一直使用的内燃发动机，所以尾气排放的安全性是有所保障的，对环境和人体健康的影响非常小。但是，新能源汽车常以百公里加速时间为卖点，车辆行驶速度非常快，同时电池和高压系统的存在使问题的严重程度和处置方法都与以前有所不同。我国发布的国家标准GB/T 31498-2021，即《电动汽车碰撞后安全要求》，规定了新能源汽车在碰撞后的安全性要求。综合来看，道路行驶安全主要包括下述内容。

- **高压紧急切断装置**：车辆应配备紧急切断高压的装置。
- **驾驶员和乘员安全**：确保所有座位配备安全带，安装必要的安全气囊。
- **动力电池封装后的泄漏检测**：确保电池封装后无湿气和气体泄漏，保障电池长期稳定和安全。
- **气体泄漏率标准**：尽管国内缺乏统一标准，但应遵循行业最高水平的泄漏检测标准。
- **安全气囊泄漏检测**：安全气囊需经过严格的密封性测试，确保在碰撞时能正常工作。
- **LED车灯和倒车影像摄像头**：这些部件必须具备良好的防水能力，防止水汽渗入而影响性能和使用寿命。
- **高端品牌油箱泄漏测试**：使用氦气泄漏法测试油箱，确保具有高等级防泄漏能力。
- **氦气泄漏法测试**：高灵敏度的泄漏检测方法，适用于汽车零部件密封性检测。

- **碰撞测试与评估**：通过模拟正面、侧面、翻滚等不同碰撞情况来评估车辆安全性能，确保实际使用中的安全，这与整车结构安全也有关。

除了整车结构安全和道路行驶安全这两部分内容，整车电子安全、智能软件系统安全、能源安全、数据安全与隐私这四部分都与软件关系甚大，所以在后面独立成章来讲解。

11.2 各层面安全问题

新能源汽车的安全性保障是一个复杂的话题，而软件定义汽车的安全性保障同样复杂。本节将从整车电子安全、智能座舱与安全、智能驾驶与安全、OTA升级与安全、能源安全、数据与隐私安全等多个方面，逐一讲解安全性这一主题。

11.2.1 整车电子安全

新能源汽车往往要依赖高低压电作为动力，而动力装置的安全会重度依赖整车电子安全，另外，整车电子电气架构也在不断演进和升级，其中的系统和组件也会对功能安全产生影响，为了应对和处理一系列复杂的安全问题，功能安全技术从传统的失效安全（Fail-Safe）向失效运行（Fail-Operational）演变。整车电子安全和车内网安全有很大的关系，车内网安全的主要任务是抵御车载CAN/CAN FD和车载以太网中的入侵攻击，包括报文监听、错误注入、重放攻击等，而这些攻击的防御策略（包括总线通信保护、功能域隔离）都需要整车电子安全作为基础保障。整车电子安全主要包括下述内容。

- **电子电气系统设计**：涉及电子电气架构设计以及电池管理系统（BMS）、电机控制器、车载充电器等关键电子组件的设计，确保系统稳定可靠。
- **电磁兼容性（Electro-Magnetic Compatibility，EMC）**：保护车辆电子系统不受外部电磁干扰，同时防止对外部设备产生干扰。
- **故障诊断与保护**：车辆应能检测潜在危险并进而启动保护措施，防止危险事故发生或减轻事故后果。

- **安全隔离与冗余设计**：关键安全功能中应设计隔离和冗余，确保单一故障下系统仍能安全运行。

- **电池安全**：包括热管理、过充保护等，防止电池热失控和火灾等安全事故。

- **软件安全**：应符合 ISO 26262 等标准，确保软件开发、验证和维护的安全性。

- **物理安全**：电子电气组件的布局和安装考虑防撞、防水、防尘、防热等安全因素。

- **网络安全**：防止黑客攻击和数据泄露，保护车辆系统和用户信息的安全。

- **遵循标准**：遵循 GB 18384-2020《电动汽车安全要求》等国家和国际标准。

- **测试与验证**：电子电气系统应经过严格测试和验证，确保实际使用中的安全性。

- **维护与监控**：车辆使用过程中应有维护和监控措施，确保系统持续安全运行。

除了上述这些普遍问题，新能源汽车的整车电子安全还有许多特殊问题，如 CAN 总线的数据安全问题，在数据过滤方面，CAN 总线存在一些潜在的安全风险和挑战。

CAN 总线节点通过接收过滤器来确定是否需要接收网络上传输的特定报文。每个节点可以配置其接收过滤器，以便只接收与其工作相关的报文。这种过滤机制有助于减少无关数据的干扰，提高网络效率，同时也提供了一定程度的安全保护。CAN 总线数据过滤安全问题主要包括以下 5 个方面。

- **过滤配置不当**：如果接收过滤器配置不当，可能会导致重要数据被错误拦截或无关数据被接收，例如，如果一个节点的接收过滤器配置规则过于宽松，可能会接收到恶意数据，从而影响系统的正常运行。

- **中间人攻击**：攻击者可以通过截获 CAN 总线上的数据并在数据传输过程中插入或修改报文来实施中间人攻击，这种攻击可能导致数据被篡改或系统行为被误导。

- **重放攻击**：攻击者可能记录网络上的合法数据报文，并在稍后重放这些报文，以欺骗系统，使其执行非预期的操作。
- **洪泛攻击**：攻击者可能发送大量高优先级的报文，使得正常数据无法通过 CAN 总线传输，从而实现拒绝服务攻击。
- **隐蔽通道**：攻击者可能利用 CAN 总线的某些特性，如位定时（数据发送和接收的两端要保持位同步）或报文优先级（根据不同的业务需求对数据进行优先处理），来创建隐蔽通道，从而绕过传统的安全检测。

通过图 11-3 中所展示的一系列防止数据过滤安全问题的措施，可以在一定程度上提高 CAN 总线的数据过滤安全性，从而保护车辆和工业自动化系统免受网络攻击。

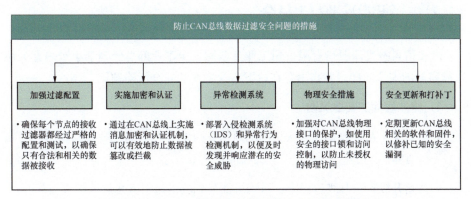

图 11-3　防止 CAN 总线数据过滤安全问题的措施

电子电气架构里还有一个容易被攻击的对象——ECU，ECU 是汽车中的关键组件，负责控制和管理各种电子系统和功能，如发动机管理、制动系统、安全气囊等，同时，ECU 中存储了大量关键数据，包括车辆配置参数、诊断信息、用户隐私数据等。除了在核心 ECU 层面加强安全启动、系统安全运行等安全能力，实施硬件加密可以确保 ECU 内的核心数据在存储和传输过程中的安全性，防止数据泄露或被篡改，常见的 ECU 硬件加密加固方法如图 11-4 所示。

第 11 章 安如磐石，软件定义汽车的安全保障

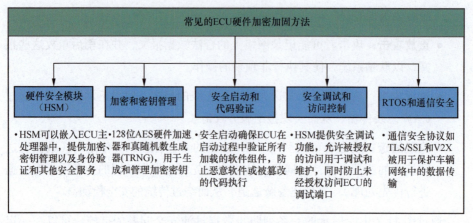

图 11-4　常见的 ECU 硬件加密加固方法

11.2.2　智能座舱与安全

奇安信科技集团股份有限公司工业互联网安全事业部总经理李小军一直关注智能座舱的安全问题，并指出存在以下三个主要的安全风险领域。

1. 终端层面的安全风险

- **黑盒子**：存在数据被非法访问的风险，可能导致车辆行驶数据和用户隐私的泄露。

- **终端升级**：在升级过程中，系统可能受到攻击、引入恶意软件或被篡改。

- **车载系统**：可能存在软件漏洞，容易受到网络攻击。

- **移动 App**：可能存在安全漏洞，被用于非法控制车辆或泄露用户信息。

2. 传输通道的安全风险

- **网络传输**：数据在传输过程中可能被截获或篡改。

- **车载诊断（On-Board Diagnostics，OBD）接口**：攻击者可能利用 OBD 接口非法访问车辆控制网络。

- **USB 接口**：经 USB 接口传输的数据可能受到恶意软件的影响。

3. 云平台的安全风险

- **恶意窃取数据**：云端数据可能被非法获取。

- **数据篡改**：云端数据可能被未经授权的第三方篡改。

- **非法访问敏感数据**：敏感数据可能遭到非法访问，泄露用户隐私。

为了应对这些风险，需要采取以下安全措施。

- **加强数据加密和访问控制**：确保只有经授权的用户和系统能够访问敏感数据。

- **实施安全的固件更新机制**：使用数字签名验证更新包的完整性和来源。

- **定期进行安全审计和漏洞扫描**：及时修补已知漏洞，并采用安全的编码实践。

- **加强 App 安全开发生命周期管理**：实施代码审计和安全测试。

- **使用加密通信协议**：如 VPN、TLS 等，确保数据传输的安全性和完整性。

- **加强 OBD 接口的访问控制**：实施认证和加密机制。

- **实施 USB 接口的安全策略**：禁止未经授权设备的接入，并对接入的设备进行安全检查。

- **实施严格的数据访问控制和加密策略**：限制对敏感数据的访问，并实施用户身份验证和授权机制。

- **采用数据完整性检查和审计日志**：监控和记录所有数据访问和修改活动。

通过这些综合措施，可以有效提高智能座舱的安全性，保护车辆和用户的数据免受威胁。同时，这也需要企业、开发者和用户的共同努力，以及持续的安全教育和培训。

11.2.3 智能驾驶与安全

虽然智能驾驶技术的发展为交通出行带来了便利和舒适性的提升，但同时也伴随着一系列安全问题。以下是智能驾驶领域面临的主要安全问题。

1. 技术成熟度的挑战

智能驾驶的技术成熟度直接影响其安全性。目前的智能驾驶系统在硬件和软件方面取得了进展，但仍存在一些技术上的限制，例如激光雷达在恶劣天气下的性能问题，摄像头在夜间或复杂环境下的感知能力下降。

2. 软硬件成本问题

智能驾驶功能的实现需要投入额外的成本，这包括对摄像头、激光雷达、V2X 通信技术、处理器等硬件的投入，以及对软件系统的开发和维护。这些成本的增加可能会影响智能驾驶技术的普及。

3. 基础设施的不足

智能驾驶系统的高效运行依赖先进的基础设施，包括通信网络、路侧设施等。目前，这些基础设施的建设和部署还处于初级阶段，尚不能满足智能驾驶技术的需求。

4. 数据丰富度的需求

智能驾驶系统需要大量的数据来优化其算法。然而，获取多样化和丰富的数据，特别是那些罕见但关键的边缘场景数据，是一个挑战。

5. 法律法规的缺失

智能驾驶技术的发展速度超过了现有法律法规的更新速度。在责任认定、道德、伦理等方面，现有的法律体系尚未完全适应智能驾驶带来的新情况。

6. 伦理与责任的界定

智能驾驶系统在面临伦理上的选择时如何处理，例如在紧急情况下的决策以及智能驾驶事故中责任的划分，需要深入探讨。

7. 安全性的指数化效应

智能驾驶系统比人类驾驶员具有更高的安全性，这种安全性的提升是随着智能驾驶车辆数量的增加而呈指数级增长的，这意味着智能驾驶技术的普及对于提高整体交通安全至关重要。

8. 系统漏洞和网络安全威胁

智能驾驶系统的软件漏洞非常容易使系统受到黑客攻击和网络威胁。保护智能驾驶系统免受这些安全威胁是确保其安全性的关键。

为了解决上述安全问题，需要在技术创新、基础设施建设、数据采集、法律法规制定等方面进行努力。同时，智能驾驶技术的伦理和责任问题也需要政府、企业、学术界和公众的共同关注和讨论，以确保智能驾驶技术的健康发展和广泛应用。

11.2.4 OTA 升级与安全

随着智能化技术的发展，OTA 升级成为解决软件甚至固件问题的主要手段，虽然为车辆提供了便捷的升级途径，但同时也带来了一系列安全问题。以下是 OTA 升级可能面临的主要安全风险。

1. OTA 平台安全风险

- 云平台自身安全风险：OTA 平台部署在云端服务器中，可能遭到网络攻击、主机攻击、应用攻击和数据泄露等传统云平台安全威胁。

- 第三方应用安全风险：随着车载平台的发展，第三方应用的 OTA 升级可能带来系统兼容性问题、系统漏洞和严重的 Bug 等安全风险。

2. 通信安全风险

- 身份认证安全风险：通信过程中若未进行有效的身份验证，攻击者可能冒充合法参与者，非法监听通信信息。

- 传输过程安全风险：车辆通信信息若未加密或加密强度不足，容易遭受恶意攻击，导致通信信息泄露、被非法篡改和破坏。

- 中间人攻击安全风险：协议链路层通信未加密时，攻击者可能通过抓取链路层标识实现会话劫持，篡改升级包。

3. 车端安全风险

- 版本回退风险：若车端升级时未判断升级包版本，攻击者可能利用此漏洞，使用存在已知安全漏洞的低版本系统覆盖现有系统。

- **车端升级程序被破解而绕过**：若升级验证算法简单或验证流程存在漏洞，攻击者可能构造有效的升级包或绕过验证流程，加载并运行恶意篡改过的固件。

- **拒绝更新风险**：攻击者可能阻止车辆修复功能漏洞，通过控制车辆拒绝访问更新，使车辆潜在的功能漏洞无法修复。

4. 升级包安全风险

- **OTA 升级包信息泄露风险**：若 OTA 升级包的机密性被破坏，攻击者可捕获并分析通信数据，导致升级包信息泄露。

- **OTA 升级包信息被篡改风险**：若 OTA 升级包的完整性被破坏，攻击者可能获取 OTA 通信数据并进行篡改，造成升级包被篡改或升级指令错误。

- **OTA 升级包信息被伪造风险**：若车云端之间不能以真实身份进行通信，攻击者可能伪造非法信息进入平台或车辆，导致下发恶意升级指令或上传虚假信息。

5. 数据安全风险

- **用户隐私信息泄露风险**：若 OTA 系统遭到破坏，不法分子可能通过 OTA 系统窥探用户的隐私信息，如车辆位置、行车路线等。

- **数据出境合规风险**：智能网联汽车产生的大量数据为数据跨境管理带来新的挑战，可能存在因管理规定不明而带来的风险。

6. 功能安全风险

- **车端升级条件判断不当导致的安全风险**：若车辆对于升级条件的判断存在问题，可能导致在非预期的情况下触发升级，对车辆和车内人员的人身安全造成威胁。

- **车端升级失败导致的车辆功能不可用**：若升级过程中出现异常情况导致升级失败，在没有得到妥善的容灾处理的情况下，可能导致车辆无法启动甚至零部件损坏等严重后果。

- **OTA 升级软件自身缺陷导致的风险**：若软件更新后未进行充分验证和测试

就直接部署到车辆上，软件自身的缺陷可能会使软件运行出现意外情况，导致系统崩溃、触发车辆失控等安全事故。

为了应对这些安全风险，车辆制造商和软件开发者需要采取一系列安全措施，如强化身份认证、实施传输加密、进行安全审计和漏洞扫描、建立应急响应机制、确保合规的数据管理和跨境流通等。通过这些措施，可以最大限度地减少OTA升级过程中的安全风险，保护车辆和用户的数据安全。

11.2.5 能源安全

对于新能源汽车而言，能源安全是非常重要的问题，其中比较大的两部分是电池包安全和充电设施安全。电池包主要受如下安全因素的影响。

- **化学反应**：若电池内部的化学反应失控，可能会导致电池过热、爆炸等安全事故。
- **电池温度**：电池在高温环境下工作时容易发生自燃、爆炸等安全事故。
- **机械损伤**：电池在工作过程中可能会因撞击、振动等原因导致机械损伤，进而影响电池的安全性。

为了提高电池包的安全性，需要满足以下安全防护要求。

- **防水性**：电池包必须具备高防水性能，以应对各种恶劣环境。
- **防火性**：在电池包的设计和生产过程中必须考虑防火措施，以防止电池引发的火灾。
- **机械强度**：电池包需要具备足够的机械强度，以承受可能遇到的撞击、振动等机械作用力。
- **温度管理**：电池包必须具备有效的温度管理能力，包括散热和保温功能。
- **电池管理系统（BMS）**：BMS能够及时监测电池的状态，控制电池的温度和电量，保障电池的安全性。

为了进一步提高电池包的安全性，可以采取以下措施。

- **新材料的应用**：使用新型电池材料，如磷酸铁锂电池，这些材料具有更高的安全性和稳定性，能有效降低自燃和爆炸的风险。

- **智能化 BMS**：智能化的 BMS 可以实时监测电池状态，控制电池温度和电量，有效降低安全风险，并实现远程监控和故障预警。
- **仿真模拟技术**：通过计算机模拟电池包在不同工况下的受力情况和温度分布，帮助设计师快速评估电池包的安全性。
- **自愈性材料技术**：应用自愈性材料，使电池包在受到机械损伤时能够自动修复受损区域，降低安全风险。
- **安全监测技术**：通过安装传感器和监测系统，实时监测电池的状态和运行情况，及时发现并处理电池的故障和异常情况。

充电设施的安全性对于电动汽车的日常使用至关重要，它涉及多个方面的因素。以下是充电设施安全性的关键因素和相关措施。

1. 电气安全

- **接地保护**：确保所有电气设备都正确接地，以防止触电。
- **漏电保护**：安装漏电保护装置，以便在检测到漏电时迅速切断电源。
- **过载保护**：充电设备应具备防止电流过载的功能，以避免火灾或设备损坏。

2. 物理安全

- **防护措施**：设置围栏、警示标志等，防止未经授权进入。
- **耐火材料**：使用耐火材料建造充电站，降低火灾风险。
- **防水防尘**：确保充电接口和设备能够抵御户外环境中的水分和灰尘。

3. 信息安全

- **数据加密**：对传输中的数据进行加密，防止信息泄露和被篡改。
- **身份验证**：实施严格的身份验证流程，确保只有经授权的用户可以访问充电服务。
- **网络安全**：采取网络安全措施，如防火墙和入侵检测系统，以防止受到网络攻击。

4. 操作安全

- **用户指南**：提供清晰的操作指导和安全提示，帮助用户正确使用充电设施。
- **紧急停止机制**：设备应配备紧急停止按钮，以便在紧急情况下迅速切断电源。
- **定期维护**：定期对充电设备进行维护和检查，保持其良好的运行状态。

5. 环境安全

- **环境监测**：监控充电站周边的环境条件，如温度、湿度和有害气体浓度。
- **通风系统**：确保充电站具备良好的通风条件，防止有害气体积聚。
- **防雷措施**：安装防雷系统，保护充电站免受雷击损害。

6. 遵守法规和标准

- **遵守法规**：遵守所有相关的国家和地方性法规及标准进行充电设施的设计、建设和运营。
- **行业认证**：确保充电设备和系统通过必要的行业认证，如UL、CE等，以证明其质量和安全性。

7. 应急响应

- **应急预案**：制定并实施详细的应急预案，以应对可能发生的电气火灾、设备故障等紧急情况。
- **救援设备**：在充电站配备必要的救援设备，如灭火器和急救包。

通过综合考虑这些因素并实施相应的安全措施，充电设施的安全性可以得到有效提升，为用户提供安全可靠的充电服务。随着电动汽车行业的不断发展，充电设施的安全性也将持续改进和升级。

11.2.6 数据与隐私安全

新能源汽车的数据安全与用户隐私保护是一个涉及多方面的复杂问题，包括数据的采集、存储、处理、传输和使用等环节。以下是新能源汽车数据安全与用户隐私保护的关键内容。

1. 数据分类与管理

- **数据识别**：明确区分车辆数据的类型，包括但不限于常规数据（如电池状态、电机性能等）和安全故障数据（如电芯温度、电压等）。

- **数据等级划分**：根据数据的重要性和敏感性进行分类，确保对关键数据实施高级别的保护措施。

2. 数据采集与存储

- **合规采集**：在数据采集过程中遵守相关法律法规，如《中华人民共和国个人信息保护法》等。

- **安全存储**：采用加密和去标识化等技术手段，确保数据在车辆内部和远程服务平台存储的安全性。

3. 数据处理与传输

- **数据处理**：在数据处理过程中采取必要的安全措施，如数据分类、备份和加密。

- **传输**：确保数据在传输过程中的安全性，防止数据泄露或被篡改。

4. 用户隐私保护

- **隐私政策**：制定并公开透明的隐私政策，明确告知用户数据的收集、使用和共享情况。

- **用户同意**：在收集和使用用户个人信息前，需经用户明确同意，尤其是对于敏感信息。

5. 数据安全监管

- **监管平台**：建立国家、地方、车企三级新能源汽车数据管理体系，进行数据安全监管。

- **监测服务**：通过智能网联汽车产品安全监测服务平台，对车辆的安全状态进行实时监测。

6. 应急响应与报告机制

- **应急预案**：制定个人信息安全事件应急预案，确保在发生数据安全事件时能够及时响应。
- **报告机制**：建立数据安全事件的报告机制，及时向相关部门报告数据安全事件。

7. 遵守法律法规

- **遵守法律**：遵守《中华人民共和国个人信息保护法》《中华人民共和国网络安全法》等相关法律法规，确保数据处理活动合法合规。
- **标准执行**：执行国家和行业标准，如《信息安全技术 网联汽车 采集数据的安全要求》等。

8. 第三方服务责任

- **责任界定**：明确车企在提供第三方增值服务时的责任，确保用户权益不受侵害。
- **合作方审核**：对合作的第三方服务商进行严格审核，确保其提供的服务符合安全和隐私保护要求。

9. 用户权益保障

- **信息访问与更正**：允许用户访问、更正和删除其个人信息。
- **注销账号**：提供用户账号注销功能，确保用户在注销账号后其个人信息得到妥善处理。

10. 持续改进与教育

- **自查与整改**：定期进行自查，及时发现并整改数据安全与隐私保护方面的问题。
- **安全教育**：对从业人员进行定期的安全教育和培训，提高数据安全意识和技能水平。

通过实施上述措施，新能源汽车企业可以有效保护车辆数据安全和用户隐私，同时满足法律法规的要求，为用户提供安全可靠的产品和服务。随着技术

第 11 章　安如磐石，软件定义汽车的安全保障

的发展和法规的完善，新能源汽车的数据安全与用户隐私保护将持续得到加强和优化。

11.3　主机厂的安全理念

本节我们以特斯拉和蔚来为例，向读者呈现主机厂的安全理念。先来看创新企业特斯拉，特斯拉的信息安全理念体现在以下几个关键方面。

（1）建立专业团队。特斯拉成立了专门的信息安全研究和响应团队，这些团队的成员专注于监控、研究和应对网络安全威胁，确保特斯拉车辆和系统的安全性。

（2）合作与奖励机制。特斯拉与外部安全研究人员和白帽黑客合作，通过奖励机制鼓励他们报告安全漏洞，这种合作有助于特斯拉及时发现并解决潜在的安全问题。

（3）技术创新与研发。特斯拉持续进行技术创新和研发，以应对网络安全挑战。公司内部团队自主研发了模拟系统，确保固件版本的安全性和生产线的正常运行。

（4）数据安全保护。特斯拉高度重视数据安全，采取技术措施消除公众对于数据安全的担忧，并保护用户个人信息和车辆数据的安全。

（5）快速响应和透明度。面对安全问题，特斯拉展现出快速的响应速度和高度的透明度，公司迅速发布更新补丁来修复所报告的安全漏洞。

（6）严格的测试和验证。特斯拉对车辆的关键组件进行严格的测试和验证，这些组件包括 ECU、车电网关和中控系统等，以确保它们的安全性。

（7）长期战略规划。特斯拉的信息安全理念也体现在其长期战略规划中，公司不仅关注当前的安全问题，还积极研究未来可能出现的安全挑战。

通过这些措施，特斯拉不仅为自身的发展提供了坚实的安全基础，也为整个汽车行业的信息安全树立了标杆。特斯拉的这些做法展现了公司对于信息安全的全面和深入的理解，以及其致力于保护用户和车辆安全的承诺。

作为国内最早开展新能源汽车研发的车企，蔚来汽车高度重视信息安全，视

信息安全为软件定义汽车的基石。信息安全不仅关乎用户安全，也是公司利润的保障。按照蔚来汽车朱颢的观点，为了确保信息安全，蔚来遵循以下4个核心原则。

（1）**最小权限原则**。这一原则贯穿于整车研发、域控制器、云端及所有信息系统的设计中。蔚来坚持"非必要不开放"的策略，即在不影响功能的前提下，尽可能地收缩权限，以降低安全风险。

（2）**零信任设计**。蔚来在设计系统时，不预设任何环境为安全环境，而是从零信任的角度出发，确保所有设计都在不信任任何内部或外部网络的前提下进行，从而提高系统的安全性。

（3）**分层纵深防御**。蔚来建立了云、管、端分层的纵深安全体系。在云端，实施了11项防护措施，包括防火墙、访问控制、频次控制、签名校验、证书校验、网络隔离等，并在出现问题时进行快速转移，同时实现了异地灾备。数据加密和匿名化处理也是云端安全的重要组成部分。在通信方面，采用双接入点名称（Access Point Name，APN）、OpenVPN、网络专线和双向传输层安全协议（Transport Layer Security，TLS）加密，以确保通信安全。

（4）**工程化的安全守护系统**。蔚来通过四个关键系统（称为"四条龙"）来全方位保护信息安全，覆盖产品的全生命周期。红龙代表公钥基础设施（Public Key Infrastructure，PKI）体系，负责证书的签发和OTA更新包的签名机制；银龙涵盖数据保护和云端基础安全系统；绿龙包括车端的入侵检测系统（Intrusion Detection System，IDS）和入侵防御系统（Intrusion Prevention System，IPS）；棕龙则是蔚来自主研发的一套诊断系统，用于持续监控和保护车辆安全。

通过这些综合性的安全措施，蔚来汽车致力于为用户提供安全可靠的智能电动汽车，同时确保公司的长期盈利能力和市场竞争力。

11.4　小结

尽管智能电动汽车因其技术创新受到广泛关注，但是频繁发生的自燃和故障等问题提醒我们，这些车辆与手机、笔记本电脑或相机等日常消费电子产品有所不同，智能电动汽车的核心和首要属性是交通工具。因此，消费者逐渐认识到，

> 第 11 章 安如磐石，软件定义汽车的安全保障

在追求车辆智能化和自动化的同时，安全性和可靠性才是更为重要和应当优先考虑的特性。

软件成为汽车行业转型的主导因素，在我们享受着新技术发展带来的红利的同时，同样面临着一些新的风险和挑战，这就是安全和用户隐私合规的问题。通过实施严格的质量管控、建立快速的响应机制、重视软件开发流程并持续提升软件质量，智能电动汽车制造商能够提高车辆的安全性和可靠性，从而赢得消费者的信任，并推动智能电动汽车行业的健康发展。随着技术的进步和监管的加强，预计未来智能电动汽车的安全性和可靠性将得到进一步提升。

第 12 章
方兴未艾，新技术撑起的半边天

> 新的技术让软件定义汽车的画布上布满更多的点缀。

步入 2024 年，我们欣喜地发现在新能源汽车领域，又出现了许多可以刷新我们认知的新鲜词汇：智能一体化底盘技术、全域 800V 高压电气平台、一体化压铸技术、双腔空气悬架、碳化硅功率器件、多合一电驱系统、二氧化碳热泵空调，连同前些年大热的光感天幕、AR-HUD、滑板底盘、线控底盘、智能表面……消费者喜闻乐见，主机厂也乐于营销和宣传。正向激励使得这些新产品和新技术共同推动了新能源汽车电气化、电动化和智能化的快速发展，真可谓撑起了新能源汽车创新的大半边天，如图 12-1 所示。

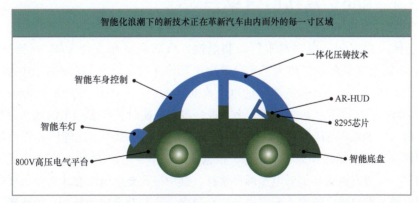

图 12-1　新能源汽车领域方兴未艾的新技术

第 12 章　方兴未艾，新技术撑起的半边天

新技术永远都不是凭空而来的，要么是发现了用户群体的真实需求，要么是激发出了用户群体的真实需求。例如，相较以前的燃油汽车，智能电动汽车需要传达给驾驶员的信息更加丰富，所以新时代的信息显示装置既要能加载更多的信息内容，还要不易打扰用户的驾驶行为；因为要减轻新能源汽车的车身重量并减少零部件数量，所以一体化压铸技术开始大行其道，当然了，一体化压铸还带来了一些附加收益。

新技术门类繁多，本章无法涵盖所有的内容，所以筛选了如 800V 高压电气平台、8295 芯片、智能底盘这样一些有助于读者了解智能汽车当前主流发展方向且与软件定义汽车强相关的新技术作为重点讲解的对象。本章各节内容都是独立的，相互间几乎没有什么联系，读者可以根据需要自行挑选感兴趣的章节阅读。

12.1　生产制造新技术

在汽车的生产制造过程中，众多新技术得到了广泛应用，例如工厂侧的自动导引运输车等。本节将详细阐述 800V 高压电气平台和一体化压铸技术，它们实际上是与整车紧密相关的新技术，也是普通用户能够直接接触并感知到的新技术。

12.1.1　800V 高压电气平台

仿佛一夜之间，很多汽车厂商和电池巨头联袂宣布支持 800V 高压技术。800V 高压电气平台是厂商为了充分解决电动汽车充电时长问题而推出的方案，目前绝大多数整车高压快充平台的电压范围是 230V～450V，中值为 400V，统称为 400V 平台，不过新能源车企为了进一步把补能时长向燃油车的加油时长看齐，推出了 800V 高压平台。800V 不仅能让充电速度加快，还能因高压而降低电池能耗、线束能耗和充电桩能耗。根据公式功率 = 电压 × 电流，要想提升充电功率，有提升电流和提升电压两种选择，其中提升充电电流意味着线束要做得更粗更重、发热量会更多、附属设备也会更多，这些都会成为瓶颈，因此提升电压凭借各方面优势成为车企采纳的主流方案。

可以看到，800V 是整车高压电气系统的一个标准，实际上，整车电压只要在 550V～950V 范围内，都可以称为 800V 高压平台。最早推出 800V 快充的是 2019 年 4 月首发的保时捷 Taycan Turbo S，在 22.5 分钟内电量从 5% 快充到 80%，这对当时动辄需要 1 小时快充时长的 400V 车型来说是质的飞跃。而小鹏 G9 则是国内首个搭载 800V 高压平台的车型，现在极氪新 001、小米 SU7 都搭载了 800V 高压平台，2024 年下半年即将推出的合创 V09、极氪 CS1E、问界 M9 也都会使用 800V 高压平台。部分主流车型的额定电压如表 12-1 所示。

表 12-1 部分主流车型的额定电压

车型	额定电压
智己 LS6	750.7V
小米 SU7	871V
Taycan Turbo	723V
路特斯 ELETRE	708V
起亚 EV6	687V
极狐阿尔法 S	637V
广汽昊铂 GT	622V
小鹏 G9	617V
阿维塔 11	614V
腾势 D9 EV	608V

新能源汽车 800V 高压电气平台大致分为以下 3 种。

- 第一种：全域 800V 高压技术，是指如果一部分用电设备的额定电压不是 800V，那么还需要再增加一个直流-直流转换器（DC-to-DC Converter），这无形中增加了能量转换的过程，而能量转换必然伴随着能量损耗，全域 800V 可以减少能量转换，减少电器内阻损耗，高压动力电池、前驱动电机、后驱动电机、车载充电机和 PTC 部件均会采用 800V 高压。

- 第二种：关键部件支持 800V 电压，例如电驱系统、电池支持 800V 电压，而空调等电气部件采用 400V 电压。

- 第三种：仅电池支持 800V 高压快充，其他部件均采用 400V 电压。

什么是PTC？

正温度系数（Positive Temperature Coefficient，PTC）泛指正温度系数很大的半导体材料或元器件，电动汽车上的PTC指的是PTC热敏电阻，是一种具有温度敏感性的半导体电阻，当有电流经过时会产生热量，同时它的电阻值也会随温度的升高而升高，鼓风机会将车内的空气循环起来并通过PTC热敏电阻进行加热，这样从空调吹出来的风就是热的。

目前真正支持第一种全域800V平台的车型比较少，多数宣称800V平台的车型其实属于第二种。小米SU7、小鹏X9、极氪新001均宣称支持全域800V平台。

12.1.2 一体化压铸技术

作为一种特种铸造技术，一体化压铸技术的目标是以轻量化车身的方式提升整车的续航里程。自特斯拉引领这项技术大规模应用的潮流后，一体化压铸技术已成为国内汽车生产商在提升量产能力方面的热门技术，如图12-2所示。一体化压铸技术对新一轮汽车竞争的影响主要体现在两个方面：一是交付速度和新车型开发周期的竞争；二是成本竞争。

特斯拉的一体化压铸车间

图12-2 一体化压铸技术

传统的非一体化压铸是将小的零件通过焊接的方式连接起来的，形式包括但不限于手工焊接、机器人焊接，基本是点焊。既然是焊接就存在着钣金零件之间的重复搭接，而使用超大型压铸机一次压铸成型而直接获得完整的零部件，便可以在保证强度的前提下消除冗余的钣金搭接，减少车身连接数，从而提升车身的轻量化系数。

白车身一体化压铸技术正在向大型化方向发展，一体化压铸技术可以提高整车质量，缩短产品生产周期，保证车内空间的绝对密封性，提升汽车被动安全性、车身耐久性能和扭转刚度，提升噪声、振动与声振粗糙度（Noise,Vibration and Harshness，NVH）指标值，提升整车的轻量化水平进而提升续航里程。

压铸这样一个看似和软件无关的机械工艺，实际上是重度依赖算法和人工智能的，体现在以下3个阶段。

- 设计阶段：从原来的经验设计＋不断试模到应用智能模具设计系统，自动为铸件生成多个浇注方案，并结合实时仿真预测，提高仿真模拟在充型、凝固、尺寸控制等维度上的精度，快速求解最优工艺，获得分钟级生成速度，以天为周期迅速弥补铸件缩孔、车身尺寸精度不符等缺陷，设计效率的提升远超以往。

- 工艺阶段：从原来的模温检测与控制各自为政、质量爬坡难度巨大到搭载智能模温系统，协同压铸红外设备、模温及机边冷却系统实现智能模温监控和自动反馈调节，通过模温模板匹配、热节查找与跟踪、模温异常计算、报警及水量反馈等功能，整个过程由智能压铸工艺系统和智能模温工艺系统管理监控。

- 检测阶段：从原来的产品缺陷识别经验短缺、质检难度大到集成自动缺陷检测软件，对产品进行实时检测（毫秒级缺陷查找－缺陷评级－产品判废）及分拣，收集并分析产品缺陷及质量变化情况，优化生产工艺。

目前蔚来、小鹏、理想、极氪、问界、岚图、长安、小米、哪吒等汽车品牌都已经量产或布局一体化压铸技术，不同点在于大家选择的压铸位置不一样，一体化后车身和后地板居多，目前在向一体化车头、一体化侧围发展。一体化压铸技术具有集成化、规模化、智能化、绿色化、高端化的能力优势，可以有效解决行业普遍存在的制造成本较高、生产效率较低、生产流程烦琐、质量稳定性较差、绿色低碳转型迟缓等痛点。同时，一体化压铸也存在无法避免的一些缺点，如维修难度大、通用性差、压铸集成度高（意味着拓展性差）等。

12.2 整车新技术

智能底盘、智能车身控制、智能车灯和智能表面处理是在车辆外部应用的新技术,这些技术凸显了一家车企的综合交付能力和系统集成水平。

12.2.1 智能底盘

汽车底盘是指汽车上传动系统、行驶系统、转向系统和制动系统等部件的组合,其功能包括支承、安装汽车车身、发动机、各部件及总成,形成汽车的整体造型,承受发动机动力,保证车辆正常行驶等。智能底盘是智能汽车的重要组成部分,它负责执行智能驾驶、智能座舱和动力系统的指令,通过对车辆的驱动、制动、转向和悬架的主动控制,实现车辆的最佳性能和安全性。

早在2015年部署的《中国制造2025》行动纲领中就明确指出,要"攻克底盘制动、驱动、转向等精确、可靠、协调控制关键技术"。之后,几乎每年都有相关政策和举措出台,指导和引领智能底盘技术的发展。在国家、市场、企业、资本等多方作用下,智能底盘行业快速成熟,产业生态正在逐步形成。

此前,底盘的发展还经历了机械时期和机电混合时期。最初,汽车采用机械式底盘。当时汽车行驶速度较低、质量较小,驾驶员能够操纵简单的机械装置,直接向制动器施加作用力,从而间接地改变车辆的三向平动和三向转动的自由度。汽车底盘的机电混合时期是底盘系统从机械向电子控制技术发展的过渡阶段。在这个阶段,传统的机械液压设计与单片机控制结合,既保留了机械系统的稳定性和可靠性,又加入了电子控制技术的灵活性和精确性。

汽车智能化驱动智能汽车的底盘向线控化和域控化方向发展,一方面,发动机被电机取代,依赖发动机产生真空源的真空助力器受到限制;另一方面,汽车电动化引发里程焦虑,传统制动系统将动能转化为热能消耗掉的方式并不节能,而线控制动能提高20%~30%的制动回收效率。将各个子系统集成在一个域控制器内进行协同控制,电控系统和驾驶员机械接口解耦,底盘系统调节方式更加灵活,可满足不同消费者的个性化需求。同时,底盘域控制器实现了软硬件解耦,有利于支持OTA升级及核心算法的优化迭代。

12.2 整车新技术

智能底盘关键核心技术及系统部件包括线控制动、线控悬架、线控转向、驱动系统、域控制器、传感器、车规级芯片、功能安全、定位及地图、人机交互等。线控（X-By-Wire）原是机电术语，指的是用线（电信号）来控制执行机构，在汽车底盘领域指的是对汽车底盘信号的传导机制进行线控改造，以电信号传导替代机械信号传导，借以实现"人机解耦"功能。线控底盘主要由线控转向、线控制动、线控换挡、线控油门以及线控悬挂五大系统组成，如图12-3所示。

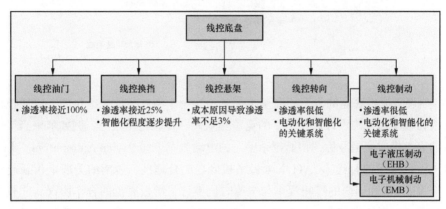

图 12-3　线控底盘五大核心系统

线控底盘向执行器下发指令的信号源可由人变为自动驾驶系统零部件，精度高，响应速度快，因此是自动驾驶与新能源汽车的一个结合点，是实现无人驾驶的关键载体，号称"高阶自动驾驶的技术基石"。现在有很多纯电动汽车已经具备了部分线控能力。其中，线控制动技术难度最大，包括车身高度控制、弹簧软硬程度控制、减震器阻尼力控制等。

在智能底盘领域，还有一种时髦的底盘："智能滑板底盘"（见图12-4）。通过超高集成度的定制化造车平台，将三电系统、制动、悬架、电池等核心部分整合到滑板底盘中，看起来很像一个滑板，同时还整合了传感器和计算平台的能力，车企可以根据市场需求快速打造长度、宽度、轴距、电机、电池各不相同的车型。

滑板底盘的特色是一体化压铸技术带来的高度集成化，底盘和车身可以分离，整个底盘平整度高，没有凸起的地台。悠跑科技创始人李鹏表示，滑板底盘在电气化时代要解决两个核心问题：一是电动化带来的必然的硬件标准化，二是电动汽车上的智能化技术底座。可见，滑板底盘技术主要有以下几大特征和优

249

势：成本低、灵活、省空间、高效、符合软件定义汽车的大趋势。

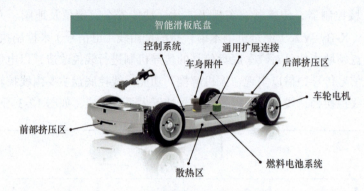

图 12-4　智能滑板底盘的结构

热衷于滑板底盘的汽车厂商基本都是想实现车型产品的快速布局，以便把精力放在整车内外饰设计以及当下的竞争焦点——智能化体验上，例如苹果当年选择的底盘供应商是号称"特斯拉杀手"的电动汽车公司 Rivian Automotive。考虑到电池巨擘宁德时代（CATL）来做滑板底盘的合理性，越南的美股上市新能源车企 VinFast 和国内的哪吒汽车与宁德时代签订了滑板底盘的合作协议。非载人的商用车对滑板底盘是比较热衷的，除此之外的合作并不多见，业界对滑板底盘的态度仍是观望和怀疑。

12.2.2　智能车身控制

最早在奔驰一些豪华车上会配置主动车身控制（Active Body Control，ABC）系统，这套系统基于悬架功能，可以用来控制车身的平衡状态，通过油压传感器、水平传感器、速度传感器、加速度传感器采集各种输入信号，在汽车启动、制动、转向的时候对汽车自身的高度、倾侧、横摆等进行精确的控制和调节，因此也称作主动悬架控制系统，ABC 系统可以有效地提升汽车的安全性、乘坐舒适性和动力性。

这套系统实际上要在制动、转向和离心等作用力彻底完成之前，在很短的时间内调整车身，从这个角度讲，ABC 实际上已经具备了一定程度的智能化体验，只不过当时没有称作智能 ABC。

现下很多厂商宣传的智能车身控制（Magic Body Control，MBC）系统大致与之前的 ABC 系统类似，后来又增加了摄像头识别前方路面的功能。智能车身控制系统通过液压缸、主动减震器和螺旋弹簧提供悬挂控制，从而提供"舒适体验"和"动感体验"等不同的驾驶模式。例如，配置自适应减振控制（Adaptive Damping Control，ADC）功能的车身控制系统可以对各轮端的轮速、加速度以及悬架传感器等多个数据源提供的数据有效融合并感知颠簸、凹坑等复杂路况行驶时的车身振动情况，智能化地调节阻尼系数，强化滤振功能。而智能舒适制动（Intelligent Comfortable Braking，ICB）功能则可以识别路面情况而精准地防止车辆"点头"或者"仰头"，从而有效缓解乘客晕车现象。图 12-5 列举了智能车身控制功能的主要技术组成部分。

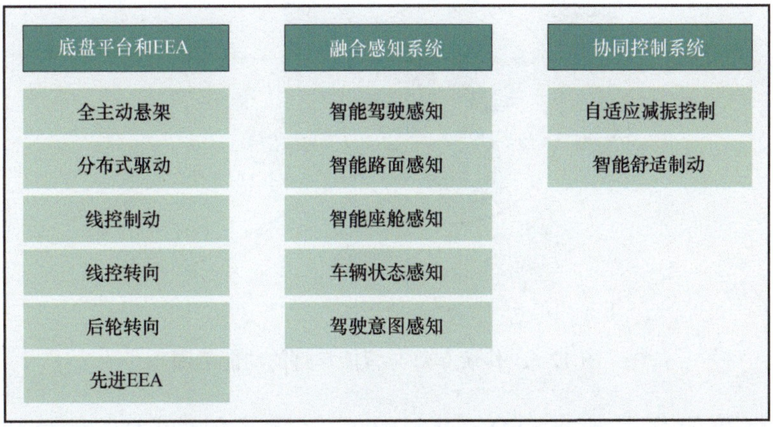

底盘平台和EEA	融合感知系统	协同控制系统
全主动悬架	智能驾驶感知	自适应减振控制
分布式驱动	智能路面感知	智能舒适制动
线控制动	智能座舱感知	
线控转向	车辆状态感知	
后轮转向	驾驶意图感知	
先进EEA		

图 12-5　智能车身控制功能的主要技术组成

保时捷在 Panamera 上应用了 Active Ride 主动悬架底盘，在高速刹车或转弯时，可以大幅减小车身侧倾，控制车身姿态。与 Active Ride 形成对比的是比亚迪的云辇，云辇打造的是"行业首个新能源专属智能车身控制系统"，云辇在结构上比 Active Ride 复杂，用的是油气弹簧而非 Active Ride 所采用的空气弹簧。Active Ride 和云辇都依赖智能底盘，所以智能车身控制系统其实是和智能底盘技术分不开的，都要根据驾驶员的驾驶习惯以及路况通过液压和悬架实时调整，只不过前者调整更多的是底盘，而后者调整更多的是车身。

12.2.3　智能车灯

智能车灯（Intelligent Headlight）也叫作智能大灯或智能前大灯，智能化的

第12章　方兴未艾，新技术撑起的半边天

浪潮不仅席卷了智能座舱、智能驾驶，而且蔓延到了智能车灯，2023年年中开始尤甚。顾名思义，传统车灯基本就是给车内外人和物提供照明之用，此外，还有关键时刻的风险预警，以及给后车和来车提示的功能。而智能车灯则可以通过一些智能化的手段，在雨雪以及极端天气下提升能见度，实现分区照明、防眩光、大灯随动转向、大灯自动照射等新的照明系统功能。传统车灯与智能车灯的功能范围如图12-6所示。

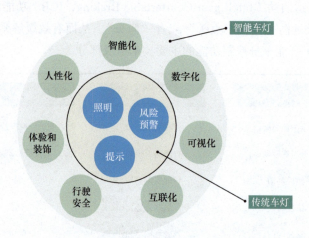

图12-6　传统车灯与智能车灯的功能范围

车灯智能化发轫自LED、OLED、数字微镜器件（Digital Micromirror Device，DMD）、激光大灯等一系列技术进步带来的车灯尺寸小巧化和性能的持续提升。车灯智能化逐步向视觉系统发展，车灯电子和元器件占据了整个车灯成本40%以上的比重，同时，光源数量和灯控通道数量不断增加，电子控制和软件算法的成本占比超过50%，车灯供应商与主机厂在数据层面的深度整合成为难点和竞争焦点。

目前，主流车企在中高端车型上都配置了号称汽车照明领域最大创新的自适应大灯管理系统（ADB），例如奔驰的"流星雨数字大灯"、奥迪的"矩阵式LED大灯"、蔚来的"ADB智能多光束大灯"。配置ADB的车辆在开启远光灯时，可以根据车载摄像头判断来车、行人以及其他移动物体的位置、距离自动调节远光灯的明暗程度、照射区域、高低状态和开闭状态。更高级的DMD可以点亮和关闭器件上一百万个像素点，识别障碍物和路标。

数字光处理（Digital Light Processing，DLP）技术基于 DMD，先把影像信号进行数字化处理，再以光投影的形式显示，这种技术可以提供上百万级的可编程寻址的像素点，分辨率可以达到自适应光技术的千倍。ADB 的应用场景有很多是高频场景，但是尚未有很高的装载率，一是因为成本仍然比较高，二是很多用户对 ADB 的需求不是很强烈，认为其是非必需功能。图 12-7 给出了支持分区照明的智能车灯的示意。

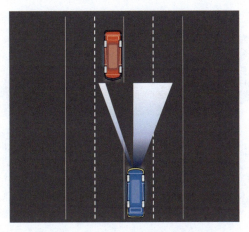

图 12-7　支持分区照明的智能车灯

这样看来，ADB 的功能似乎还不够智能化，但是 ADB 其实已经经历了机械大灯和矩阵大灯的技术发展阶段，只是身处智能化时代的用户要求越来越高而已。更先进的数字大灯还有投影仪的功能，可以在路面上投影箭头、斑马线、警示标志等，甚至与旁车和行人使用灯语进行交流。

除了前大灯系统，数字照明系统还包括尾灯系统和内饰氛围灯系统，自适应前大灯、贯穿式尾灯、流水氛围灯等先进的照明技术都在向世界展示企业的品牌形象和车型的艺术气质，在车灯造型和灯语越来越多地被符号化和参数化的同时，最终实现自车与周围物理世界的智能交互。

12.2.4　智能表面

显示技术在智能座舱化的进程中已经变成了重要的组成部分，应用最新显示

第 12 章 方兴未艾，新技术撑起的半边天

技术的车载显示屏纷纷搭载汽车品牌的首发车型在公众面前亮相。随着智能座舱技术的不断发展，汽车屏幕逐渐从传统小型单一显示屏转变为多样化的大、曲、长屏幕，车载显示屏迎来了大屏化、高清化、曲面化、异形化等趋势。在显示技术创新进步的同时，出现了一种面向未来的人机交互技术"智能表面"，它将功能性和装饰性合二为一，并在皮革、金属、塑料、木质材料、钢琴黑玻璃等表面材料中加入电子功能，不同智能表面的材质效果如图 12-8 所示。

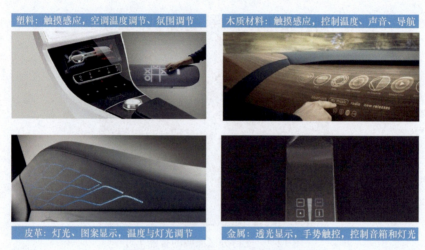

图 12-8　不同智能表面的材质效果

用户在需要时以类似触摸 iPhone 触摸屏的姿势、手势甚至语音唤醒并激活，执行后续的反馈和响应。传统的机械按键使得返修率一直居高不下，而智能表面技术通过触控按键、压力感应按键和线性马达系统的应用，可以有效地减少多余的按键和开关设计，让汽车内饰更简洁、更具设计感，并降低设备的返修率。智能表面还能带来一个潜在的好处，即让座舱内的触控、显示等功能无缝整合到一个统一的表面，实现所有界面的无缝集成，并使座舱内的空间得到进一步拓展。

智能表面技术的原理是在内饰的塑胶薄膜与塑胶中增加电子层，以实现触摸、光电显示、震动反馈等功能。除了常见的灯光、图案显示等功能，智能表面技术还有 A 柱智能投影、A 柱透明可视化、隔空手势控制、特殊智能玻璃等酷炫的交互功能。智能表面技术应用现在处在市场导入期，但按照现下汽车行业的竞争速

度，相信不远的将来，座舱内的每一块平板、每一个立柱都会变成智能表面。

12.3 智能座舱新技术

在本节中，我们将重点讨论智能座舱所采用的新技术，特别是 AR-HUD 和 8295 芯片，这些技术是用户接触得最为频繁的。其中，8295 芯片作为基础车规级芯片，为算力提供了核心支撑。

12.3.1 AR-HUD

智能座舱在经历机械式、电子式发展阶段后，进入以 AI 和大模型等先进技术为代表的智能化阶段，液晶仪表盘、流媒体后视镜、HUD 以及各类信息娱乐系统开始作为一体化系统进行整合和联动。其中，为了防止在驾驶过程中越来越多地玩手机这类盲驾，HUD 已经变成了新一代汽车上的标配。主驾显示产品在经历了简单的机械分布式仪表、电子组合仪表、全液晶仪表几代产品后，最后终于在汽车智能化浪潮下发展到 HUD，这个阶段更重视与驾驶本身相关信息的显示，转速和温度这类信息则不会在 HUD 上显示，而仍然显示在液晶仪表盘上。以往各种仪表盘多位于方向盘正前方和右侧，而视线偏离行驶道路将带来潜在的驾驶风险，试想如果以每小时百公里的速度在高速公路上行驶，1 秒视线转移的效果就相当于盲开近 28 米！HUD 的出现解决了这个问题。正是因为 HUD 是真实的强需求，所以市场接受度逐年攀升，据统计，自 2006 年首次出现 HUD 量产车型，到 2023 年，我国汽车市场 HUD 装配率已经超过 13%，预计 2026 年会超过 25%。

从应用类别和技术方面来看，HUD 已经经历了三次迭代和发展，从最早的组合式抬头显示（Combiner HUD，C-HUD）到风挡式抬头显示（Windshield HUD，W-HUD），再到如今大热的增强现实抬头显示（Augmented Reality HUD，AR-HUD），如图 12-9 所示。

HUD 有点儿像我们平常见到的投影仪，例如 C-HUD 用的就是半透明树脂玻璃作为投影介质，加装在仪表台正前方，但这种方式的成像尺寸有限，成像效果也不够清晰，因此被后面的 W-HUD 所取代。W-HUD 不再使用树脂玻璃，而是

第 12 章 方兴未艾，新技术撑起的半边天

直接投影到具有曲面反射镜功能的前挡风玻璃上，驾驶员可以平视，这样成像区域更大，成像质量也更优，W-HUD 的优点决定了其目前在车载 HUD 领域的优势地位。

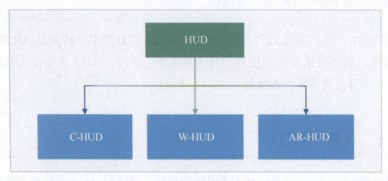

图 12-9　三种不同类别的 HUD

在 W-HUD 的基础上，AR-HUD 结合摄像头、高精度地图、ADAS 等不同来源的数据并通过建模手段，仍然以自车的前挡风玻璃为介质，精准叠加数据成像和真实世界中的事物，实现增强现实的效果。为了实现虚拟成像与实景的叠加，同时又不影响驾驶员的视野，AR-HUD 的虚像距离（Virtual Image Distance，VID）大于 7.5 米，视场（Field of View，FOV）也更大，AR-HUD 的 VID 和 FOV 如图 12-10 所示。

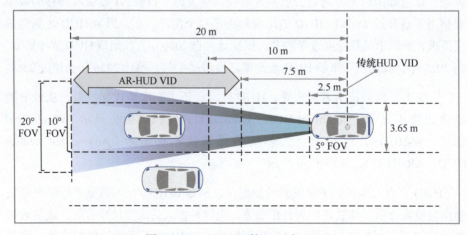

图 12-10　AR-HUD 的 VID 和 FOV

虽然 C-HUD 和 W-HUD 在一定程度上解决了驾驶员来回切换视点而带来的安全隐患问题，但是由于投影尺寸有限，因此无法解决智能座舱和智能驾驶相关信息量快速增加的问题，而 AR-HUD 在这方面的提升更为显著。然而，虽然 AR-HUD 概念火热，但据统计实际装配率只有 1%，目前市场还处在混沌期。

根据智慧芽创新研究中心的车载抬头显示系统（HUD）技术洞察报告，从全球市场占有率来看，日本精机和日本电装共接近 60%，加上德国大陆集团，市场占有率共接近 90%。国内的华阳多媒体和未来黑科技虽然也是众多国内外车企的优秀合作伙伴，但是目前装机量和技术离国际头部企业仍然有较大的差距。

12.3.2　8295 芯片

作为手机芯片的头部大厂，高通顺利进入智能座舱芯片市场。从 2014 年开始，高通连续推出了四代智能座舱芯片。

- 第一代（Gen1）602A。Gen1 在 2014 年 1 月发布，采用 28nm 制程工艺，可以视为高通试水智能汽车领域的第一代。

- 第二代（Gen2）820A。Gen2 在 2016 年 1 月发布，采用 14nm 制程工艺，相较上一代，Gen2 大幅提升了算力并可支持更多传感器，也因此被理想 ONE、极氪 001、小鹏 P7 等车型搭载。

- 第三代（Gen3）SA8155P。Gen3 就是高通骁龙 8155 芯片，在 2019 年 1 月发布，是目前很多新能源车型搭载的主流芯片，是 2018 年发布的消费级芯片骁龙 855 的车规版，采用 7nm 制程工艺，CPU 由 4 核提升到 8 核，算力提升到上一代的 3 倍。理想 L9、极氪 001、蔚来 ET5/ET7、小鹏 P5、智己 L7 等诸多主流中高端车型都有搭载。

- 第四代（Gen4）SA8295P。Gen4 在 2021 年 1 月发布，8295 芯片在制程工艺上已经追平手机，实现了重大突破，从 7nm 进入 5nm 时代。相较于 7nm 的 8155 芯片，8295 芯片意味着更高的能效和更低的能耗。采用第六代 Adreno GPU，算力提升 3.1 倍，达到 3.1 TFLOPS；CPU 采用高通第六代 Kryo 架构，算力提升 2.2 倍，达到 220KDMIPS；NPU 算力提升 7.5 倍，

第12章 方兴未艾，新技术撑起的半边天

达到了惊人的 30TOPS。8295 芯片支持多传感器融合和 Wi-Fi 6 等先进功能，集成了高通骁龙汽车 5G 平台，支持蜂窝车联网（Cellular Vehicle-to-Everything，C-V2X）技术，能够提供无缝流媒体传输、OTA 升级和高速上传下载功能。全新奔驰 E 级、极越 01、极氪新 001、银河 E8 和零跑 C10 都搭载了 8295 芯片。

作为高通第四代智能座舱车规级芯片，8295 芯片总共有三种等级来适应不同的车型：基础的性能级、中档的旗舰级和高级别的至尊级。厂商对 8295 芯片的关注度逐步增高，装机量也随之增加。高通骁龙 8295 芯片与骁龙 8155 芯片的对比如图 12-11 所示。

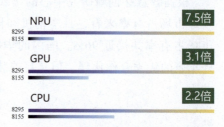

图 12-11　高通骁龙 8295 芯片与骁龙 8155 芯片的对比

作为标杆车企的特斯拉，在芯片端却与其他车企不同，其自动驾驶域采用自研 FSD 芯片，而智能座舱则采用 AMD 的 PC X86 路线的 Ryzen 加速处理器（Accelerated Processing Unit，APU）+ Radeon GPU 车规定制芯片组合，因此特斯拉是"X86 架构芯片 + Linux 系统"，而高通和华为是"ARM 架构 + Android 系统"，ARM 的优势在于 Android 移动生态成熟丰富，这也是国内车企多采用的智能座舱技术架构。

截至撰写本书时，装载 8295 芯片的车型的价格如图 12-12 所示。后续价格可能会有波动。

> 🚗 **NPU 是什么？**
>
> 与 GPU 和 CPU 不同，神经处理单元（Neural Processing Unit，NPU）是专为高速处理 AI 任务而设计的。针对软件、硬件和算法，NPU 进行了相应的优化，具有高度定制化、高并行计算能力和低功耗等特点。NPU 支持 CNN（Convolutional Neural Network）和 RNN（Recurrent Neural Network）等多种神经网络模型，可以加速神经网络模型的训练和推理进程，较 GPU 和 CPU 更能提高图像识别、语音识别、人脸识别等典型 AI 任务的计算效率和性能。

装配8295芯片的一些车型的价格对比

车型	价格
ZEEKR All New 001	26.9 W+
ZEEKR 001 FR	76.9 W+
ZEEKR 007	20.9 W+
零跑 C10	12.88W～16.88 W
极越 01	21.9 W+
奔驰 E级	44 W+
银河 E8	17 W+
小米 SU7	21 W+
蔚来 ES6	33.8 W+

图 12-12 装载 8295 芯片的车型的价格

12.4 小结

传统的燃油汽车在向新能源汽车的转型过程中，"软件定义汽车"所起的作用并不是简单的修补，而是彻底的重塑和创新，新型的软硬件技术层出不穷，带来了让人欢欣鼓舞的进步。新技术一般会有技术成熟度、成本和专利壁垒的问题，而且还会受到既已形成的驾驶习惯等因素的限制，所以导入期会比较长，但我们欣喜地看到，在国内新能源汽车领域竞争如此激烈的形势下，导入期和规模化量产上车的周期都在得到极大的压缩，成本也在不断下降，未来惊人的技术更新迭代速度将会使用户提前获得高科技带来的创新体验以及原本豪华车才能带来的福利。

第 13 章
相时而动，主流厂商的软件定义汽车理念

> 信与不信，躬身入局，始终是一个问题。

数字世界和物理世界的渗透、碰撞与融合是这个世界的新主题，围绕着我们的虚实界限变得模糊而难以捉摸，如图 13-1 所示。带着对于新的世界形态的迷

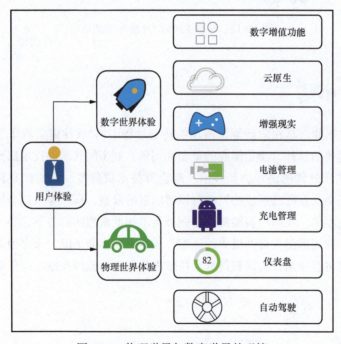

图 13-1　物理世界与数字世界的碰撞

第 13 章 相时而动，主流厂商的软件定义汽车理念

思，软件定义汽车的理念进一步加剧了这一浪潮参与者的恐慌与焦虑，在汽车软硬件解耦、供应链重塑的过程中，主机厂和头部零部件供应商都被卷入，只能被迫接受新理念带来的洗礼，逐步加大自研软件的比例。然而，失败的案例却比比皆是，让主流厂商无法坚定初心。在这个时代的大背景下，各厂商对于软件定义汽车这一潮流话题有着不同的思考和理解。

以特斯拉为代表的美国车企毫无疑问走在了软件定义汽车的前列，也是整个趋势的发起者和引领者。但是，许多在燃油车时代无比风光的巨头由于体量较大，转型困难而无助，曾经的荣光带来的是如今的局促与沮丧。零部件供应商作为重要参与者，也无可避免地着力布局，积极调整，哪怕是小型零部件公司也是如此。所有企业的目标几乎全都在一夜间变成了要成为全球汽车行业领先的"软硬件一体"的智能科技公司。

然而，许多企业在燃油车时代形成了完整的配套体系，其供应链长期高度封闭，固有利益格局也使得转型艰难，原本高度协同的体系需要从内而外打破，需要强有力的领导和信心，掣肘多而细密，于是，各厂家基于既有利益格局和对于未来科技发展的预判，采取了不同的转型方案，形成了各具特色的软件定义汽车的理念。

根据 2024 年 4 月中国汽车流通协会乘用车市场信息联席分会的数据，中国新能源汽车批发、零售渗透率双双突破 50%，这是一个历史性的时刻。然而，就在我国新能源汽车高歌猛进之时，欧盟突然取消了早已公布的 2030 年停售燃油车的计划；苹果，这个时代的创新者，宣布放弃历时 10 年、耗资 100 亿美元的电动汽车项目，让人吃惊不已；梅赛德斯－奔驰紧随其后，宣布将其在 2021 年就已提出的 2025 年电动化目标推迟 5 年（至 2030 年），并向投资者保证将继续改进燃油车；通用汽车、福特汽车也纷纷表态，宣布放缓电动化步伐；丰田汽车北美高管则公开声称，宁愿花钱购买积分，也不愿将资金"浪费"在电动汽车上，这就有些戏谑的意味了。国际新能源汽车市场瞬息万变，在波谲云诡的内外部环境下，对软件定义汽车的理念尚未有太多动摇，也许，转型之路本身并不会因新能源与燃油车的爱恨情仇而受影响。

本章选取典型的国内外汽车行业头部巨头，探讨他们在软件定义汽车转型方面的尝试和布局，期望读者能够在掌握总体形势的基础上，对大型企业的软件转型之路有一个整体的概念和认知。

第 13 章 相时而动，主流厂商的软件定义汽车理念

13.1 主机厂软件定义汽车的转型之路

据德勤研究报告，主机厂已经开启向软件转型的进程，汽车产业所一贯依赖的成本共享、风险共摊的"联盟模式"被进一步打破，逐步向垂直整合发展。转型深度前所未有，已经下探至主机厂的产品开发流程、组织结构和供应链网络。在这种深度转型的行业浪潮中，主机厂已经逐渐认识到，软件能力的薄弱与否关乎企业生死存亡，主机厂已经有许多相关的投入和尝试，譬如计划在未来几年招聘数千名软件工程师，或者尝试联合各类软件企业建立生态合作关系，并在全球推广卓越软件中心。通过总结这些举措可以看到，主机厂进行软件转型有 4 种路径，如图 13-2 所示。

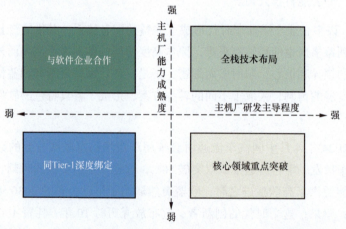

图 13-2　主机厂进行软件转型的 4 种路径（参考：德勤研究报告）

（1）与软件企业合作。在逐步扩大自有研发队伍的基础上，与华为、百度、字节跳动、谷歌、Meta 等软件企业建立战略合作关系，借助软件企业的强项弥补自己当前的短板。与供应商建立协同关系，由主机厂来主导软件生态建设，由 Tier-1 供应商来完成软件开发的执行和项目交付。采用这种做法的典型主机厂有华为问界等。

（2）全栈技术布局。主机厂掌握包括软件、算法、芯片的全栈自主研发能力，但是，一般主机厂很少具备芯片研发能力，所以实力比较强的主机厂会直接选择和芯片厂商合作，由芯片厂商提供芯片及相关工具链，硬件集成工作外包，

自己进行整个系统方案设计、中间件及上层应用算法开发。采用这种做法的典型主机厂比较多,包括蔚来、理想、小鹏、极氪等。

(3)同 Tier-1 深度绑定。主机厂负责推进软件生态建设,执行靠 Tier-1,并遵循 Tier-1 的架构升级路线。国内厂商一般比较讲究自主可控,同 Tier-1 深度绑定的一般是合资厂商。

(4)核心领域重点突破。为了避免成为同质化的硬件平台开发商,主机厂需制定清晰的"自研或外包"策略,在某一项或多项领域建立核心的差异化竞争优势,其他则全部外包,对供应商也是通过合作、投资等方式实现最大程度的自主可控。一般来说,规模中等偏小的主机厂会通过这种路径运作。

在主机厂向软件转型的进程中,软件和算法逐步成为车企竞争的核心要素,造车壁垒也由从前的具备将上万个零部件拼合集成的能力演变成具备将上亿行代码组合运行的能力。主机厂无论是在软件和算力上还是在研发人力资源上,都投入巨大。例如,2020 年上汽集团实现营业收入 7421.32 亿元,净利润 204.31 亿元,研发总投入为 149.67 亿元,占营业收入约 2%,虽然占比并不高,但绝对投入还是相当可观的,其中,又有很多软件研发方面的投入。2019~2020 年的上市车企研发投入排行榜如表 13-1 所示。

表 13-1 2019~2020 年上市车企研发投入排行榜

2019~2020 年上市车企研发投入排行榜(数据均来自互联网)			
车企	2019 年(亿元)	2020 年(亿元)	2020 年研发营收占比
比亚迪	84.21	85.56	5.46%
长城汽车	42.48	51.50	4.99%
吉利汽车	54.00	48.00	5.25%
蔚来汽车	44.28	24.87	15.30%
理想汽车	11.70	10.99	11.60%
小鹏汽车	20.70	17.25	29.50%
北汽蓝谷	15.45	15.82	30.00%
上汽集团	147.68	149.67	2%

第13章 相时而动，主流厂商的软件定义汽车理念

续表

2019～2020年上市车企研发投入排行榜（数据均来自互联网）			
车企	2019年（亿元）	2020年（亿元）	2020年研发营收占比
广汽集团	50.41	51.25	8.10%
北京汽车	31.00	26.02	1.50%
东风汽车	4.84	3.87	2.80%
江淮汽车	16.04	18.10	4.20%
江铃汽车	19.37	16.65	5.00%

在整个排行榜中，虽然新势力车企研发投入资金不如传统车企，但整体上研发营收占比明显高于传统车企。蔚来、理想、小鹏以及北汽蓝谷这四家的研发营收占比均在10%以上，其中后两家的占比更是高达30%左右。在传统车企中，比亚迪、吉利、长城等还是很重视研发投入的，不仅投入资金充足，而且研发营收占比也比较高。

当然，对厂商来说，仅有研发投入还远远不够，通往软件定义汽车的道路上，需要解决以下一些核心问题。

（1）高层决心，从摇摆到坚持。虽说多数车企领导已经认定软件是未来的主要颠覆因素，但认为自身已为运营变革做好准备的领导占比仅为40%。这是一项长期工作，需要领导层具备强有力的信心和决心，否则就可能像苹果一样取消其电动汽车项目。

（2）用户第一和用户至上。强烈的用户个性化需求和已经被快速拔高的技术期望，对车企长年形成的严谨硬件思维产生了极大的冲击。长期形成的自我为中心的利己思维转变为以用户体验和交互为中心的利他思维，成为主机厂在转型过程中的必备因素和制胜关键。用户之声体系的建设以及与用户共创体系的形成绝对不是一句空话。建立桥梁机制的关键是引导用户深度参与SOP前期产品规划以及售后服务的建设。

（3）拉通整合的软件思维与"孤军奋战"的软件团队。新能源汽车的软件复杂度已经远远超出主机厂早期的理解，软件模块之间的依赖度非常高，软件细节相互交织且繁多，研发部门的"单打独斗"根本无法实现软件功能在车型上的搭

载迭代，一不留神，就会出现失控的问题。以往软件部门被动接收业务端需求，话语权甚低，新的软件转型需要产品规划、策划、采购、营销、座舱、智能驾驶、OTA等多体系跨部门的通力合作才能实现。

（4）谨慎思维和自由意志。传统头部主机厂大多采用的是自上而下的严格管理，有的甚至是类军事化管理，处在这种谨慎的工作环境下，员工甚至中高层管理者在工作态度上也相对谨小慎微，维稳、边界和预防是工作的主旋律。虽说这一传统在过去打造了颇具竞争力的企业优势，但在强调产品创新力的新时代，开发人员"唯命是从""做多错多"的心态将会掣肘企业发展。车企在转型过程中，要采纳和鼓励新的"视而不见的容错""不惧犯错的创新""叛逆的软件思想"以及"开放的软件代码"等软件研发新风尚。

13.2 美德车企与零部件厂商的理念

美国与德国依旧是重要的汽车制造大国，掌控着汽车制造行业的主导权与话语权。尽管两国采取的策略较为保守，但其对软件定义汽车的深刻理解仍值得我们学习与借鉴。

13.2.1 特斯拉的软件定义汽车之路

特斯拉2003年创立，经过20余年的发展，赢得了"汽车界的苹果"的美誉。特斯拉的发展基本可以分为四个阶段（马斯克在2006年8月提出贯穿特斯拉发展的路线"Master Plan"，即"三步走"战略，后智能化又成为特斯拉发展的第四阶段）。

第一阶段，特斯拉需要造出一辆车（Roadster）。特斯拉在这个阶段遇到了非常大的挑战，一开始就在供应链管理、关键零部件研发方面遭遇严重瓶颈，交付延期、成本飙升，几乎在金融危机中破产，但最终走出了困境。在这个阶段，特斯拉的软件研发能力还没有显露出太多的独特之处。

第二阶段，特斯拉需要造好一辆车（Model S）。特斯拉在这个阶段的成就是搭建起三电技术研发、供应链管理、生产制造、销售交付和服务领域等一整套成

第 13 章 相时而动，主流厂商的软件定义汽车理念

熟的体系。同时，2012 年推出的 Model S 首次搭载了 OTA 技术，一经亮相，就让消费者见证了"软件驱动硬件"的真正实力——人机交互、驾驶性能、动力电池管理等。Model S 的畅销使得特斯拉市值大幅上涨，甚至比肩通用汽车、福特汽车。

第三阶段，特斯拉需要大规模地造好车（Model 3）。Model 3 是一款划时代的车型，不仅在三电的工程技术层面做了进一步改进，而且采用了类似于智能手机的集中式电子电气架构，即用一个中央处理器和操作系统控制车辆上的所有硬件。

第四阶段，特斯拉需要造一辆智能的车。特斯拉的端到端 FSD 方案则完全基于全栈神经网络实现，将感知、规控模块合二为一，直接输入传感器数据，输出转向、制动和加速信号。特斯拉起初也用过 Mobileye 的系统，但很快就转向自研系统，包括 HydraNet 多任务学习算法。2022 年，引入了占用网络（Occupancy Networks，OCC），对感知模块进行了优化，以便更好地实现三维内容理解。2023 和 2024 年，过渡到端到端深度学习，规划器改造为完全使用深度学习，并使用联合损失函数进行训练，寻找整体最优解，借以消除手动规则和代码。

总结来看，特斯拉在软件方面有如下引领世界的创新。

- 特斯拉软件研发开启 Plaid 模式，"Plaid"不仅代表"性能加速"的车型，更代表了对颠覆性创新和突破有着执着追求的工程师文化和特斯拉超强的软硬件实力。

- 经过十余年的发展，特斯拉车辆通过 OTA 更新升级的功能表现已被其他厂商视为行业标杆。不止于车，特斯拉的 OTA 还能为配套设备、出行服务提供帮助：特斯拉推出的远程智能服务，能协助快速诊断用车难题；电池方面，为解电动汽车频繁起火自燃烧毁的燃眉之急，特斯拉对旗下 Model S 和 Model X 进行 OTA 软件更新，以延长电池寿命和提高安全性；充电方面，第三代家庭充电桩支持自动软件升级，以提高故障排查效率、提升充电效率。

- 影子模式 +HydraNet+BEV+Transformer+OCC+ 端到端自动驾驶。自动驾驶领域的体系化定义和创新几乎都是由特斯拉完成的，其他厂商甚至研究

院所也跟随了特斯拉。其中，影子模式通过实时数据回传为特斯拉获取真实数据打基础，而 HydraNet 重构了自动驾驶目标检测网络结构，提升了算法的效率。特斯拉是业界第一个采用 BEV+Transformer 架构完成纯视觉感知任务的厂商，将二维图像升维为鸟瞰图，形成车辆自身坐标系，基于更庞大、更复杂、参数更多的感知算法模块，提升自动驾驶决策精准度且降低计算量，同时引入时空序列特征层，增强系统的推演能力。OCC 在 BEV 基础上增添了物体高度识别和未标注的障碍物识别能力。端到端自动驾驶基于深度神经网络，更接近真实人类驾驶。

13.2.2　大众汽车的软件定义汽车理念

作为一家全球燃油车年销量过千万的传统德系汽车巨头，大众汽车的数字化转型之路的开启大约在 2017 年，其间大众汽车推出的首款 MEB 平台纯电动汽车 ID.3 也曾遇到过因 VW.OS 操作系统的重大缺陷而引发的软件开发交付难题，虽然转型魄力颇大，但转型过程中遇到的困难与其体量成正比。

为顺利转型为科技公司，迎接软件定义汽车新时代，大众汽车对其组织机构进行了多次调整。通过对位于沃尔夫斯堡的技术研发部门进行结构性调整，大众汽车将摒弃以往以硬件为主的研发方式，聚焦于车机系统和功能上的进化，经过此次整改，研发周期将缩短 25%。2019 年，大众汽车就宣布将在 2025 年前，为旗下所有新车搭载自研的可类比 iOS 的汽车操作系统——VW.OS，并上线可类比 App Store 的统一数字化平台（One Digital Platform，ODP），为此，其还专门成立了 Car.Software 部门。

2020 年，在沃尔夫斯堡成立大众汽车软件事业部——Car.Software Organization，并于 2021 年正式更名为 CARIAD（Car.IAmDigital），有"汽车，我是数字化"之意。CARIAD 的定位是助力大众汽车转型为软件驱动型移动出行服务商。2022 年 4 月，CARIAD 发布中国战略，正式宣布成立中国子公司，经历孙伟、常青出任中国 CEO 后，目前长安科技首席技术官韩三楚先生接任 CARIAD 中国 CEO。大众汽车的纯电动平台战略如图 13-3 所示。

图 13-3 大众汽车的纯电动平台战略

CARIAD 是时任大众汽车 CEO 迪斯（Herbert Diess）时代的产物，当时他认为"软件定义汽车"需要所有软件全栈自研，但经过几年的尝试和验证，CARIAD 业务迟迟未能实现预期目标。施沛德上任后认为智能驾驶可以保留全栈自研，其他业务可回到原来的外包模式。CARIAD 组织屡次重组，加速执行 E^3 平台，并以软件定义汽车开发为导向，E^3 平台路标规划如图 13-4 所示。而后，CARIAD 与地平线、中科创达、vivo 等中国本土科技企业展开合作，以全面融入中国数字化生态系统。

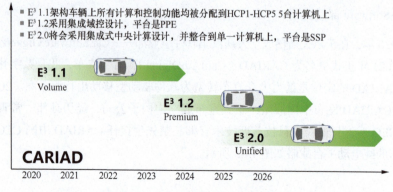

图 13-4 大众集团的 E^3 平台路标规划

公开资料显示，作为大众汽车 NEW AUTO 战略的一部分，CARIAD 的最终计划是到 2025 年为集团旗下所有品牌构建统一的软件平台，包括统一、可扩展的架构（软件栈 E^3 2.0 版本，E^3 由奥迪与 CARIAD 公司合作开发），支撑大众汽车自主研发的操作系统（Volkswagen Operating System，VW.OS），并连接至大众汽车云（Volkswagen Automotive Cloud，VW.AC），同时预搭载 L4 级自动驾驶技术。现下，其工作主要分为以下两个部分。

（1）量产型软件平台，适用于目前的 MEB 平台车型，先在特定车型上实现 OTA 软件远程在线更新（Big Loop）。

（2）实现高端型软件平台，适用于 PPE 平台的软件架构，支撑基于 Android 开源系统的先进信息娱乐系统以及高级驾驶辅助系统，并支持在部分奥迪和保时捷品牌车型上实现远程在线升级。

此外，大众汽车还在中国成立了大众汽车（中国）科技有限公司（VCTC），这家公司被称为"小狼堡"，德国总部已经把中国本土研发的决策权下放给了 VCTC，而 CARIAD 的业务与 VCTC 又有重合，双方业务的边界尚未明确。

在数字生态领域，大众汽车最新发布的目标是在 2028 年推出首款软件定义汽车。据《欧洲汽车新闻》指出，大众汽车的这一时间规划比雷诺集团晚了两年，后者曾表示将于 2026 年推出软件定义汽车。为支撑整体计划，纯电动整车架构平台也以"三一计划"的可扩展系统平台（Scalable Systems Platform，SSP）为目标，2035 年统一更替 J1、大众模块化电驱动平台（Modularer Elektrobaukasten，MEB）和大众高端电动平台（Premium Platform Electric，PPE）。未来，不管是哪个项目，都将搭载几乎一致的硬件，差异将通过软件而不是硬件来定义。

诚如大众汽车前 CEO 迪斯在世界经济论坛 2019 年年会上所说，在不远的将来，汽车将成为一个软件产品，大众汽车也将会成为一家软件驱动的公司，他把汽车定义为"迄今为止最复杂的互联网设备"。迪斯也曾公开表示，要避免让大众汽车重蹈诺基亚的覆辙，对于他所推动的这场"软件定义汽车"的数字化变革，更愿意将大众汽车看作特斯拉的追随者和竞争者。这就是大众汽车对于软件定义汽车的定位和理念。

13.2.3 通用汽车的软件定义汽车理念

面对软件定义汽车这场世纪大考,同样作为百年老店的通用汽车也不甘落后,挂起"新四化"和"软件定义汽车"的双帆,立志从传统汽车制造商逐步转变为平台创新企业。其间也遇到了和大众汽车一样的问题,雪佛兰 Blazer 电动汽车曾因软件质量问题被迫在 2023 年 12 月暂停交付,通用汽车在 2024 年 3 月才宣布恢复销售。

据公开信息,通用汽车的目标是到 2030 年将年收入翻一番,达到 2800 亿美元左右,到 2030 年,软件和订阅服务的年收入将高达 250 亿美元。2022 年通用汽车科技展望日释放的信息显示,从 2020 年到 2025 年,通用汽车将投资 350 亿美元用于电动汽车、自动驾驶汽车和自动驾驶操作系统的研发,同一时期向全球推出 30 款电动汽车,来扩大其电动汽车家族。当前通用汽车的全新软件定义汽车平台 Ultifi 已整备待发,该平台与谷歌合作开发,并将于 2025 年在北美与中国市场率先推出,基于持续的远程 OTA 升级,全新软件定义汽车平台将不断焕新通用汽车旗下产品软件配置,带来常用常新且交互体验流畅的功能服务体验。

作为通用汽车软件定义汽车的副总裁 Scott Miller 所说的"所有车辆系统的强大枢纽",Ultifi 是一套端到端的软件平台,它基于 Android Automotive 平台改造,可为燃油车型和纯电动车型提供 OTA 更新、数据带宽、网络安全和算力在内的多种功能,包括让驾驶员能够访问车内订阅软件,并使用 OTA 来享受新的应用程序和服务。它可以为车主提供更高的访问权限,让他们能够访问车辆的所有功能,甚至是传感器。在设计之初,Ultifi 就考虑到了未来外部第三方开发人员的融入。

通用汽车曾宣布推出一项全新的汽车服务"uServices",该服务基于 Linux 开发环境,旨在为开发者提供必要的 API 来开发车用 App,并实现 API 的标准化。使用该服务可以快速导入被授权的第三方开发者,并充分利用该服务的开源社区属性。同时,为了在未来替换电动汽车时配备 Android Auto 和苹果 CarPlay,通用汽车决定采用自己开发的开源软件协议 uProtocol,并向其他汽车制造商、开发商发出邀请,共同改进汽车软件。为了持续提升用户界面并保持一致的用户体验,2023 年 2 月,通用汽车与 Qt 公司签署供应商协议,希望通过 Qt 跨平台人机界面开发工具和开发框架实现一次性设计、开发,并在多个品牌、配置的车型上完成测试和部署。

凭借全新一代 Super Cruise 超级辅助驾驶系统、新一代通用汽车整车智能化平台（Vehicle Intelligent Platform，VIP）电子电气架构、新一代虚拟座舱系统（Virtual Cabin System，VCS）等技术，以及 600 万安吉星智能网联车保有量，通用汽车深耕中国本土，正在不断优化为中国消费者量身定制的智能出行方案，针对性地打造由软件定义的智慧出行体验，为国内消费者奉上最适配的智慧出行享受。

上汽通用依托母公司的全球优势资源，加速布局电动化及智能网联化，可谓顺风顺水。其中，上汽通用在 2023 年宣布在 500 亿元投入规划的基础上新增 200 亿元，计划到 2025 年在电动化、智能网联化新技术领域的总投入将达到 700 亿元，以推进上汽通用在电动化、智能网联化新技术领域的快速发展。上汽通用将推出新一代混合动力和插电式混合动力技术。2023 年年初，上汽通用推出全新一代 Super Cruise 超级辅助驾驶系统，新的系统基于更灵敏的外部环境感知、厘米级高精度地图和车道级高精度 GPS，并以 OTA 远程升级的方式在凯迪拉克锐歌上首发。2024 年起，上汽通用将带来包含高速道路导航辅助、城市开放道路导航辅助、记忆泊车等功能在内的更高级的智能辅助驾驶系统。通用汽车的自动驾驶技术不但做得早、做得强，并且也是最早将源于自动驾驶技术的高阶驾驶辅助功能实现量产的车企。

通用汽车是软件定义汽车的笃信者，正如通用汽车对外宣称的，公司大部分新员工将加入软件定义汽车团队，这是通用汽车未来利润增长最多的领域。

13.2.4 博世的软件定义汽车理念

在软件定义汽车的浪潮中，智能座舱、智能驾驶、车机系统产生了新能源汽车所特有的很多增量零部件，而这些零部件并不在原先博世（Bosch）集团所擅长制造的核心零部件清单中。作为汽车零部件市场的百年领军者和行业标杆，博世也感受到产业链调整的阵阵压力，只能积极推动和布局企业软件转型，刚刚从芯片和关键零部件短缺博弈中走出，就要迅速掉头，摆脱燃油车基因，拥抱汽车行业的智能化新时代，适应未来汽车行业的新趋势。

第13章 相时而动，主流厂商的软件定义汽车理念

首先，博世进行了战略性的组织重组，汽车与智能交通技术业务部门经过调整，形成了博世智能交通业务部门，专注于软件在汽车和交通行业中的应用，如图 13-5 所示。

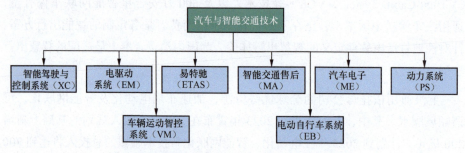

图 13-5 重组后的博世汽车与智能交通技术业务

博世智能交通业务部门规模宏大，在全球 66 个国家拥有 300 多个基地和办公地点，员工规模约 23 万人。重组后的智能交通业务每年的增长率目标约为 6%，预计将在 2029 年实现超过 800 亿欧元的全球销售收入，成为博世四大业务部门（汽车与智能交通技术、消费品业务、能源和建筑技术、工业技术）中最大的一个。

博世子公司易特驰（ETAS）在博世智能交通业务部门中扮演着关键角色。作为软件开发商，易特驰横向负责研发并销售基础车载软件、操作系统、中间件、云端运营服务、研发工具和网络安全解决方案。这一系列产品和服务为车企和供应商提供了在车载软件开发、运营和保护方面的全面支持。

其次，博世近期推出了一款引领信息娱乐领域的高性能域计算系统，为汽车行业引入快速而多功能的车内通信、车内支付、视频流和语音助手等功能，进一步提升驾乘体验。信息娱乐领域的高性能域计算系统整合了博世在汽车软件解决方案和域专用硬件方面的卓越专业知识以及多家技术公司提供的先进解决方案，其目标是快速将车内通信、支付、视频流和语音助手等功能引入汽车，为用户创造更便捷、智能的行车体验。

博世的信息娱乐域计算系统采用了多家合作公司的技术，形成了预集成解决方案。基于黑莓的 QNX Neutrino RTOS 和 QNX Hypervisor 构建的系统具有高可靠性，为汽车提供了卓越的性能；德州仪器的 FPD-Link SerDes 技术实

现了高速通信；美国莫仕公司的超可靠连接器解决方案进一步提升了显示体验。信息娱乐域计算系统不仅支持亚马逊 Alexa 和赛轮思语音助手，还可选装 Access Twine4Car 车载流媒体系统和 TomTom Navigation 导航系统，这一多元化的选择使用户能够根据个人偏好和需求自定义车内娱乐和导航功能。

博世支持与黑莓和亚马逊云科技（AWS）联合开发的 BlackBerry IVY 智能汽车数据平台集成。芬兰软件公司 Qt 宣布与博世展开合作，共同推动跨平台人机界面的设计和开发。通过利用 Qt 公司的统一跨平台人机界面设计和开发框架，博世为车企提供了数字化座舱开发工具，为实现 AUTOSAR 等架构上运行的人机界面提供了全方位解决方案。

智能交通业务下的智能驾驶与控制系统（XC）事业部负责开发并提供从自动泊车到自动驾驶等相关领域的解决方案。博世在自动驾驶技术领域展开了强大的前瞻性投资和战略收购，通过收购 Five 和 Atlatec 等公司，博世强化了在自动驾驶领域的技术实力，致力于开发 SAE 定义的 L3～L4 级自动驾驶解决方案。

博世通过成立 Bosch.IO GmbH 整合物联网业务，推出 Bosch IoT Suite。这个中央软件平台将传感器、设备和机器与用户和商业应用相连，为各个领域提供无缝融合的物联网解决方案，博世还成立新业务部门 Bosch Digital，以推动数字化转型，支持车联网业务。

博世与大众汽车旗下的软件子公司 CARIAD 合作，共同开发适用于所有车主的部分自动驾驶和高度自动驾驶系统，将为大众汽车旗下的所有私家车引入可允许驾驶员偶尔脱手驾驶的系统，为整个汽车行业带来新的驾驶体验。同时，博世还与大众汽车在电池制造数字化领域达成战略合作（但不会通过成立合资公司的方式），大众汽车旗下的电池工厂将采用博世提供的软件，改进电池生产过程、提高设备综合效率、降低废品率。博世也希望未来能够制定电池生产相关的标准。

博世认为，智能交通业务未来增长的主要支柱将是汽车软件，软件在汽车整体开发成本中的占比预计将于 2030 年达到约 30%。博世已经在各个市场都建立了高效的软件开发团队，不仅在中国，在美国和欧洲也是如此。目前，博世智能交通业务中已有超过 50% 的研发人员从事软件开发工作。

与软件研发人员的增长相比，电动汽车零部件制造所需的劳动力几乎是传统

第 13 章 相时而动,主流厂商的软件定义汽车理念

燃油车的一半,向电动化转型就意味着就业岗位减少,这是博世、采埃孚、法雷奥等传统燃油车时代零部件巨头裁员的原因之一,一方面裁员不断,另一方面积极招聘软件研发人员,两者形成了强烈而魔幻的对比。

13.3 日本车企的理念

日本车企素以奋进和严谨著称,他们在软件定义汽车领域虽处于跟随者的位置,但其秉持的某些理念亦颇具借鉴与思考的价值。

13.3.1 日产汽车的软件定义汽车理念

在软件定义汽车潮流的席卷之下,日本汽车产业也在反思,智能化时代日本汽车产业应该怎么走。一方面,一如既往地,像日产汽车这样传统的日本汽车大厂提出的 Hyper Urban、Hyper Adventure、Hyper Tourer 和 Hyper Punk 系列确实反映了对未来生活的畅想;另一方面,令人尴尬的是,智能化时代的日本汽车产业确实落后了。在 2023 年年底,从日产汽车先进功能和服务平台总部项目管理部总经理山内进一郎发表的演讲中,我们可以看到日产汽车为了迎接软件定义汽车商业模式下的转变。

山内进一郎认为,由于汽车行业商业模式的变化,未来的发展趋势是向"经常性(循环型)"业务模式发展,汽车企业需要建立一个跨行业生态系统,涉及保险、导航、广告和能源管理等领域。以电动汽车"即插即用"商业模式为例,需要建立包括车企、充电点运营商和聚合充电服务平台等利益相关者的生态系统。

汽车行业正从传统的销售模式转变为通过提供售后服务来增加"经常性收入"的循环模式。车企努力探索与其他行业主要参与者的合作,以打造新的商业模式,例如奔驰提供的汽车保险和 NTT 参与丰田汽车智慧城市的项目。

随着技术的发展和社会变革,汽车不仅提供出行的价值,还在出行前后的整个用户体验中提供价值。为了延伸汽车的价值,软件的重要性日益凸显。通过智能网联技术进行软件更新,能够在整个车辆生命周期内提供不断升级的功

能,增加汽车的使用价值。2025年可能成为汽车行业的分水岭,企业的差异化将不再是功能,而是用户体验。

软件定义汽车的开发体系采用了以微服务架构为基础的三方合作模式,参与方包括车辆平台、云平台、用户和各种服务合作伙伴。这改变了车企与供应商之间的关系,从传统的金字塔形结构转变为以车企为核心,与软件供应商、第三方等建立多任务结构。

车企采取不同的软件定义汽车开发方法。特斯拉采用自主研发,成本较高但开发速度快;而其他车企多采用与合作伙伴合作的方式,形成多种开发模式。现有资产是导致各大车企策略差异的一大因素。在软件定义汽车转型的过程中,现有资产、合作模式以及用户体验都将是决定企业成败的关键因素。

13.3.2 丰田汽车的软件定义汽车理念

丰田汽车首席数字技术官、丰田汽车旗下Woven Planet控股公司的CEO James Kuffner表示,"丰田汽车在生产优秀可靠的整车和硬件方面有着悠久的历史,但开发软件对许多传统汽车制造商来说是一项新的能力。"从该表述上看,软件开发显然给丰田汽车带来了转型升级上的困惑。Woven Planet由原丰田汽车TRI-AD演变而来,旗下子公司Woven Core负责敏捷软件开发和未来丰田汽车的软件定义架构,另一家子公司Woven Alpha则负责探索业务扩展的新领域,孵化新的创新项目,如编织城市(丰田汽车的未来城市概念)、Arene(未来汽车操作系统)和AMP(高精度地图项目)。

丰田汽车数字软件开发中心的村田研究员在演讲中阐述了丰田汽车对于软件定义汽车的理解,丰田汽车把软件定义汽车定义为一种"基于软件进行设计并相应地配置和采购所需硬件"的开发方法,并提出"软件第一"的理念。为了在软件定义汽车领域取得进展,丰田汽车采取了一系列措施。丰田汽车希望使用边缘云对车辆上采集的数据进行分布式处理,以满足不同车辆发送的数据各异的需求。丰田汽车参与了智能网联汽车标准化组织的汽车边缘计算联盟(Automotive Edge Computing Consortium,AECC),进行技术研究,特别是在数据处理和智能网联方面。

第 13 章 相时而动，主流厂商的软件定义汽车理念

> **AECC 是什么？**
>
> 2017 年，由丰田汽车、英特尔等公司成立了 AECC，旨在为汽车互联建立一套生态系统，以支持新兴服务，如智能驾驶、实时数据地图的创建和基于云计算的辅助驾驶。AECC 与各行业的领导者合作，推动边缘网络体系结构和计算基础设施的发展，以更智能、更高效的互联车辆支持大容量数据服务。同时加入该联盟的还有 DENSO、爱立信、戴尔和三星等国际知名企业。

丰田汽车计划在 2024～2025 年推出配备新软件架构的车型，而在 2026 年上市的几款纯电动车型将完全采用软件定义汽车的开发方法。丰田汽车强调他们已经在座舱 ECU 配套车型上实施 OTA 升级，并正加速开发以满足未来软件定义汽车市场的需求。

同时，丰田汽车计划基于 Apex.OS 推出一套全新的自主研发的汽车操作系统——Arene，该系统可以处理包括娱乐、导航以及自动驾驶在内的各种软件应用。丰田汽车的目标是在 2025 年前将 Arene 应用于产品之上，并在不影响安全的前提下，通过简化车辆软件开发和增加更新频率，向所有人（企业）开放车辆编程。同时，其未来还将向斯巴鲁、大发等隶属企业，乃至其他汽车企业和初创公司提供 Arene 系统的使用权，以实现该系统的商业化。

13.4 国内车企的理念

蔚来汽车一直是新能源汽车行业的先行者和引领者，也是软件定义汽车理念的积极践行者。上汽的"灵魂论"也是振聋发聩，独到见解发人深省。尽管国内诸多汽车企业理念的形成是受到了特斯拉的启发，但国内车企的发展步伐极为迅速。特斯拉虽为行业翘楚，但国内亦涌现出蔚来、小鹏、理想等众多杰出企业。

13.4.1 上汽的"灵魂论"

2000 年的上汽股东大会上，面对股民"上汽是否会考虑在自动驾驶方面与华为等第三方公司合作"的提问，上汽集团董事长陈虹抛出了著名的"灵魂论"，称上

13.4 国内车企的理念

汽不愿沦为躯壳,要将灵魂掌握在自己手中,这里的灵魂指的是自动驾驶、操作系统等关键技术。彼时上汽拒绝了与华为合作开发车机软件系统。关于哪些部分要自研,哪些要分包合作,上汽集团副总裁、总工程师、创新研究开发总院院长祖似杰如是说,"将来整车数据一定是打通的,软件平台和数据平台我们肯定要自己做,软件平台一定是自己做的,底层的微内核如果能有一个开源的平台,就没有必要自己做。"此后,上汽一直致力于把具备共性技术基础的技术底座作为新赛道的核心技术,希望各个子品牌根据自己的需要研发新产品。

目前,上汽集团一共构建了下述七大技术底座:"上汽星云"纯电专属系统化平台、"上汽珠峰"油电一体化整车架构和"上汽星河"电氢一体化整车架构三大整车技术底座,以及包括蓝芯动力总成系统、平台化魔方电池系统、绿芯电驱动系统、"银河"全栈智能车解决方案的智能网联汽车四个关键性系统底座。

2023年4月上海车展上,上汽集团再次提出以"智慧的脑""敏捷的身""强劲的心",塑造从芯片、操作系统、软件、数据闭环、运动控制系统、三电系统到对应场景的整车集成能力和技术创新优势,打造全新"科技生命体"。

上汽零束定位于平台科技公司,是"数据决定体验,软件定义汽车"理念的践行者,立足上汽集团前瞻技术发展战略优势,聚焦智能驾驶系统工程、软件架构、基础软件平台和数据工厂,致力于为上汽集团提供成本和服务领先的智能网联汽车基础技术架构和方案。

目前,零束已发布全栈3.0解决方案,将采用"中央大脑+区域控制"的策略,升级舱驾融合的高性能超算平台,与IoT生态深度融合。零束全栈3.0解决方案将通过四大产品线,即智能汽车操作系统(ZOS)、智能驾驶计算平台(ZPD)、智能座舱计算平台(ZCM)、舱驾融合计算平台(ZXD),采用分步走的策略,分阶段实现代际解决方案量产,图13-6展示了零束全栈3.0解决方案的四大产品线。ZXD将率先搭载"高端纯电智能汽车品牌"智己新款车型,计划在2025年量产落地。

尽管规划得确实很好,但是现实往往使人愁。以上汽智己为例,智己品牌此前曾发布AI4M智能战略。该战略由三个方面组成:AI for Mechanism(下一代软硬件智能架构)、AI for Mind(基于大模型的智能算法)、AI for Moment(颠覆性的智能场景体验）。IM OS2.0 是该计划的一部分，其系统底层为 AliOS 智能座舱操作系统，规划得也相当好，但是，2023 年年底，上汽智己 LS6 车机系统突然发生大规模故障，关键行驶信息不能显示，被大量车主吐槽；同期，另一款车型 LS7 出现 NOA 失灵，消费者对智己汽车的驾驶安全性和技术可靠性表示担忧。

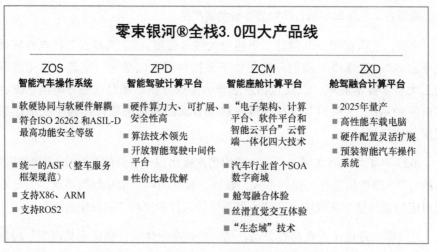

图 13-6　上汽零束全栈 3.0 解决方案的四大产品线

13.4.2　蔚来的软件定义汽车理念

作为新势力车企"蔚小理"中最早成立的企业，蔚来一向在科技方面不吝投入。根据公开资料我们可以知道，蔚来在软件方面的规划是几家新势力车企中最完整，也是最前瞻性的。透过蔚来几乎每年都举办的创新科技日，我们既可以了解蔚来已经研发出的黑科技，又能洞察蔚来接下来的软硬件整体规划，其完整性、开放性和创新性是其他新势力车企所不具备的。

2023 年 9 月 21 日，"NIO IN 2023 蔚来创新科技日"在上海成功举办，本次创新科技日首次完整呈现了蔚来的创新科技布局——"蔚来技术全栈"。蔚来正式发布智能电动汽车整车全域操作系统天枢 SkyOS 和首款自研芯片产品——激光雷达主控芯片"杨戬"，并宣布增强导航辅助驾驶（NOP+）从高速进入城区，同时，蔚来首款旗舰手机——NIO Phone 也在本次创新科技日发布并公开销售。NIO Phone 的发布证明了蔚来已经想清楚了彻底解决手机汽车互联问题的方法和研发节奏。

"蔚来技术全栈"包括芯片和车载智能硬件、电池系统、电驱及高压系统、车辆工程、整车全域操作系统、全景互联、智能驾驶、智能座舱、智慧能源、智能制造、人工智能、全球数字运营共 12 项关键技术领域，满足蔚来在智能、电动、汽车、产品、服务、社区、多品牌、多平台、多区域九大要素的研发和运营需求。我们重点来看其中的整车全域操作系统和全景互联。

天枢 SkyOS 是首个智能电动汽车全域操作系统，可为用户提供安全、智能、丝滑的驾控体验，建立全方位的、立体的技术体系，使得各种设备能够有机地融合在一起，实现高效、安全的协同工作，天枢 SkyOS 架构如图 13-7 所示。天枢 SkyOS 全功能量产将在 NT3 平台车型上实现。

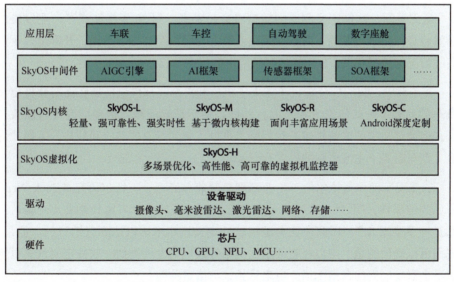

图 13-7 天枢 SkyOS 架构（参考：NIO 官网）

天枢 SkyOS 构建起 1+4+N 技术集群，涵盖车辆控制、智能驾驶、智能座舱、移动互联等多个领域，是全面且领先的智能数字技术基座。

"软件定义汽车"是智能电动汽车的必要条件，其中底层、最核心的技术是整车操作系统。天枢 SkyOS 实现了软件定义汽车分层解耦的架构设计，能将车辆功能开发与车辆平台的生命周期分离，为用户提供更高效的升级并增加软件价值。同时，天枢 SkyOS 衔接整车全域硬件与软件，满足了智能电动汽车不同域的安全性、实时性和应用复杂性的需求。

本次创新科技日正式发布蔚来全景互联（NIO Link）是一种以车为中心的全景互联技术，NIO Link 采用统一账号云互联，支持 Wi-Fi、USB / DP（Data Plus）、蓝牙、UWB、总线等多种连接方式，以满足不同的传输速率要求。NIO Link 通过软硬件一体化、端云协同、全链路安全且开放的移动互联技术体系，融合硬件、数据和感知的多维度数据，实现了跨域算力调度与车 - 端 - 路 - 云协同的分布式能力学习，完成了包括 NIO Phone 在内的各设备的融合。

13.5 小结

毫无疑问，软件定义汽车的转型将会是未来 5 到 10 年推动汽车产业发展的必然趋势，汽车产业链上的各相关企业都在充分权衡、尽早布局，开辟适合企业实际情况的转型路径，在新的转型浪潮中掌握主动权。

在本章中，我们广泛探讨了各大主机厂和头部零部件供应商在面对软件定义汽车的趋势下是如何思考和采取行动的。由于篇幅所限，很多厂商没有涵盖进来，但通过文中的这些描述，我们基本可以了解到行业的动向和趋势，掌握软件定义汽车趋势下主流厂商的思考和行动。

虽然现实确如英特尔汽车事业部副总裁兼总经理、英特尔研究员 Jack Weast 所认为的那样，"软件定义汽车的各种宣传铺天盖地，但实施软件定义汽车的主机厂却寥寥无几"，厂商往往会滥用软件定义汽车术语以达到营销目的。但是，我们可以确信的是，与以往软件定义网络等领域的发展类似，软件定义汽车也绝对不会只是厂商的营销术语。道阻且长，与诸君共勉。